JN077580

君嶋 護男 著

Morio Kimishima

裁判例③

同一労働同一賃金

労働調査会

はじめに

　安倍政権の目玉の一つであった働き方改革に関する関連法案は、2018年4月に国会に提出され、同年6月29日に成立しました。この法律は、関係する法律も多く、その内容も多岐にわたっていますが、その中心にあるのが、いわゆる非正規労働者と正規労働者との間の格差の是正、「同一労働同一賃金」の実現であったといえましょう。

　同法案の成立を受けて、法案の国会提出前に既に用意されていた同一労働同一賃金ガイドライン案を基に同一労働同一賃金に関する指針（短時間・有期雇用労働者及び派遣労働者に対する不合理な待遇の禁止等に関する指針（平成30年厚生労働省告示第430号））が示され、関連法律は2020年4月1日から施行されました。

　有期契約労働者と無期契約労働者の労働条件についての不合理な相違を禁じた労働契約法20条は、2013年4月1日に施行されたもので、かなり新しい規定といえますが、同条が施行されて以来、有期契約労働者と無期契約労働者の賃金等の相違に関する不合理性の有無について争う訴訟が堰を切ったように頻発しています。この問題については、多くの場合、判決について新聞等で大きく取り上げられていることから、その概要については承知しておられる方も多いと思われます。ただ、報道では、判決の詳細までは分かりにくいこともあり、また、専門雑誌や専門書等においても、事件の内容や判決のポイントについては示されるものの、判決全体を俯瞰するようなものとはなっていない場合が多い状況にあります。

1

本書は、有期契約労働者と無期契約労働者との間、男女間等における同一労働同一賃金を巡って争われた具体的な裁判について、できるだけ判決の内容を忠実に紹介する目的で執筆したものです。私は、長く労働行政に携わり、公務員を退職した後も、労働関係の団体で仕事をするなど、約45年にわたって労働問題に関わってきました。そうした中で、業務の必要上、労働関係の判決に当たることもありましたが、専門書では、判決のポイントだけが示されることが多いことから、やむを得ず判決全文に当たることも少なくありませんでした。もちろん、判決文の内容を理解するには判決本文に当たることがベストであることは言うまでもありませんが、日々の業務に取り組む中で図書館に足を運ぶなどして判決文に当たることはなかなか容易ではなく、結局そのままにしてしまうことが多かったと記憶しています。その時、判決文全体が俯瞰できるような書籍があれば良いのにと痛感させられたものです。

　そうした自らの体験を踏まえて、公務員を退職して以降、労働判例の収集・分析に努めるようになり、出版社のご厚意もあって、労働問題に関する裁判例集を刊行することとしたところです。これまでは、殆どがハラスメントに係るものでしたが、今回、初めて、働き方改革の本丸ともいえる「同一労働同一賃金」に挑戦しました。同一労働同一賃金については、そのテーマの性格上、判決文が長文となる傾向が強いことから、全文を掲載することはスペースの関係等から到底できませんが、ポイントになる部分についてはできるだけ判決文をそのまま引用するように配慮したところです。

　本書で取り上げた多くの事件で焦点となった労働契約法20条は、上記働き方改革関連法の一環として、労働契約法からは削除され、

新たに従前のパートタイム労働法を改正してリニューアルされた「短時間労働者の雇用管理の改善等に関する法律」に移管されましたが、その基本的な考え方、内容は変更されていません。本書が、同一労働同一賃金の理解に少しでも役立てていただければ幸いです。

2021年7月

君 嶋 護 男

目 次

第1章

「同一労働同一賃金」に関する法改正と問題点

Ⅰ 同一労働同一賃金に係る法制化の流れ

1　同一労働同一賃金に係る法律の状況

　同一労働同一賃金については、これに関わる法律としては、賃金に関する女性差別を禁じた労働基準法4条があり、また有期契約労働者と無期契約労働者との間における不合理な労働条件の相違を禁じた労働契約法20条が挙げられる。ただ、前者については男女間に限定されたものであるし、後者については、この点に触れた判決では、いずれも「労働契約法20条は同一労働同一賃金を定めたものではない」との見解を示していることから、同一労働同一賃金を定めた規定とはいい難かったといえる。すなわち、同一労働同一賃金は、従前から理念としては掲げられていたものの、実定法上は男女間を除き明確な根拠はなかったものである。

2　施政方針演説以降の流れ

　2016年1月開催通常国会の施政方針演説において、時の安倍総理が「同一労働同一賃金」の実現を打ち出して以降、これが政治スケジュールに上り、同年6月には、①合理的な待遇差、不合理な待遇差を事例等で示すガイドラインを策定すること、②不合理な待遇差に関する司法判断の根拠規定の整備等を含めた、労働契約法、短時間労働法、労働者派遣法に関する関連法案を国会に提出すること、③上記により、正規労働者と非正規労働者の賃金格差について、欧州諸国に遜色ない水準を目指すことを定めた「ニッポン1億総活躍プラン」が閣議決定された。

　また、2016年9月には、総理を議長として「働き方改革実現会議」が設置され、そこでの会議を踏まえて「同一労働同一賃金ガイドライン案」が策定された。2017年に入って、厚生労働省労働政策審議会の3部会（労働条件分科会、職業安定分科会、雇用均等分科会）にまたがる同一労働同一賃金部会が設置され、そこでの審議を経て、同年6月には報告・建議が、同年9月には法律案要綱の諮問・答申がなされた。この答申に基づき作成された短時間・有期雇用労働法案、労働者派遣法改正案を含む「働き方改革関連法案」は2018年4月に国会に提出され、同年6月に成立し、同一労働同一賃金に関する部分は2020年4月1日から施行された。

Ⅱ 同一労働同一賃金に係る改正法等の概要

1 「同一労働同一賃金法」の概要

　同一労働同一賃金に関する法律は、短時間労働法、労働契約法、労働者派遣法が関わっており、裁判の際に最も頻繁に援用されていた労働契約法20条（有期契約と無期契約の労働条件の相違が不合理と認められるものであることの禁止）は、短時間労働法に移管され、「短時間労働者及び有期雇用労働者の雇用管理の改善等に関する法律」として、その8条において短時間労働者と共に不合理な待遇の禁止が定められている（2020年4月1日施行）。有期雇用労働者については、同法上短時間労働者と同一の扱いとなることから、有期雇用労働者についても、通常の労働者との差別的取扱いの禁止（9条）、賃金に関する通常の労働者との均衡待遇の努力義務（10条）、教育訓練に関する通常の労働者との均衡待遇（11条）、福利厚生についての通常の労働者との機会均等（12条）も併せて規定されたことになった。すなわち、従来労働契約法20条において、有期雇用労働者と無期雇用労働者とが比較対照されていたところが、改正後は有期雇用労働者は短時間労働者と共に、通常の労働者と比較対照されることになったわけである。

2 同一労働同一賃金指針の概要

　「同一労働同一賃金法」は、上記のとおり2018年6月に成立し、それを具体化する指針（短時間・有期雇用労働者及び派遣労働者に対する不合理な待遇の禁止等に関する指針）が同年12月28日に公表された。同指針の内容は、既に2年余り前に「同一労働同一賃金ガイドライン」として示されており、法律が成立したことから法律に基づく指針として正式に位置付けられたものである。

　本指針では、まず目的及び基本的な考え方を述べた上で、基本給について、①労働者の能力・職業経験に応じて支給しようとする場合には、これらに応じた部分につき同一の支給をしなければならず、これに一定の違いがある場合はその相違に応じた支給をしなければならないこと、②労働者の業績・成果に応じて賃金を支給する場合は、これらに応じた

部分につき同一の支給をしなければならず、これらに一定の違いがある場合にはその相違に応じた支給をしなければならないこと、③労働者の勤続年数に応じて支給しようとする場合は、これに応じた部分につき同一の支給をしなければならず、これに一定の違いがある場合にはその相違に応じた支給をしなければならないこと、④勤続による職業能力の向上に応じて昇給しようとする場合は、それに応じた部分につき同一の昇給をしなければならず、これに一定の違いがある場合はその相違に応じた昇給をしなければならないことを定めている。

　また、手当についても、その趣旨に応じて有期雇用労働者と無期雇用労働者とを同一の支給、あるいは相違に応じた支給をしなければならないと定め、賞与、役職手当、特殊作業手当、精皆勤手当、通勤手当・出張旅費、食事手当、単身赴任手当、地域手当等のそれぞれについて、相違が問題となる場合または問題とならない場合を具体的に提示している。また、派遣労働者については、労務の受給主体と賃金の支払主体が分かれるという特殊な労働形態であることから、独立して同一労働同一賃金の扱いについてかなり詳細にその内容を提示している。

　この指針の内容について、直接雇用の有期雇用労働者及び短時間労働者と通常の労働者との比較についてはともかく、賃金の支払主体の異なる派遣労働者について同様な考え方を取り入れたことは、労働政策の根幹に関わり、大きな問題をはらんでいるので、同一労働同一賃金に係る裁判例を紹介するという本書の目的からは若干外れるが、問題点を指摘しておきたい。

Ⅲ　派遣労働者に係る同一労働同一賃金の問題点

1　2015年労働者派遣法改正に伴う同一労働同一賃金推進法の成立

　今回の法律によって、同一労働同一賃金について幅広く網がかけられたことは、我が国の労使関係に大きな影響を与えたといえるが、今回の法改正以前に、同一労働同一賃金推進法というべき法律が既に成立していた。それは、2015年の労働者派遣法改正の際、与野党間の激しい対立

の過程で与党から「労働者の職務に応じた待遇の確保等のための施策の推進に関する法律案」として提出されたものである。元々、派遣労働者の場合、派遣先の直用労働者と一緒に同内容の仕事をしながら、派遣先の直用労働者よりも一般に賃金等の労働条件が低いなどの問題点が指摘されており、2012年の労働者派遣法の改正で、派遣労働者の労働条件について、同じ仕事を行う派遣先の直用労働者との間の均衡を配慮する旨の規定が盛り込まれていた。その意味では、派遣先の直用労働者と同内容の仕事を行う派遣労働者との間の均等あるいは均衡のとれた労働条件を実現しようとすることは、既に流れができていたともいえる。

　もっとも、同法案は、当初は派遣労働者と派遣先の直用労働者との均等を実現するものとされ、法文上も「派遣先に雇用される労働者との間においてその職務に応じた待遇の均等の実現を図る」とされていたものが、「派遣先に雇用される労働者との間においてその業務の内容及び当該業務に伴う責任の程度その他の事情に応じた均等な待遇及び均衡のとれた待遇の実現を図る」にトーンダウンしたほか、「法制上の措置を1年以内に講じる」とされていたものが「3年以内に法制上の措置を含む必要な措置を講ずる」と、期間、内容とも大きく緩和され、ほとんど注目されることはない状況にあったといえる。この法律は「同一労働同一賃金」との表現こそ用いていないものの、その心は派遣労働者と派遣先の直用労働者との間の「同一労働同一賃金」を指向したものといえよう。

　上記法律は、派遣労働者と派遣先の直用労働者との間の均等ないし均衡を求めているが、同じ雇用主（派遣元）に雇用されて同様な職務を遂行するために他の派遣先に派遣される労働者との均等・均衡は問題とされていない。恐らく、派遣先が異なれば仕事の内容や負荷、責任の重さ等も異なることから「同一労働」には該当しないと考えたものと思われる。また、その労働の内容が仮に他の派遣先に派遣された労働者と同一と見られるものでありながら賃金が異なるとしても、就業場所が異なるため、賃金等労働条件の相違について労働者が気付きにくいことから「まあいっか」と考えたのかも知れない。しかしながら、同じ事業主に雇用されながら、偶々異なる事業者に派遣され、同様の業務に従事する派遣

労働者の間に労働条件の相違があって良いはずはない。

2 改正労働者派遣法における同一労働同一賃金

　上記法案は、国会対策上の観点から提出されたものとみられ、その内容にも具体的なものはないから、労使関係に特段の影響を与えたとは思えないが、この法律の問題点は、働き方改革関連法における改正労働者派遣法の中に受け継がれていることには留意する必要がある。

　2018年改正の労働者派遣法においては、派遣労働者の賃金の比較対象を派遣先で同種の労働を行う直用労働者としている（派遣先均等・均衡方式）ところ、この点は従前と同様であって、特に新たな問題が発生したわけではない。ところが、改正法においては、派遣先均等・均衡方式によれば、派遣労働者が同一の派遣先事業主に雇用されながら派遣先を転々とした場合、その都度派遣先の賃金に合わせて賃金を変更しなければならないことになり得るほか、派遣労働者としてのキャリアを積んでもこれが賃金額に反映されないという問題が生じ得ることから、これを避ける便法として、派遣元で派遣労働者の賃金について労使協定を締結すれば、派遣先の賃金如何にかかわらず、協定で締結した賃金を支払えば足りるとする方式（派遣元協定方式）を認めている。

　派遣元協定方式を採った場合、仮に時給1500円と協定すれば、派遣先で同一労働を行う直用社員（比較対象社員）が時給1700円であるA社に派遣されようと、比較対象社員の時給が1300円であるB社に派遣されようと、常に時給1500円となるから、実務上は簡便となるが、同一労働を行う者同士の賃金を同一にしようという同一労働同一賃金の理念とは適合しないものとなる。そもそも、同一労働同一賃金の看板を掲げながら、全く思想の異なる2つの方式、しかも比較対象労働者との間の同一労働同一賃金の要素のない派遣元協定方式を認めることは、「同一労働同一賃金」という看板に重大な偽りありと言わざるを得ない。しかも、労使協定方式を採用するケースが多数ということを仄聞しているところ、そうだとすれば、派遣労働者についての同一労働同一賃金はほとんど絵に描いた餅ということになる。

　もっとも、上記2つの方式の選択を認めれば、労使協定方式に流れる

ことは当初から容易に想像できたところである。というのは、派遣労働者の発注者である派遣先としては、原則である派遣先均等・均衡方式による場合、派遣元に対し、派遣を受ける労働者と同一あるいは近似する自社労働者の基本給、賞与、諸手当、福利厚生等全ての待遇についての詳細な情報を伝えなければならず、そうなれば非常な手間がかかるだけでなく、労働者に支払う賃金という企業秘密も一定の範囲で派遣元に開示しなければならないことから、通常はこれを避けようとすることが容易に想像できるからである。そうなれば、派遣元としては顧客である派遣先の意向を忖度して、労使協定を結ぶことは極めて自然のことであり、いかに派遣先均等・均衡方式が原則であり、派遣元協定方式は例外措置であると強調しても、法律上どちらを選択するかが自由とされている以上、楽な方に流れることは当然であろう。労働政策に多少なりとも関わった者であればこのようなことは当然承知していたであろうが、にもかかわらずこのような内容の法律になったところを見ると、真っ当な議論を押し流すような強い力が働いたものと推測せざるを得ない。

　また、原則である派遣先均等・均衡方式を採った場合、派遣先の直用労働者と比較すべきは月例賃金だけでなく、年末年始の賞与等にまで及ぶとされているから、仮に派遣先の業績が好調で、自社社員に対し高い賞与が支給される場合には、派遣元としては、自らは業績が不調であっても派遣先に合わせて高額の賞与を支払わなければならないこととなり、経営を圧迫する危険が生じる。改正労働者派遣法では、派遣元が派遣先の比較対象労働者との均等・均衡の確保規定を遵守できるよう、派遣先に対し派遣元が自社の労働者に高い賞与を支払うことができるよう配慮する義務を課している。すなわち、派遣先に対し、自社が高額の賞与を支払う場合には、派遣元もそれに見合う賞与を支払うことができるよう派遣料金の引上げ等の措置を求めているわけである。しかしながら、そもそも業者間の契約について、配慮義務とはいえ、法律が介入することは異例であり、仮に行政が、この配慮義務に基づいて派遣先に対し派遣料金の引上げ等の指導を行ったとすれば、契約自由の原則に照らしても問題となり得る。また、低コストで必要な労働力を調達しようという派

遣先がこのような配慮義務を守ろうとすることは考えにくい。こうしたことからも、賃金支払主体の異なる者間において、理念としてであればともかく、実務上同一賃金を求めることには無理があることが明らかである。

　今回の「同一労働同一賃金法」は、いわゆる非正規労働者全体に網をかけ、その労働条件を全体として引き上げようとするもので、その政策意図は理解できるが、その範囲を、賃金の支払主体の異なる派遣労働にまで広げ、これを義務付けたことが重大な誤りをもたらす結果となったと言わざるを得ない。なぜこのような不合理な事態を招いたのかは定かでないが、派遣労働者に係る同一労働同一賃金のあり方を基本的に改めない限り、不毛な労使紛争が頻発する危険性が高いと思われる。

　現在のところ、派遣労働者に係る同一労働同一賃金について争われた裁判は承知していないが、今後、派遣先均等・均衡方式を採った場合においては、何をもって均等・均衡と見るかについて争いが頻発することが予想される。もっとも、前記のとおり、派遣先均等・均衡方式の採用は少数にとどまる可能性が高いから、現実には同方式に係る紛争は余り生じないのかも知れない。今回導入された方式は、派遣先均等・均衡方式という看板を掲げて「派遣労働者についても同一労働同一賃金を実現した」という形を作りつつ、同一労働同一賃金を目指すものではない派遣元協定方式という「抜け道」を用意して問題の発生を防ごうとする巧妙な戦略とも考えられる。

　一方、労使協定方式を採った場合にも、その協定の有効性を巡って争いが起こることが予想される。というのは、派遣労働においては、労働者は通常様々な派遣先に散らばって就労しており、同じ事業主（派遣元）に雇用されていてもお互いの顔も知らないことが一般的であろうから、適法に過半数労働者を代表する者を選任することは至難の業である。仮に過半数代表者の選任に瑕疵があればその労使協定は無効となるから、原則である派遣先均等・均衡方式に立ち返ることとなる。そうなれば、仮に時給1500円の協定の下で派遣された労働者が、派遣先で同一労働に従事する者の賃金が時給1700円であることを目の当たりにした場合、協

定の瑕疵を立証すれば時給を200円引き上げられることとなるから、訴訟に訴える可能性があり、また訴訟にまでは至らないとしても、上記現実を派遣元に突き付けて賃金の引上げを要求することは当然予想できる。

　なお、労使協定における過半数代表者の選任については、三六協定の場合と同様であり、これに関して特段問題となるようなトラブルが発生していないから心配ないとする向きもあろうが、三六協定の場合は、派遣労働者としてはこれを無効にすると、時間外労働手当を受けられなくなるという不利益を生じることにもなるから、過半数代表者の選任について疑義を感じても声を上げるインセンティブが働きにくかったであろうが、派遣元協定方式においては、この協定を無効にすれば即賃金アップにつながる場合があるわけであるから、三六協定の場合と同視することは適当ではない。

Ⅳ　同一労働同一賃金に関する具体的な裁判例

　以上、同一労働同一賃金に係る法律改正等の流れ及びその内容や問題点を概観してきたところであるが、以下、同一労働同一賃金等を巡って争われた具体的な裁判例を紹介することとする。

　同一労働同一賃金に関しては、最近では労働契約法20条を巡る事例が圧倒的多数であるが、これに短時間労働法に関するものも加わり、今後は両者が合体した短時間・有期労働法8条を巡る争いに移るものと推測される。

　また、同一労働同一賃金については、男女間について労働基準法4条を巡って以前から争われており、これに関する裁判例も相当に集積されているが、その多くは、「同一労働」という前提が満たされていないため、今回は「同一労働同一賃金」が争われたと見られるものに限って収録したところである。

第2章

「同一労働同一賃金」に関する裁判例

1. 有期契約労働者と無期契約労働者の賃金等の相違（労働契約法20条等）

　労働契約法20条は、有期労働契約を締結している労働者（有期雇用労働者）の労働条件が、期間の定めがあることにより同一の使用者と期間の定めのない労働契約を締結している労働者（無期雇用労働者）の労働条件と相違している場合においては、当該労働条件の相違は、職務の内容、当該職務の内容及び配置の変更の範囲その他の事情を考慮して、不合理と認められるものであってはならないと規定していた。また、短時間労働者の雇用管理の改善等に関する法律（短時間労働法）8条は、雇用する短時間労働者の待遇を、当該事業場に雇用される通常の労働者の待遇と相違する場合には、当該待遇の相違は、当該短時間労働者及び通常の労働者の職務の内容、当該職務の内容及び配置の変更の範囲その他の事情を考慮して、不合理と認められるものであってはならないと規定していた。この2つの条文は、今回の働き方関連法の一連の流れの中で、短時間労働法8条に一本化され、2020年4月1日から施行されている。同条施行後は、有期雇用労働者、短時間労働者とも、その労働条件の不合理性の判断に当たって「通常の労働者」と比較することとなった。

　今回紹介する各事例は、いずれも改正前に起こったものであるから、労働契約法20条又は短時間労働法8条に基づいて、無期雇用労働者または通常の労働者と比較して、その労働条件が不合理なものであるか否かを判断している。

裁判例 1

有期契約貨物運送乗務員に対し各種手当を不支給
ハマキョウレックス非正規運転士手当不支給等事件

大津地裁彦根支部平成27.5.29、大阪高裁平成27.7.31、大津地裁彦根支部平成27.9.16、大阪高裁平成28.7.26、最高裁平成30.6.1、大阪高裁平成30.12.21

事件の概要

　X及びY（いずれも原告・控訴人・被上告人。以下「Xら」）は、平成20年10月6日、一般貨物自動車運送事業を営むH社（被告・被控訴人・上告人）との間で本件有期労働契約を締結した。同契約においては、期間を同日から平成21年3月31日までとし、勤務場所はH社のD支店、業務内容は配車ドライバー、勤務時間は午前5時から午後2時まで、賃金は時給1150円、通勤手当は月3000円とし、原則として昇給・賞与はないとされていた。H社の就業規則では、正社員は月給制で、無事故手当（1万円）、給食手当（3500円）、住宅手当（2万円）、通勤手当（D市内在住者は5000円）等の支給があるのに対し、Xら契約社員に対しては通勤手当以外の諸手当の支給はなく、定期昇給、賞与、退職金の支給もなかった。

　Xらは、XはD支店長であったMとの面接で、月額手取30万円以上とすること及び無期雇用契約とすることを申し入れ、Mはこれを約束したとして、正社員と同一の権利を有する地位にあることの確認を求めるとともに、約束した賃金と実際に受けた賃金との差額329万円余の支払を請求した。またXらは、XとH社との間に無期労働契約が成立しているとはいえないとしても、就労の実態が無期雇用労働者と異ならないから、本件有期労働契約における労働条件は公序良俗又は労働契約法20条に反し無効となり、無効とされた有期労働契約の労働条件は正社員の労働条件によって自動的に代替されること、これらの主張が認められないとしても、H社は労働契約締結に当たり、1年後には正社員とすること、月額手取30万円以上とすることの期待を抱かせたから、期待権侵害の不法行為を構成することを主張し、H社に対し、上記と同額の損害賠償を請求した。

　第1審では、本判決と同内容の判断が示されたが、控訴審では、判決

言渡しの手続に違法があるとして原審に差し戻された。

差戻後第1審判決要旨

1 XとH社間における賃金の最低条件の合意及び始期付無期労働契約の成否

　XとH社との間で、正社員として登用すること、月額手取30万円以上とすることとの合意内容は労働契約書に記載されていないばかりか、Xが平成20年10月以降、6カ月ごとに本件有期労働契約を更新している事実が認められる。確かに、面接時に、MがXに対し、半年ないし1年後には正社員に登用する可能性を示唆した事実（「手取給与30万円欲しい」とのXの要望に対し「現在のドライバーの残業状況からみると希望の給与額は可能である」と回答した事実）及びXには正社員の制服が貸与されていた事実が認められるが、それ以上の合意があったことを裏付ける証拠はない。そうすると、Mの上記発言は、就業規則に基づき、Xについいても、将来正社員として登用することがあり得ることを説明したに過ぎない。結局、Xの主張に係る月額手取を30万円以上とする合意及び始期付無期労働契約の締結の合意はいずれも認めることが困難である。

2 本件有期労働契約に基づくXの労働条件は公序良俗又は労働契約法20条に反して無効か

　労働契約法20条における「不合理と認められるもの」とは、有期契約労働者と無期契約労働者の当該労働条件の相違が、それら労働者間の職務内容や職務内容・配置の変更の範囲の異同にその他の事情を加えて考察して、当該企業の経営・人事制度上の施策として不合理なものと評価せざるを得ないものと解すべきところ、D支店においては、正社員のドライバーと契約社員のドライバーの職務内容自体に大きな相違は認められないものの、H社は従業員4597人を有し、1部へ株式を上場する株式会社であり、また、正社員は、業務上の必要に応じて就業場所及び業務の内容の変更を甘受しなければならず、出向も含め全国規模の広域異動の可能性があるほか、将来、H社の中核を担う人材として登用される可能性がある者として育成される立場にあるのに対し、契約社員は、業務

内容、労働時間、休息時間、休日等の労働条件の変更があり得るに留まり、就業場所の異動や出向等は予定されておらず、将来H社の中核を担う人材として登用されるべき立場にあるとはいえない。H社におけるこれら労働者間の職務内容や職務内容・配置の変更の範囲の異同等を考慮すれば、少なくとも無事故手当、作業手当、給食手当、住宅手当、皆勤手当及び家族手当、一時金の支給、定期昇給並びに退職金の支給に関する正社員と契約社員との労働条件の相違は、H社の経営・人事制度上の施策として不合理とはいえないから、本件有期契約に基づく労働条件の定めが公序良俗及び労働契約法20条に反するとはいえない。もっとも、通勤手当が交通費の実費の補填であることからすると、これに関し、正社員が５万円を限度として通勤距離に応じて支給されるのに対し、契約社員には3000円を限度でしか支給されないとの労働条件の相違は、公序良俗に反するとまではいえないものの、経営・人事制度上の施策として不合理なものであり、労働契約法20条の「不合理と認められるもの」に当たるというべきである。

　ところで、労働契約法20条に反する労働契約の条件は無効と解されるところ、無効とされた場合につき、Xらは、当該労働契約の条件は、無期契約労働者の労働条件によって自動的に代替されることになるから、XはH社の正社員と同一の権利を有する地位にあることになると主張する。しかしながら、特別の定めがないのに、無効とされた労働契約の条件が無期契約労働者の労働条件によって自動的に代替されるとの効果を労働契約法20条の解釈によって導くことは困難であるから、労働契約の条件が同条に違反する場合については、別途H社が不法行為責任を負う場合があるに留まると解さざるを得ない。

　以上によれば、Xが、当然に無事故手当、作業手当、給食手当、住宅手当、皆勤手当、家族手当、通勤手当及び一時金の支給、定期昇給並びに退職金の支給に関し、H社の正社員と同一の権利を有する地位にあると認めることはできないし、H社との労働契約に基づいて、正社員に支給される上記手当とXの支給賃金との差額の支払いを求める主張も採用できない。

3　Xの期待権に対する不法行為の成否について

　Xの期待（月額手取30万円以上、1年後の正社員）は法的保護に値する期待とは認められないから、それに対する侵害が不法行為に当たるとするXらの主張は採用できない。

　これに対し、通勤手当についての労働条件の相違は、労働契約法20条に反し無効と解され、かかる定めをしたH社の行為は不法行為を構成する。その損害額は、証拠上不明であるが、少なくとも正社員の最低支給額5000円とXの支給額3000円の差額2000円はH社の不法行為による損害と認めることができる（損害額は5カ月分1万円）。

控訴審判決要旨

1　XとH社間における賃金の最低条件の合意及び始期付無期労働契約の成否等

　確かに、面接時に、MがXに対し、半年ないし1年後には正社員に登用される可能性があることを示唆した事実、手取給与月額30万円は可能と回答した事実及びXに正社員の制服が貸与されていた事実が認められる。しかしながら、XとH社間の労働契約書には、そのような合意内容は記載されていなかったばかりでなく、Xは6カ月ごとに本件労働契約を更新し続けているのであって、前記合意があったとは認められない。

2　本件有期労働契約に基づくXの労働条件は、公序良俗または労働契約法20条に反して無効であるか

（1）労働契約法20条違反の有無の判断の枠組み等

　労働契約法20条は、有期契約労働者と無期契約労働者との間の労働条件の相違が不合理なものであることを禁止する規定であるところ、同条にいう「期間の定めがあることにより」との文言は、ある有期契約労働者の労働条件がある無期契約労働者の労働条件と相違していることだけを捉えて当然に同条の規定が適用されるというものではなく、当該有期契約労働者と無期契約労働者との間の労働条件の相違が、期間の定めの有無に関連して生じたものであることを要する趣旨であると解される。

　労働契約法20条は「不合理と認められるもの」といえるか否かの判断

については、「職務の内容」すなわち「労働者の業務の内容及び当該業務に伴う責任の程度」と「当該職務の内容及び配置の変更の範囲」と「その他の事情」を考慮要素とする旨規定しており、「労働者の業務の内容及び当該業務に伴う責任の程度」とは、労働者が従事している業務の内容及び当該業務に伴う責任の程度をいい、「当該職務の内容及び配置の変更の範囲」とは、今後の見込みも含め、転勤、昇進といった人事異動や本人の役割の変化等の有無や範囲を指し、人材活用の仕組みと運用を意味するものと言い換えることができる。また「その他の事情」とは、合理的な労使の慣行等の諸事情を指すものと解される。そして、労働契約法20条の不合理性の判断は、有期契約労働者と無期契約労働者との間の労働条件の相違について、職務の内容、当該職務の内容及び配置の変更の範囲その他の事情を考慮して、個々の労働条件ごとに判断されるべきものと解されるところ、同条の不合理性の立証責任については、有期契約労働者は、相違のある個々の労働条件ごとに、当該労働条件が期間の定めを理由とする不合理なものであることを基礎付ける具体的事実について立証責任を負い、使用者は、当該労働条件が期間の定めを理由とする不合理なものであるとの評価を妨げる具体的事実についての立証責任を負う。

（2）本件有期労働契約に基づくＸの労働条件の不合理性の有無

ア　Ｄ支店における正社員と契約社員との間の賃金等の労働条件の相違の理由

　Ｄ支店において、正社員のドライバーと契約社員のドライバーの業務自体に大きな相違は認められない。もっとも、正社員と契約社員との間には、職務遂行能力の評価や教育訓練等を通じた人材の育成等による等級・役職への格付け等を踏まえた、広域異動や人材登用の可能性といった人材活用の仕組みの有無に基づく相違が存するから、労働条件の相違が「不合理と認められるもの」に当たるか否かについて判断するに当たっては、労働契約法20条所定の考慮事項を踏まえて、労働条件ごとに検討しなければならない。

イ　本件諸手当について

　優良ドライバーの育成や安全な輸送による顧客の信頼の獲得は、正社員の人材活用の仕組みと直接関連性を有するものではなく、むしろ、正社員、契約社員両者に対して要請されるべきものであるから、正社員ドライバーにのみ無事故手当1万円を支給し、契約社員ドライバーには同手当を支給しないことは、期間の定めのあることを理由とする相違であり、労働契約法20条にいう「不合理と認められるもの」に当たると認められる。

　過去に、積卸しの作業をしていたドライバーが正社員のみであり、契約社員がかかる作業に従事したことはないことを認めるに足りる証拠は見当たらないし、本件正社員給与規程において、特殊業務に携わる者に対して支給する旨を明示している以上、作業手当を基本給の一部と同視することはできない。そうすると、正社員のドライバーに対してのみ作業手当月額1万円を支給し、契約社員のドライバーには同手当を支給しないことは、期間の定めがあることを理由とする相違というほかなく、労働契約法20条にいう「不合理と認められるもの」に当たると認められる。

　本件正社員給与規程において、給食手当は、あくまで従業員の給食の補助として支給されるものであって、正社員の職務の内容や職務の内容及び変更の範囲とは無関係に支給されるものである。なるほど、正社員の福利厚生を手厚くすることで優秀な人材の獲得・定着を図るという目的自体は、H社の経営ないし人事労務上の判断として一定の合理性を有すると理解できるが、給食の補助として支給される給食手当を正社員にのみ支給し、契約社員には支給しないことは、期間の定めがあることを理由とする相違というほかなく、労働契約法20条の「不合理と認められるもの」に当たると認められる。

　正社員は、転居を伴う配転（転勤）が予定されており、配転が予定されない契約社員と比べて住宅コストの増大が見込まれることからすると、正社員にのみ住宅手当を支給することが不合理とはいえない。また、長期雇用関係を前提とした配置転換のある正社員への住宅費用の援助及び福利厚生を手厚くすることによって、有能な人材の獲得・

定着を図るという目的自体は、相応の合理性を有すると理解できる。そうすると、正社員（22歳以上）に対して住宅手当月額2万円を支給し、契約社員に対しては同手当を支給しないことが、労働契約法20条にいう「不合理と認められるもの」に当たるとは認められない。

　皆勤手当は、乗務員が全営業日に出勤したときに支給されるものであり、精勤を奨励する側面があることは否定できず、これを正社員のドライバーにだけ支給し、契約社員のドライバーには支給しない扱いとすることの合理性を積極的に肯定することは困難とも考えられる。しかしながら、本件契約社員就業規則の適用を受ける契約社員（嘱託、臨時従業員、パートタイマー）とは、雇用期間を定めて雇い入れられた者をいい、雇用期間を延長する必要がある場合には個別に更新するものとされている。そして、契約社員の給与は、基本給、通勤手当、時間外勤務手当、休日勤務手当及び深夜勤務手当で構成されるところ、基本給は職務内容等により個人ごとに定められ、契約社員には、原則として昇給を行わないものの、会社の業績と本人の勤務成績を考慮の上昇給することがあるとされている。以上に照らすと、H社が正社員に対してのみ皆勤手当月1万円を支給し、契約社員には同手当を支給しない扱いとすることが、労働契約法20条にいう「不合理と認められるもの」に当たるとはいえない。

　通勤手当は、その性質上、本来は職務の内容や当該職務の内容及び変更の範囲とは無関係に支給されるものである。そうすると、労働契約法20条が施行された平成25年4月から12月まで、Xと同じ交通用具利用者で同じ通勤距離の正社員に対しては通勤手当月額5000円を支給し、Xには通勤手当月額3000円を支給することは、期間の定めがあることを理由とする相違というほかなく、同条にいう「不合理と認められるもの」に当たると認められる。

ウ　本件諸手当を除くその余の労働条件（家族手当、一時金の支給、定期昇給及び退職金の支給）について

　前記労働条件が労働契約法20条に違反するとしても、同条違反の民事的効力として、当然に正社員（無期契約労働者）の労働条件と同一

になる補充的効力を有するとは認められないし、本件正社員就業規則及び本件有期労働契約上の該当規定が同法20条に違反する結果、本件正社員就業規則及び本件正社員給与規程の該当規定が適用されることになると解することもできないから、本件労働条件の相違が同法20条に違反するか否かを判断するまでもなく、XがH社に対し、家族手当、一時金の支給、定期昇給及び退職金の支給に関し、正社員（無期契約労働者）と同一の権利を有する地位にあることの確認を求めることはできない。

（3）労働契約法20条の効力

労働契約法20条に違反する労働条件の定めは無効というべきであり、同条に違反する労働条件の定めを設けた労働契約を締結した場合には、不法行為が成立する場合があり得る。しかしながら、労働契約法は、20条に違反した場合の効果として、同法12条や労働基準法13条に相当する規定を設けていないこと、労働契約法20条により無効と判断された有期労働契約者の労働条件をどのように補充するかについては、労使間の個別的あるいは集団的な交渉に委ねられるべきものであることからすれば、裁判所が、明文の規定がないまま労働条件を補充することはできる限り控えるべきと考えられる。したがって、有期契約労働者に対して、無期契約労働者の労働条件を定めた就業規則、労働協約、労働契約等の規定を適用し得る場合はともかく、そうでない場合には、不法行為による損害賠償責任が生じ得るにとどまると解するほかない。

本件正社員就業規則、本件正社員給与規程、本件契約社員就業規則及び本件有期労働契約に係る各雇用契約書上の規定によれば、H社では本件正社員就業規則及び本件正社員給与規程がH社の全従業員に適用されることを前提に、契約社員には特則として本件契約社員就業規則に関する規定を適用するような形式を採っていないことからすると、本件契約社員就業規則及び各雇用契約書で定める労働条件が労働契約法20条に違反する場合に、本件正社員労働契約及び本件正社員給与規程で定める労働条件が適用されることになると解することはできない。そうすると、本件有期労働契約に基づくXの労働条件の一部（無事故手当、作業手当、

給食手当及び通勤手当）が前示のとおり労働契約法20条に違反するとしても、それによりＨ社に不法行為による損害賠償責任が生じ得ることは格別、ＸがＨ社に対し、Ｘ主張の労働条件の相違に関し、Ｈ社と期間の定めのない労働契約を締結している者と同一の権利を有する地位にあると認めることはできない。

（4）本件有期労働契約に基づくＸの労働条件の公序良俗違反該当性

労働契約法20条が施行されたのは平成25年4月1日であるから、同日より前の時点でＸ主張の労働条件の相違があったとしても、そのことから直ちに民法90条の公序良俗に反することになるものではなく、前記労働条件の差異が公序良俗に反すると認めることはできない。また、前記労働条件の相違のうち、労働契約法20条に違反すると認められなかった労働条件については、公序良俗に反すると認める余地はない。

4　Ｘの期待権等に対する不法行為の成否について

Ｘの主観はともかく、Ｘの期待は法的保護に値する期待と認めることはできない。

前示のとおり、Ｘの労働条件のうち、無事故手当、作業手当、給食手当及び通勤手当の支給に関する部分は、労働契約法20条に違反して無効であるから、同条が施行された平成25年4月1日以降、前記各手当をＸに支給しない扱いをしたＨ社の対応は民法709条の不法行為を構成すると認められ、Ｘは、前記各手当不支給額と同額の損害を被ったと認められる。Ｈ社は、Ｘに対し、不法行為に基づく損害賠償として、平成25年4月から平成27年11月まで、月額無事故手当1万円、作業手当1万円、給食手当3500円、通勤手当差額2000円の合計77万円を支払う義務がある。

上告審判決要旨

第1　附帯上告受理申立事由について

1　原審は、要旨次のとおり判断し、本件確認請求及び本件差額請求の全部並びに本件損害賠償請求のうち住宅手当及び皆勤手当に係る部分をいずれも棄却すべきものとした。

（1）契約社員であるＸと正社員との間で本件賃金等に相違があること

が労働契約法20条に違反するとしてもXの労働条件が正社員と同一になるものではないから、本件確認請求及び本件差額請求はいずれも理由がない。

（2）　Xと正社員との間の住宅手当及び皆勤手当に係る相違は不合理と認められるものには当たらないから、当該相違があることは労働契約法20条に違反しない。

2　しかしながら、上記のうち、住宅手当に関する判断は是認できるが、皆勤手当に関する判断は是認できない。その理由は次のとおりである。

（1）　労働契約法20条は、有期労働契約者については、無期契約労働者と比較して合理的な労働条件の決定が行われにくく、両者の労働条件の格差が問題となっていたこと等を踏まえ、有期契約労働者の公正な処遇を図るため、その労働条件につき、期間の定めがあることにより不合理なものとすることを禁止したものである。そして、同条は、有期契約労働者と無期契約労働者との間で労働条件に相違があり得ることを前提に、職務の内容、当該職務の内容及び配置の変更の範囲その他の事情（職務の内容等）を考慮して、その相違が不合理と認められるものであってはならないとするものであり、職務の内容等の差異に応じた均衡のとれた処遇を求める規定であると解される。

（2）　本件確認請求及び本件差額賃金請求について

　労働契約法20条が有期契約労働者と無期契約労働者との労働条件の相違は「不合理と認められるものであってはならない」と規定していることや、その趣旨が有期契約労働者の公正な処遇を図ることにあること等に照らせば、同条の趣旨は私法上の効力を有すると解するのが相当であり、有期労働契約のうち同条に違反する労働条件を設ける部分は無効と解される。もっとも、両者の労働条件の相違が同条に違反する場合に、当該有期契約労働者の労働条件が比較の対象である無期契約労働者の労働条件と同一となる旨を定めていない。そうすると、有期契約労働者と無期契約労働者との労働条件の相違が同条に違反する場合であっても、同条の効力により当該有期契約労働者の労働条件が比較の対象である無期契約労働者の労働条件と同一のものとなるものではないと解される。

以上によれば、仮に本件賃金等に係る相違が労働契約法20条に違反するとしても、Xの労働条件が正社員と同一のものとなるわけではないから、Xが、本件賃金等に関し、正社員と同一の権利を有する地位にあることの確認を求める本件確認請求訴訟は理由がなく、また同一の権利を有する地位にあることを前提とする本件差額請求も理由がない。

（3）本件損害賠償請求について

　有期契約労働者と無期契約労働者の労働条件が相違しているというだけで労働契約法20条を適用することはできない。一方、期間の定めがあることと労働条件が相違していることとの関連性の程度は、労働条件の相違が不合理と認められるものに当たるか否かの判断に当たって考慮すれば足りるといえる。そうすると、同条にいう「期間の定めがあることにより」とは、有期契約労働者と無期契約労働者との労働条件の相違が期間の定めの有無に関連して生じたものと解するのが相当である。これを本件についてみると、本件手当に係る労働条件の相違は、契約社員と正社員とでそれぞれ異なる就業規則が適用されていることにより生じていることに鑑みれば、当該相違は期間の定めの有無に関連して生じたものであるといえる。したがって、契約社員と正社員の本件諸手当に係る労働条件は、同条にいう期間の定めがあることにより相違している場合に当たるといえる。

　次に、労働契約法20条が「不合理と認められるものであってはならないと規定していることに照らせば、同条は飽くまで労働条件の相違が不合理と評価させるか否かを問題とすると解することが文理に沿うといえる。また、同条は、職務の内容等が異なる場合であっても、その違いを考慮して両者の労働条件が均衡のとれたものであるか否かの判断に当たっては、労使間の交渉や使用者の経営判断を尊重すべき面があることも否定し難い。したがって、同条にいう「不合理と認められるもの」とは、有期契約労働者と無期契約労働者との労働条件の相違が不合理と評価することができることをいうと解するのが相当である。そして、当該相違が不合理との評価を基礎付ける事実については当該相違が同条に違反することを主張する者が、当該相違が不合理との評価を妨げる事実について

は当該相違が同条に違反することを争う者が、それぞれ主張立証責任を負うと解される。

　H社においては、正社員に対してのみ住宅手当を支給することとされているところ、契約社員については就業場所の変更が予定されていないのに対し、正社員については転居を伴う配転が予定されているため、契約社員と比較して住宅に要する費用が多額になり得る。したがって、正社員に対して住宅手当を支給する一方で、契約社員に対してこれを支給しないという労働条件の相違は不合理とは評価できないから、労働契約法20条にいう不合理と認められるものに当たらないと解するのが相当である。

　H社においては、正社員である乗務員に対してのみ皆勤手当を支給することとされているところ、H社の乗務員については、契約社員と正社員の職務の内容は異ならないから、職務内容によって両者の間に差異が生じるものではない。また、上記の必要性は、当該労働者が将来転勤や出向する可能性や、H社の中核を担う人材として登用される可能性の有無といった事情により異なるとはいえない。そして、契約社員については、昇給しないことが原則である上、皆勤の事実を考慮して昇給が行われたとの事情も窺われない。したがって、H社の乗務員のうち正社員に対して皆勤手当を支給する一方で、契約社員に対してこれを支給しないという労働条件の相違は労働契約法20条にいう不合理と認められるものに当たると解するのが相当である。

（4）以上によれば、本件確認請求及び本件差額賃金請求の全部並びに本件損害賠償請求のうち住宅手当に係る部分を棄却すべきとした判断は、いずれも正当として是認できる。他方、平成25年4月1日以降の皆勤手当に係る部分を棄却すべきものとした原審の判断には法令の違反があり、原判決のうち上記判断に係る部分は破棄を免れない（破棄差戻）。なお、その余の請求に関する附帯上告については棄却する。

第2　上告受理申立事由について

1　原審は、契約社員と正社員の無事故手当、作業手当、給食手当及び通勤手当（本件無事故手当等）に係る相違は、期間の定めがあることに

より生じた相違であり、かつ、不合理と認められるものに当たるから、労働契約法20条が適用される平成25年4月1日以降にH社がこのような差を設けていることは不法行為に当たるとし、本件損害賠償請求の一部を認容すべきものとした。

2　H社においては、正社員である乗務員に対してのみ、所定の無事故手当を支給することとされている。この無事故手当は、優良ドライバーの育成や安全輸送による顧客の信頼の獲得を目的として支給されると解されるところ、H社の乗務員については、契約社員と正社員の職務の内容は異ならないから、安全運転及び事故防止の必要性については、職務の内容によって両者の間に差異が生ずるものではない。また、上記の必要性は、当該労働者が将来転勤や出向をする可能性や、H社の中核を担う人材として登用される可能性の有無といった事情により異なるものではない。加えて、無事故手当に相違を設けることが不合理であるとの評価を妨げる他の事情も窺われない。したがって、H社の乗務員のうち正社員に対して上記の無事故手当を支給する一方で、契約社員に対してこれを支給しないという労働条件の相違は、労働契約法20条にいう不合理と認められるものに当たると解するのが相当である。

本件正社員給与規程は、特殊作業に携わる正社員に対して月額1万円から2万円までの範囲内で作業手当を支給する旨定めているが、当該作業手当の支給対象となる特殊作業の内容について具体的に定めていないから、これについては各事業所の判断に委ねる趣旨と解される。そして、Xが勤務する支店では、正社員に対して作業手当として一律に1万円が支給されている。上記の作業手当は、特定の作業を行った対価として支給されるものであり、作業そのものを金銭的に評価して支給される性質の賃金と解される。しかるに、H社の乗務員については、契約社員と正社員の職務内容は異ならない。また、職務の内容及び配置の変更の範囲が異なることによって、行った作業に対する金銭的評価が異なることになるものではない。したがって、H社の乗務員のうち正社員に対して上記の作業手当を一律に支給する一方で、契約社員に対してこれを支給しないという労働条件の相違は、労働契約法20条にいう不合理と認められ

るものに当たると解するのが相当である。

　H社においては、正社員に対してのみ所定の給食手当を支給することとされている。この給食手当は、従業員の食事に係る補助として支給されるものであるから、勤務時間中に食事を摂ることを要する労働者に対して支給することがその趣旨にかなうものである。しかるに、H社の乗務員については、契約社員と正社員の職務は異ならないし、勤務形態に違いがあるなどといった事情は窺われない。また、職務の内容及び配置の変更の範囲が異なることは、勤務時間中に食事を摂ることの必要性やその程度とは関係がない。加えて、給食手当に相違を設けることが不合理であるとの評価を妨げるその他の事情も窺われない。したがって、H社の乗務員のうち正社員に対して上記給食手当を支給する一方で、契約社員に対してこれを支給しないという労働条件の相違については、労働契約法20条にいう不合理と認められるものに当たると解するのが相当である。

　H社においては、平成25年12月以前は、契約社員であるXに対して月額3000円の通勤手当が支給されていたが、Xと交通手段及び通勤距離が同じ正社員に対しては月額5000円の通勤手当を支給することとされていた。この通勤手当は、労働契約に期間の定めがあるか否かによって通勤に要する費用が異なるものではない。また、職務の内容及び配置の変更の範囲が異なることは、通勤に要する費用の多寡とは直接関連するものではない。加えて、通勤手当に差異を設けることが不合理であるとの評価を妨げるその他の事情も窺われない。したがって、正社員と契約社員であるXとの間で上記の通勤手当の金額が異なるという労働条件の相違は、労働契約法20条にいう不合理と認められるものに当たると解するのが相当である。

　以上によれば、労働契約法20条が適用されることとなる平成25年4月1日以降において、H社が無事故手当等に相違を設けていたことが不法行為に当たるとして、同日以降の本件無事故手当等に係る差額相当額を求める限度で本件損害賠償請求を認容すべきものとした原審の判断は正当として是認できる。

差戻後控訴審判決要旨

　皆勤手当は、Ｈ社が運送業務を円滑に進めるには実際に出勤する乗務員を一定数確保する必要があることから、乗務員に皆勤を奨励する趣旨で支給されるものと解される。Ｈ社の乗務員の主な業務及びこれに伴う責任の程度において、契約社員と正社員との間で異なるところはないから、乗務員を一定数確保する必要性について、契約社員と正社員との間で差異が生じるものではない。

　ところで、契約社員である乗務員には皆勤手当の支給がなく、昇給も原則として行わないこととされているが、一方で、Ｈ社は、契約社員の時間給増減の評価のために支給基準を作成している。これに基づく時間給の増加が、契約社員である乗務員への皆勤手当不支給に対する合理的な代替措置と評価できるのであれば、契約社員である乗務員に皆勤手当が支給されないことが「不合理と認められるもの」と評価することについての評価障害事実になるといえる。しかしながら、①契約社員である乗務員は、次期の雇用契約が必ずしも法的に保障されていないこと、②就業規則上、契約社員である乗務員の昇給は原則として行わないとされていること等からすると、正社員である乗務員の皆勤手当に対比すると、支給基準による契約社員である乗務員の時間給の増減が、皆勤の事実が認められるだけで必ずなされることが保障されていないことが明らかである。

　以上のとおり、支給基準による時給の増額は、そもそも皆勤の評価が直ちに賃金に反映するのかが不確実というだけでなく、Ｘのように再雇用がなされ、他の評価項目も年間を通じて高評価であり、皆勤の事実が事実上昇給に反映されていると見得る余地がある場合であっても、皆勤手当（月額１万円）と比べると僅かな金額（最大月額514円）に過ぎないから、契約社員である乗務員について、皆勤を奨励する趣旨で翌年の時給の増額がなされ得る部分があることをもって、皆勤手当を不支給とする合理的な代替措置と位置付けることはできない。したがって、支給基準による時給の増額は、契約社員であるＸに皆勤手当が不支給とされることが「不合理と認められるもの」と評価することについて、評価障

害事実にはならない。

　以上のとおり、皆勤手当の趣旨を踏まえると、契約社員と正社員との皆勤手当の支給における相違は、労働契約法20条に定める考慮要素（職務の内容、職務の内容及び配置の変更の範囲、その他の事情）に照らし、不合理と認められるものに当たると解するのが相当である。したがって、労働契約法20条に違反する皆勤手当の不支給は、均衡待遇を要求する控訴人の法的な利益を侵害するものとして不法行為になり得る。

　Xには、本件期間中、欠勤扱いになった日はなく、皆勤手当の支給要件である「乗務員が全営業日を出勤したとき」に該当するかまたはそれと同視できる事情がある。したがって、Xには、本件期間の皆勤手当相当額32万円の損害を被ったと認められる。

	第1審	控訴審	上告審
・通勤手当	○	○	○
・無事故手当	×	○	○
・作業手当	×	○	○
・給食手当	×	○	○
・住宅手当	×	×	×
・皆勤手当	×	×	○

（注）○は労働契約法20条の「不合理と認められるものに当たる」と判断されたもの。×は不合理とは認められないと判断されたもの

 解説

　平成30年6月1日、長澤運輸事件（24）とともに最高裁で判決が下され、非常に反響を呼んだ事件である。本件第1審判決は、有期契約労働者と無期契約労働者との間に不合理な相違を設けてはならない旨を定めた労働契約法20条が新設されて初めて両者の労働条件の差異の可否について争われた事件といえる。同条は、平成25年4月1日に施行された新しい規定であるが、本件以降、堰を切ったように同条を巡る争いが訴訟

に持ち込まれ、しかもその多くが最高裁にまで上げられて、多くの判例が集積されるに至っている。

　本件の場合、有期契約労働者が、無期契約労働者に支給される各種手当が支給されないことが労働契約法20条にいう「不合理な相違」として、その支払いを求めたものだが、地裁、高裁、最高裁と、上訴されるにつれて不合理と認められる範囲が広がり、最高裁では、住宅手当以外の手当について有期契約労働者に支給しないことは不合理な相違であるとして、H社にその支給を命じている。最高裁が住宅手当のみ相違を設けることを認めたのは、無期契約労働者（正社員）の場合、転居を伴う転勤があることを配慮したものであり、正社員の転居を伴う転勤が一般的であるならば、この判断は首肯できる。しかし、就業規則上正社員は転居を伴う転勤があるとされる一方、有期契約社員はこれがないとしても、実態として正社員の転勤がめったに行われないのであれば、住宅手当は生活補助的な性格となり、有期契約社員に支給しない合理性は認めにくくなろう。現に、そうした観点に立って、住宅手当について、両者の取扱いに相違を設けることを労働契約法20条の不合理な取扱いと判断した事例も見られる。

　本件における最高裁判決は、各手当ごとに労働契約法第20条に照らして不合理と認められるか否か、個別具体的に判断を示しており、今後の同旨の争いに当たって貴重な指針を示したといえる。

　本件最高裁判決後、X及びY（Xら）は労働契約法18条１項（５年ルール）により無期転換し、H社との間で無期パート労働契約を締結した。その後XらはH社に対し、正社員就業規則が適用される地位にあることの確認と不支給とされた手当相当額を請求した。これについて判決では、無期転換後も当然に正社員となるわけではなく、就労等の実態に応じた均衡が保たれている限りは、労働契約法７条の合理性の要件を満たしているといえるとして、Xらの請求を棄却した（大阪地裁令和２年11月25日判決）。

裁判例 2

契約社員に対し各種手当不支給等
メトロコマース契約社員労働条件相違事件

東京地裁平成29.3.23、東京高裁平成30.2.20、最高裁令和2.10.13

事件の概要

　M社（被告・被控訴人兼控訴人、上告人兼被上告人）は、地下鉄互助会から売店等の物販事業に関する営業を譲り受け、駅業務全体を受託した会社であり、同受託に伴い、M社には、①互助会から引き続き雇用されている正社員、②会社再編時にパートタイマーであった者が契約社員B（職務限定契約であり、駅売店における販売業務及びその付随業務のみに従事）となり、そのまま契約社員Bとして雇用されている者、③登用により契約社員A（月給制の嘱託社員を改めたもので、契約社員Bのキャリアアップの雇用形態の位置付け）や正社員となった者、④M社において正社員として新たに雇用された者、⑤M社において契約社員Bとして新たに採用され、契約社員Bとして雇用されている者、⑥M社において契約社員Bとして採用され、後に登用によって契約社員Aや正社員になった者が併存していた（なお、平成28年4月に契約社員Aは職種限定社員と名称が改められ、無期労働契約とされた）。

　M社には、契約社員Bから同A及び同Aから正社員への登用制度が設けられていたが、平成22年度からは勤続1年以上の希望者全員に受験が認められる登用試験に改められた。契約社員Bから同Aの登用試験制度は、一次試験（筆記）と二次試験（面接）を実施した上で、勤務成績等を踏まえて登用の可否が決定されていた。平成22年度から平成26年度までの合計で、契約社員Bから同Aへの登用試験の受験者は134名で、X、Y、Z及びW（いずれも原告。以下「Xら」）は平成22年度及び平成23年度の登用試験を受験したが不合格であった。

　Xらは、業務が同一でありながら契約社員Bの労働条件が正社員よりも不利に扱われていることは労働契約法20条に違反するとして、M社に対し、正社員の月例賃金、資格手当、住宅手当、賞与、退職金、褒賞、

早出残業手当の差額及び慰謝料、弁護士費用合わせて、Xにつき1319万円余、Yにつき1341万円余、Zにつき1097万円余、Wにつき801万円余の支払を請求した。

第1審判決の概要

1　労働契約法20条違反の成否について

（1）労働契約法20条の「期間の定めがあることにより」という文言は、有期契約労働者の労働条件が無期契約労働者の労働条件と相違するというだけで当然に同条の規定が適用されることにはならず、当該有期契約労働者と無期契約労働者の間の労働条件の相違が、期間の有無に関連して生じたものであることを要する趣旨と解するのが相当である。

本件においてXらが主張する契約社員Bと正社員との間の賃金や諸手当等の労働条件の相違は、その内容に照らしていずれも期間の定めの有無に関連して生じたものであることは明らかであるから、労働契約法20条が施行された平成25年4月1日以降は、本件には同条の適用がある。

（2）労働契約法20条は、有期契約労働者と無期契約労働者との間の労働条件の相違について「不合理と認められるものであってはならない」と規定し「合理的でなければならない」との文言を用いていないことに照らせば、同条は、合理的理由があることまで要求する趣旨ではないと解される。したがって、同条の不合理性については、労働者は、相違のある個々の労働条件ごとに、当該労働条件が期間の定めを理由とする不合理なものであることを基礎付ける具体的事実（評価根拠事実）についての主張立証責任を負い、使用者は、当該労働条件が不合理であることの評価を妨げる具体的事実（評価障害事実）についての主張立証責任を負うと解するのが相当である。以上の結果、当該労働条件の相違について、労働契約法20条が掲げる諸要素を考慮してもなお不合理とまでは断定できない場合には、当該相違は同条に違反するものではないと判断される。

（3）正社員と契約社員Bの職務内容等の相違

M社の約600名の正社員のうち売店業務に従事する者は僅か18名であり、専ら売店業務に従事する正社員は、互助会において正社員であった

者が、関連会社再編により引き続きM社の正社員として売店業務に従事する場合や、登用制度により契約社員Bから同Aを経て正社員になった者に限られ、その他の正社員は、キャリア形成過程で一定期間（1、2年程度）売店業務に従事するにすぎない。また、正社員は複数の売店を統括し、その管理業務等を行うエリアマネージャーの業務に従事することがあるのに対し、契約社員Bがエリアマネージャーに就くことはない。以上のとおり、M社の正社員と契約社員Bとの間には、従事する業務の内容及び業務に伴う責任の程度に大きな相違があると認められる。

　M社の正社員は、多様な業務に従事し、配置転換、職種転換または出向を命じられることがあり、正当な理由なくこれを拒むことはできない。他方、契約社員Bは、売店業務に専従し、売店の変更はあっても、配置転換や出向を命じられることはない。以上のとおり、正社員と契約社員Bの間には、職務の内容及び配置の変更の範囲についても明らかな相違がある。

（4）各労働条件の相違が不合理なものといえるか

ア　本給及び資格手当における相違について

　　正社員は月給制で昇給及び資格手当があり、契約社員Bは時給制で若干の昇給はあるが資格手当はないという相違があるが、両者の間には職務の内容並びに配置の変更に大きな相違がある上、正社員には長期雇用を前提とした年功的な賃金制度を設け、短期雇用を前提とする有期契約労働者にはこれと異なる賃金体系を設けるという制度設計をすることは、人事施策上の判断として一定の合理性が認められる。また、契約社員Bの本給は高卒新規採用の正社員の1年目の本給よりも高く、3年目でも同程度であり、10年目の正社員の本給と比較しても、8割以上確保されている。以上に加え、契約社員Bの本給も毎年時給10円ずつ昇給が存在すること、契約社員Bには正社員にはない早番手当及び皆勤手当が支給されることなどを踏まえると、正社員と契約社員Bとの間で、本給等に上記の相違を設け、昇給・昇格について異なる制度を設けることは不合理とはいえない。

イ　住宅手当における相違について

　M社における住宅手当が正社員に一律に支給されることからすれば、実際に支出した費用の補助というよりは、正社員に対する福利厚生としての性格が強いといえるところ、正社員は転居を伴う可能性のある配置転換や出向が予定され、これらが予定されない契約社員Bと比べて住宅コストの増大が見込まれることに照らすと、正社員に対してのみ住宅手当を支給することが不合理とはいえない。また、長期雇用関係を前提とした配置転換のある正社員への住宅費用の援助及び福利厚生を手厚くすることによって、有為な人材の獲得・定着を図るという目的自体は、人事施策上相応の合理性を有するということができるから、住宅手当における正社員と契約社員Bとの相違は不合理とは認められない。

ウ　賞与における相違について

　正社員と契約社員Bに支給される賞与には相違があるが、両者の間には職務の内容及び配置の変更の範囲に大きな相違があることや、契約社員Bにも夏季及び冬季に各12万円の賞与が支給されることに加え、賞与が労働の対価としての性格のみならず、功労報償的な性格や将来の労働への意欲の向上としての意味を持つこと、かかる賞与の性格を踏まえ、長期雇用を前提とする正社員に対し賞与を手厚くすることにより有為な人材の確保・定着を図るという人事施策上の目的にも一定の合理性が認められることなどを勘案すると、賞与における正社員と契約社員Bとの上記相違は、不合理とまでは認められない。正社員と契約社員Bとの間には職務の内容並びに職務の内容及び配置の変更の範囲に大きな相違があること、従業員の年間賃金のうちいかなる割合を賞与とするかは使用者に一定の裁量が認められると解されることに加え、正社員と契約社員Bとの賞与を含めた年間賃金を比較すると、契約社員の年間賃金は1年目では正社員の4分の3以上、6年目では7割弱、10年目でも65％程度の水準が確保されていること（しかも契約社員Bの場合、必ずしも長期間の継続雇用が想定されているわけではない）をも勘案すると、賞与を含む年間賃金を比較しても、両者の相違は、未だ不合理なものとは認められない。

　エ　退職金における相違について

　　　正社員には退職金制度があり、勤続年数等に応じた金額が支給されるのに対し、契約社員Bには退職金制度はない。一般に退職金が賃金の後払い的性格のみならず功労報償的性格を有することに照らすと、企業が長期雇用を前提とした正社員に対する福利厚生を手厚くし、有為な人材の確保・定着を図るなどの目的をもって正社員に対する退職金制度を設け、短期雇用を原則とする有期契約労働者に対しては退職金制度を設けないという制度設計をすることは、人事施策上一定の合理性を有すると解される。これに加え、本件においては、前記のとおり、正社員と契約社員Bとの間には職務の内容並びに職務の内容及び配置の変更に大きな相違があること、M社では契約社員Bのキャリアアップの制度として、契約社員Bから同A及び同Aから正社員への登用制度が設けられ、実際にも契約社員Bから同Aへの登用実績（5年間で28名）があることなどを併せ考慮すると、退職金における正社員と契約社員Bとの間の相違は不合理とまでは認められない。

　オ　褒賞における相違について

　　　M社における褒賞制度のうち永年勤労に係る褒賞は、長期雇用を前提とする正社員のみを支給対象とし、短期雇用が想定される契約社員A及び同Bには支給しないとする扱いは不合理とまではいえない。加えて、正社員と契約社員Bとの間には職務の内容並びに職務の内容及び配置の変更の範囲に大きな相違があること、正社員に対する福利厚生を手厚くすることにより有為な人材の確保・定着を図るという目的自体に一定の合理性が認められることからすれば、褒賞における正社員と契約社員Bとの間の相違は不合理とまでは認められない。

　カ　早出残業手当における相違について

　　　早出残業手当の支給について、正社員（初めの2時間は2割7分増、2時間を超える分については3割5分増）と契約社員B（2割5分増）との間には相違が存在する。ところで、早出残業手当は、時間外労働に対する割増賃金としての性格を有すると認められ、使用者に割増賃金の支払という経済的負担を課すことにより時間外労働等を抑制する

という趣旨に照らせば、従業員の時間外労働に対しては、使用者は、それが正社員か有期契約労働者かを問わず、等しく割増賃金を支払うのが相当であって、このことは使用者が法定の割増率を上回る割増賃金を支払う場合にも妥当する一方、正社員に対してのみ福利厚生を手厚くしたり、有為な人材の確保・定着を図ったりする目的の下、有期契約労働者よりも割増率の高い割増賃金を支払うことには合理的な理由をにわかに見出し難いところである。これを本件についてみると、当該相違は労働契約の期間の定めの有無のみを理由とする相違であるから、早出残業手当に関する正社員と契約社員Bとの間の相違は、労働契約法20条に違反すると認められる。

キ 小括

以上のとおり、XとM社との労働契約のうち、早出残業手当に関する相違については労働契約法20条に違反するものとして無効であるから、平成25年4月1日以降、正社員よりも低い割増率による早出残業手当を支給したM社の対応は、Xに対する不法行為を構成する。

2 公序良俗違反の成否について

Xらは、同一（価値）労働同一賃金の原則が、日本の労働法制上規範性を有する旨主張するが、我が国の現行法令上、Xらの主張する上記原則を定めた規定と解されるものは見当たらないから、Xらの上記主張は採用できない。また、労働契約法20条が施行されたのは平成25年4月1日であるから、同日より前の時点で有期契約労働者と無期契約労働者との間に労働条件の相違があったとしても、そのことから直ちに公序良俗に反することになるものではない。

3 Xらの損害について

（1）早出残業手当の相違による損害

労働条件の相違のうち労働契約法20条に違反すると認められるのは早出残業手当に関する相違のみであるから、Xに生じた損害を算定するに当たっては、早出残業手当の割増率について正社員の定めを適用するほかは、全て契約社員Bとしての労働条件を前提とするべきである。Xの早出残業時間に対して適用すべき正社員の割増率は2割7分とするのが

相当であるから、Xは、平成25年4月1日以降、割増率の差2％分について損害を被っていたと認められ、その損害は3609円と算定される。

（2）慰謝料請求権の成否

　Xについては、損害賠償請求権に対する支払いがされることによってもなお償うことができない精神的苦痛を生じる特段の事情があったとは認められないから、Xらの慰謝料請求は理由がない。

控訴審判決要旨

1　労働契約法20条違反の有無について

（1）労働契約法20条にいう「期間の定めがあることにより」とは、有期契約労働者と無期契約労働者との労働条件の相違が期間の定めの有無に関連して生じたものであることをいうと解するのが相当である。これを本件についてみると、本件賃金等に係る労働条件の相違は、契約社員Bと正社員とでそれぞれ異なる就業規則が適用されることにより生じていることに鑑みれば、当該相違は期間の定めの有無に関連して生じたものということができる。したがって、契約社員Bと正社員の本件賃金等に係る労働条件は、同条にいう期間の定めがあることにより相違している場合に当たるといえる。

（2）労働契約法20条の文理や、有期契約労働者と無期契約労働者の労働条件が均衡のとれたものであるか否かの判断に当たっては、労使間の交渉や使用者の経営判断を尊重すべき面があることも否定し難いことからすると、同条にいう「不合理と認められるもの」とは、有期契約労働者と無期契約労働者との労働条件の相違が不合理であると評価できるものであることをいうと解するのが相当である。そして、両者の労働条件が不合理であるか否かの判断は規範的評価を伴うものであるから、当該相違が不合理であるとの評価を基礎付ける事実については当該相違が労働契約法20条に違反することを主張する者が、当該相違が不合理との評価を妨げる事実については当該相違が同条に違反することを争う者が、それぞれ主張立証責任を負うと解される。

（3）賃金に関する労働条件は、労働者の職務の内容並びに当該職務の

内容及び配置の変更（職務内容及び変更範囲）により一義的に定まるものではなく、使用者は、雇用及び人事に関する経営判断の観点から、様々な事情を考慮して、労働者の賃金に関する労働条件を検討するといえる。また、労働者の労働条件の在り方については、基本的には団体交渉等による労使自治に委ねられるべき部分が大きいともいえるのであって、労働契約法20条にいう「その他の事情」は、労働者の職務内容及び変更範囲並びにこれらに関連する事情に限定されるものではない。

（4）売店業務に従事している正社員は、本給として、①年齢給（40歳以降は7万2000円）及び職務給、資格手当がそれぞれ支給されるのに対し、契約社員Bは、時給制の本給が支給されるが、資格手当は支給されない。

ア　本給について

　　M社の正社員一般と契約社員Bとの間には、職務内容及び変更範囲に相違がある上、一般論として、高卒・大卒新入社員を採用することがある正社員には長期雇用を前提とした年功的な賃金制度を設け、本来的に短期雇用を前提とする有期契約労働者にはこれと異なる賃金体系を設けるという制度設計をすることは、人事施策上の判断として一定の合理性が認められる。そして、本件で比較対照される売店業務に従事する正社員と契約社員Bについてみても、比較対照される正社員については、職務の内容に関しては代務業務やエリアマネージャー業務に従事することがあり得る一方、休憩交替要員にはならないし、売店業務以外の業務への配置転換の可能性があるのに対し、契約社員Bは、原則として代務業務に従事することはないし、エリアマネージャー業務も予定されていない一方、休憩交替要員にはなり得るし、売店業務以外の配置転換の可能性はないという相違がある。また、売店業務に従事している互助会出身者は、本給だけで25万4541円になるところ、Xらが過去に支給された最も高い本給は、Xが19万0080円、Yが18万4800円、Zが18万7460円であり、それぞれ、74.7%、72.6%、73.6%と一概に低いとはいえない割合になっている。契約社員Bには、正社員と異なり、皆勤手当及び早出手当が支給されており、このような賃金の相違については、決して固定的なものではなく、各登用制度を利

用することによって解消することができる機会も与えられている。加えて、労働契約法20条は労働条件の相違が不合理か否かの判断についての考慮要素として「その他の事情」を挙げているところ、売店業務に従事している正社員は、平成12年10月の関連会社再編の経緯からして、互助会在籍時に正社員として勤務していた者を契約社員に切り替えたり、正社員として支給されていた賃金水準をM社が一方的に切り下げることはできなかったと考えられ、勤務条件についての労使交渉が行われたことも認められるから、そのような正社員が売店業務のみに従事して退職することになったとしても、それはやむを得ないというべきである。また、上記登用制度を利用して正社員となった者を契約社員B及び契約社員Aより厚遇することも当然である。

イ　資格手当について

　　資格手当は、正社員の職務グループ（マネージャー職、リーダー職及びスタッフ職）における各資格に応じて支給されるものであるところ、契約社員Bはその業務の内容に照らして正社員と同様の資格を設けることは困難と認められるから、これに相当する手当が支給されなくてもやむを得ないといえる。したがって、上記労働条件の相違は労働契約20条にいう不合理と認められるものには当たらないと解するのが相当である。

ウ　住宅手当について

　　住宅手当は、従業員が実際に住宅費を負担しているか否かを問わずに支給されていることからすれば、職務内容等を離れて従業員に対する福利厚生及び生活保障の趣旨で支給されるものであり、その手当の名称や扶養家族の有無によって異なる額が支給されることに照らせば、主として従業員の住宅費を中心とした生活費を補助する趣旨で支給されるものと解するのが相当であるところ、M社においては、正社員であっても転居を必然的に伴う配置転換は想定されていないというのであるから、契約社員Bと比較して正社員の住宅費が多額になり得るといった事情もない。したがって、売店業務に従事している正社員は扶養家族の有無によって異なる額の住宅手当を支給されるのに対し、契

約社員Bは扶養家族の有無にかかわらず住宅手当を支給されないという労働条件の相違は労働契約法20条にいう不合理と認められるものに当たると解するのが相当である。

エ　賞与について

長期雇用を前提とする正社員に対し賞与の支給を手厚くすることにより有為な人材の獲得・定着を図るというM社の主張する人事施策上の目的にも一定の合理性が認められることが否定できない。また、M社における賞与については、平成25年度から平成29年度までの正社員に対する平均支給実績が、いずれの年度も夏季及び冬季にそれぞれ本給の2カ月分に17万6000円を加算した額であったことに照らすと、少なくとも正社員個人の業績を中心に反映させるものとは必ずしもいえないのであって、主として対象期間中の労務の対価の後払いの性格や人事施策上の目的を踏まえた従業員の意欲向上等の性格を帯びているとみるのが相当である。そうだとすれば、契約社員Bは1年ごとに契約が更新される有期契約労働者であり、時間給を原則としていることからすれば、年間賃金のうち賞与部分に大幅な労務の対価の後払いを予定すべきとはいえないし、賞与は労使の団体交渉により支給内容が決定されるものであり、支給可能な賃金総額の制約もあること、多数の一般売店がコンビニ型売店に転換され、経費の削減が求められていることが窺われること、Xらが比較対照とする正社員については、他の正社員と同一に処遇されていることにも理由があることも考慮すれば、契約社員Bに対する賞与の支給額が正社員に対する上記平均支給実績と比較して相当低額に抑えられていることは否定できないものの、その相違は労働契約法20条にいう不合理と認められるものには当たらないと解するのが相当である。

オ　退職金について

売店業務に従事している正社員には、勤続年数等に応じて退職金が支給されるのに対し、契約社員Bには退職金制度がない。退職金の性格（賃金の後払い、功労報償等）を踏まえると、一般論として、長期雇用を前提とした無期契約労働者には退職金制度を設ける一方、短期

雇用を前提とした有期契約労働者には退職金制度を設けないという設計をすること自体が一概に不合理とはいえない。もっとも、M社においては、有期労働契約は原則として更新され、定年が65歳と定められ、実際にもY及びZは定年まで10年前後の長期にわたって勤務していたこと、契約社員Bと同じく売店業務に従事している契約社員Aは、平成28年4月に職種限定社員に名称変更された際に無期契約労働者になるとともに、退職金制度が設けられたことを考慮すれば、少なくとも長年の勤務に対する功労報償の性格を有する部分に係る退職金すら一切支給しないことについては不合理といわざるを得ない。したがって、上記労働条件の相違は、労使間の交渉や経営判断の尊重を考慮に入れても、Xらのような長期勤務を継続した契約社員Bにも全く退職金を認めない扱いは、労働契約法20条にいう不合理と認められるものに当たると解するのが相当である。

カ　褒賞について

　売店業務に従事している正社員は、①勤続10年に表彰状と3万円が、②定年退職時に感謝状と記念品（5万円相当）がそれぞれ贈られるが、契約社員Bには、これらは一切支給されない。褒章は、要領上、特に顕著な功績のあった社員に対して行うこととされているが、実際には勤続10年に達した正社員には一律に贈られており、上記要件は形骸化している。そうだとすれば、業務の内容にかかわらず一定期間勤続した従業員に対する褒章ということになり、その限りでは、正社員と契約社員Bとで変わりはない。そして、契約社員Bについても、労働契約は原則として更新され、長期間勤続することが少なくないことは上記のとおりであるから、上記労働条件の相違は労働契約法20条にいう不合理と認められるものに当たると解するのが相当である。

キ　早出残業手当について

　売店業務に従事している正社員は、所定労働時間を超えて労働した場合、始めの2時間については割増率が2割7分、これを超える時間については割増率が3割5分であるのに対し、契約社員Bは、1日8時間を超えて労働した場合、割増率は一律2割5分である。上記の定

めは労働基準法37条1項の趣旨に反するとはいえないが、時間外労働の抑制という観点から有期契約労働者と無期契約労働者とで割増率に相違を設けるべき理由はなく、そのことは使用者が法定を上回る割増率による割増賃金を支払う場合にも同様というべきところ、M社において、割増賃金の算定に当たっては、売店業務に従事する正社員と契約社員Bとでは基礎となる賃金において前者が後者より高いという相違があり、これに加えて割増率においても正社員の方が契約社員Bより高いという相違を設けるべき積極的な理由があるとはいえないし、労使交渉によって正社員の割増率が決められたという経緯を認めるに足りる的確な証拠もない。したがって、上記労働条件の相違は労働契約法20条にいう不合理と認められるものに当たると解するのが相当である。

ク　小括

　以上のとおり、正社員と契約社員Bとの労働条件の相違のうち、住宅手当、退職金、褒賞及び早出残業手当に関する相違については、労働契約法20条に違反するものであり、M社が団体交渉において契約社員Bの労働条件の改善を求められていたという経緯に鑑みても、M社が上記のような違法な取扱いをしたことについては過失があったから、M社は、Xらに対し、不法行為に基づく損害賠償責任を負う。

2　公序良俗違反の有無について

　Xらは、労働契約法20条施行前から、短時間労働者の雇用管理の改善に関する法律8条や労働契約法3条2項により、非正規労働者の均等・均衡待遇の一部は立法化されており、「有期労働契約研究会報告書」が作成された平成22年9月10日の時点では有期契約労働者の均等・均衡待遇ルールは公序として確立していたと主張する。しかしながら、短時間労働者についての均等・均衡待遇のルールが平成19年の改正によって示されたとしても、それによって有期契約労働者についても均等・均衡待遇ルールが確立したとはいえないし、労働契約法3条2項によって均等・均衡待遇ルールが確立したともいえない。また、厚生労働省内に設けられた検討組織が上記報告書をまとめたからといって、それが公序として

確立していたなどと評価されるべきものではない。

3　Xらの損害について

　Xについては、住宅手当相当額、褒賞相当額、早出残業手当、弁護士費用合計66万3793円、Yについては、住宅手当相当額、退職金相当額、褒賞相当額、弁護士費用合計87万8783円、Zについては、住宅手当相当額、退職金相当額、褒賞相当額、弁護士費用合計67万1935円を認める。

上告審判決要旨

（1）労働契約法20条は、有期契約労働者の公正な処遇を図るため、その労働条件につき、期間の定めがあることにより不合理なものとすることを禁じたものであり、無期契約労働者との間の労働条件の相違が退職金の支給に係るものであったとしても、それが同条にいう不合理と認められるものに当たる場合はあり得ると考えられる。

（2）M社において退職金の支給の対象となる正社員は、配置転換を命じられることもあり、また退職金の算定基礎となる本給は、年齢によって定められる部分と職務遂行能力に応じた資格及び号俸により定められる職能給の性質を有する部分から成るものとされていた。このようなM社における退職金の支給要件や支給内容等に照らせば、上記退職金は、職務遂行能力や責任の程度等を踏まえた労務の対価の後払いや継続的な勤務等に対する功労報償等の複合的な性質を有するものであり、M社は、様々な部署等で就労することが期待される正社員に対して退職金を支給したものといえる。そして、Xらにより比較の対象とされた売店業務に従事する正社員と契約社員BであるXらの労働契約法20条所定の「業務の内容及び当該業務に伴う責任の程度」（職務の内容）を見ると、両者の業務の内容は概ね共通するものの、正社員は、販売員が固定されている売店において休暇や欠勤で不在の販売員に代わって早番や遅番の代理業務を担当していたほか、複数の売店を統括し、売上向上のためのサポートやトラブル処理、商品補充に関する業務等を行うエリアマネージャー業務に従事することがあったのに対し、契約社員Bは売店業務に専従していたのであり、両者の職務の内容に一定の相違があったことは否定で

きない。また、正社員については、配置転換等を命ぜられる現実的可能
性があり、正当な理由なくこれを拒否できなかったのに対し、契約社員
Ｂは業務内容に変更はなく、配置転換もなかったものであり、両者の職
務の内容及び配置の変更の範囲にも一定の相違があったことは否定でき
ない。更に、Ｍ社においては、売店業務に従事する正社員と、本社の各
部署や事業所等に配置される配置転換等を命ぜられることがあった他の
多数の正社員とは、職務の内容及び変更の範囲につき相違があったもの
である。Ｍ社は、契約社員Ａ及び正社員へ段階的に職種を変更するため
の開かれた試験による登用制度を設け、相当数の契約社員Ｂや契約社員
Ａをそれぞれ契約社員Ａや正社員に登用していたものである。これらの
事情については、労働契約法20条所定の「その他の事情」として考慮す
ることが相当である。そうすると、売店業務に従事する正社員と契約社
員Ｂの職務の内容等を考慮すれば、契約社員Ｂの有期労働契約が原則と
して更新するものとされ、定年が65歳と定められるなど、必ずしも短期
雇用を前提としていたとはいえず、Ｘらがいずれも10年前後の勤続期間
を有していることを斟酌しても、両者の間に退職金支給の有無に係る労
働条件の相違があることは、不合理とまでは評価できない。

（3）以上によれば、売店業務に従事する正社員に対して退職金を支給
する一方で、契約社員ＢであるＸらに対してこれを支給しないという労
働条件の相違は、労働契約法20条にいう不合理と認められるものに当た
らないと解するのが相当である。

　Ｙの請求は、住宅手当、褒賞及び弁護士費用に相当する損害金として、
それぞれ22万0800円、8万円及び3万0880円の支払いを求める限度で理
由があり、Ｚの請求は、住宅手当、褒賞及び弁護士費用に相当する損害
金として、それぞれ11万0400円、5万円及び1万6040円の支払いを求め
る限度で理由がある。

	1審	控訴審	上告審
本給	×	×	×
資格手当	×	×	×
住宅手当	×	◯	◯
賞与	×	×	×
退職金	×	◯	×
褒賞	×	◯	◯
早出残業手当	◯	◯	◯

(注) ◯は労働契約法20条の「不合理と認められるものに当たる」と判断された
もの、×は不合理とは認められないと判断されたもの。控訴審における退職金
については、長期雇用の契約社員については不合理とされている。

 解　説

　M社は、営業譲渡等のために、社員の構成が複雑となっており、本件
で原告となったXらは、その中で最も不利な労働条件とされる契約社員
Bに属する者である。Xらは、売店業務に従事する正社員と同じ仕事を
しているにもかかわらず、賃金等の面で大きな格差があることは労働契
約法20条違反に当たるとして、その本給、賞与、退職金、各種手当の差
額、慰謝料等を請求している。

　本件は、本給を始め各種手当のそれぞれの格差が労働契約法20条にい
う不合理な格差に当たるか否かについて個別に検討しているところ、判
決の考え方としては、本給については、正社員は年功賃金制度による一
方、契約社員Bは短期雇用を前提とする賃金方式を採ることについては、
両者の賃金格差が10年経過後でも65％程度であって不合理とまではいえ
ないこと、各種手当についても、その多くは、長期雇用を前提とし、優
秀な人材の確保という目的があることなどから、そのいくつかについて
は契約社員Bに支給しないことが不合理とはいえないと判断した。

　本給や各種手当の支給について、長期雇用を前提としているか否か、
人材確保の必要性等について考慮することは合理性があると考えられるが、

短期雇用の形を取りながら契約更新を繰り返し結果として長期雇用に至るような場合に、労働契約が有期であるという形式に囚われて、実態として長期雇用に及んだ有期労働者を支給の対象から排除することは労働契約法20条の趣旨に照らして問題となろう。本件をそうした観点で見た場合、住宅手当、退職金について、有期契約労働者を「有期契約」という契約の形式を理由に支給対象から外すことに合理性は認められないし、賞与は短期での評価に係るものであるから、人材確保の観点を重視したとしても、大幅に低額とする合理性は認め難いと思われる。

　本判決で注目されるのは、労働契約法20条に関し退職金について最高裁が判断を示した点である。本件において、最高裁は退職金以外の各種手当等に係る上告は受理せず、専ら退職金に限定して判断を下しているが、その内容は、控訴審で功労報償部分について労働契約法違反を認めた部分も否定し、退職金の不支給全体を合法としている。この点については、契約社員Bも事実上65歳まで雇用が保障され、正社員より長期勤務している者もあること、M社の退職金の性質の一部は契約社員Bにも当てはまり、売店業務に従事する正社員と契約社員Bの職務の内容や変更の範囲に大きな相違がないことからすれば、両者の間に退職金の支給の有無に関する労働条件の相違があることは不合理と評価できるとする反対意見も出されており、こちらの方に説得力を感じさせられる。

　長期勤続を前提とし、優秀な人材を確保することを目的とする手当については、正社員のみ支給することが労働契約法20条の不合理なものに当たらないと判断する判決は、本件以外にも多く、本件はその流れに沿ったものといえる。ただ、住宅手当については、多くの事例では、正社員は転勤が予定されている正社員にのみ支給することが不合理とはいえないと判断し、本件第１審もその考えに沿っているが、控訴審では、正社員も転居を伴う配置転換は予定されていないという実態を踏まえて、実質的な生活補助的性格を有する住宅手当の格差を不合理と判断し、上告審でもこの判断を維持している。

裁判例

3 有期契約労働者に対し賞与低額支給等
ヤマト運輸有期雇用労働者賞与支払事件

仙台地裁平成29.3.30

事件の概要

　貨物運送を業とするＹ社（被告）には、無期雇用のマネージ社員及び１年以内の期間を定めて雇用されるキャリア社員がおり、マネージ社員は転勤・役職の変更があるとされ、キャリア社員の賃金は、基本給、業務インセンティブその他手当であり、賞与は営業実績に応じて支給されることがあるとされているが、具体的な支給基準はなかった。

　平成13年３月からＹ社のキャリア社員として勤務してきたＸ（原告）は、マネージ社員との間で、賞与の査定方法に不合理な差別があり、これが労働契約法20条に反し不法行為に該当するとして、不合理な差別がなかったならば支給されたはずの賞与と実際に得た賞与との差額の支払を請求した。加えてＸは、19時出勤が容認されていたにもかかわらず、Ｙ社がこれを認めないとして警告書を交付したことなどがパワハラに当たるとして、Ｙ社に対し慰謝料等50万円を請求した。

判決要旨

1　Ｙ社におけるマネージ社員とキャリア社員の賞与の支給方法の差異が労働契約法20条に反するかについて

　有期契約労働者と無期契約労働者との間に労働条件の相違があれば直ちに不合理とされるものではなく、労働契約法20条に列挙されている要素を考慮して「期間の定めがあること」を理由とした不合理な労働条件の相違と認められる場合を禁止するものと解される。そして、不合理な労働条件の相違と認められるかどうかについて、同条は「職務の内容」すなわち「業務の内容及び当該業務に伴う責任の程度」及び「職務の内容及び配置の変更の範囲」と「その他の事情」を考慮要素とする旨規定している。

マネージ社員は、キャリア社員等の他の社員を取りまとめ、管理することを求められるのに対し、キャリア社員は、与えられた役割の中で、個人の能力を最大限発揮することが求められている。マネージ社員は転勤があるが、キャリア社員は全国の事業所に転勤することはないとされている。また、マネージ社員は、組織の必要に応じて役職に任命すると定められており、経営役職者等への昇進があり得ることとされているが、キャリア社員は、業務内容の変更、役職者等への昇進はないとされている。

以上のとおり、マネージ社員とキャリア社員との間には、運行乗務業務に従事している場合、その内容及び当該業務に伴う責任の程度は同一といえるが、マネージ社員に期待される役割、職務遂行能力の評価や人材の育成等による等級・役職への格付け等を踏まえた転勤、職務内容の変更、昇進、人材登用の可能性といった人材活用の仕組みの有無に基づく相違があり、職務の内容及び配置の変更の範囲には違いがあり、その違いは小さいとはいえない。そして、マネージ社員とキャリア社員の賞与の支給方法の違いは、支給月数と成果査定の仕方にあるところ、支給月数の差はマネージ社員より基本給の高いキャリア社員の所定労働時間比率を乗じることによって、格付、等級、号俸、業務区分が同じマネージ社員とキャリア社員の基本給と支給月数を乗じた賞与算定の基礎金額を同一にしようとしたものであり、またその支給月数の差も格別大きいとはいえないことからすれば、そのことだけで不合理な差異ということはできない。

また、マネージ社員とキャリア社員の職務の内容及び配置の変更の範囲、具体的には転勤、昇進の有無や期待される役割の違いに鑑みれば、マネージ社員の賞与に将来に向けての動機付けや奨励の意味合いを持たせることとしているのに対し、キャリア社員については絶対査定とし、その査定の裁量幅を40％から120％と広くすることによって、その個人の成果に応じてより評価をしやすくすることができるようにした査定の方法の違いが不合理ともいえない。さらに、各期の賞与は、その支給方法も含め、労働組合との協議の上定められている。

以上によれば、Y社におけるマネージ社員とキャリア社員の賞与の支

給方法の差異は、労働契約法20条に反する不合理な労働条件の相違とは認められない。

2 Xに対する賞与の個人査定が不当に低すぎるか

賞与における成果査定については、使用者に広範な人事裁量権が認められるところ、人事裁量権を逸脱し、これを濫用したと認められる場合に限って違法となるものである。

Y社において、運行乗務員として評価される内容は、安全面（無事故の継続等）、品質面（積荷破損事故の減少）、コスト面（大型運行車輌の維持費の減少）、宅配便センターへの支援及び指導、その他自主的に取り組んだ事項等の事実であり、ベース長は、Xの業務遂行状況、勤務態度及び店所の収支状況を総合的に判断して査定していたところ、Xは、仕分け作業の応援をせず、事故を起こしたグループ長を執拗に責め、運行乗務中物損事故を起こして降車処分となり、荷物の仕分け作業中に腰を痛め、査定期間中4カ月間欠勤し、大型車両の運転以外は行わず、繁忙期に執拗にクレームをつけグループ長等を拘束し、突発的な欠勤を繰り返すなどしたことから、低い成績査定を受けた。これらの事情からすれば、Xの評価・査定が低すぎて不当とも認められず、Y社におけるXに対する査定が人事裁量権を逸出し、濫用したとまでは認められない。

Xは19時出勤等が許可されていたとは認められないから、17時30分出勤命令に従わないXに対する警告書の交付について不法行為は成立しない。

 解説

本件は、有期雇用のキャリア社員であるXが、賞与の査定において、無期雇用のマネージ社員との間で不合理な差別があり、これが労働契約法20条に反するとして、不法行為に基づき、マネージ社員に支払われた賞与との差額を請求したものである。

賞与についての有期契約労働者と無期契約労働者との扱いの相違が争いになることは多く、本件もその一つであるが、多くの判決では、賞与は功労報償、将来への勤労意欲の向上等長期雇用を前提としたものであ

るとして、無期契約労働者にのみ支給することは労働契約法20条に違反しないとしており、少なくとも、その支給方法、額について相違を設けること自体が当然に不合理といった判断はみられない。

　本件の場合、賞与の支給に関する有期契約労働者と無期契約労働者との扱いの相違という構造的な問題が主たる争点ではあるが、Xは定められた出勤時刻を守らず警告書を交付されたこと、乗務中に物損事故を起こし降車処分を受けたこと、車両整備不良等を理由に休んだり、荷物仕分け作業を拒否したり、突発的に年休を取得したり、上司に執拗にクレームを付けたりするなど、勤務態度等に問題があったことから、査定は低かったことが推認され、そうしたことへの不満もXを訴訟に向かわせた一因になっているものと推測される。

　また、上記警告書の交付がパワハラに該当するとしてXが行った慰謝料請求は棄却された。

裁判例

4 時給制契約社員に不利益な労働条件、パワハラ等
日本郵便（佐賀）有期契約職員特別休暇請求事件

佐賀地裁平成29.6.30、福岡高裁平成30.5.24、最高裁令和2.10.15

事件の概要

　X（原告・控訴人兼附帯被控訴人・被上告人）は、郵便事業を営むU社（被告会社・被控訴人兼附帯控訴人・上告人）に有期時給制契約社員として雇用され、郵便局では集配業務に従事し、平成26年1月22日をもって退職したところ、有期の時給制契約社員と正社員との間に労働条件につき不合理な相違があるとして、U社に対し次の請求をした。

① 時間外労働をしたにもかかわらず割増賃金が支払われなかったとして、割増賃金493万5485円及び付加金の支払い

② 平成25年12月17日から退職日の前日である平成26年1月21日までの間は有給休暇を取得したとしてその間の未払賃金22万0800円

③ 上司であるZ（被告・被控訴人兼附帯控訴人）が、年賀はがき等の商品販売についてノルマを達成できない場合に自費による買取を強要したことについての損害賠償5万円

④ Zが暴言を発し、暴行を加えたことにつき、慰謝料100万円

⑤ 時給制契約社員の労働条件は、労働契約法20条で禁止されている不合理な労働条件に当たり、そのような定めを設けることが不法行為であるとして、慰謝料150万円

⑥ 弁護士費用77万円

　第1審では、労働契約法20条関連の請求（⑤）については全て棄却し、他の請求については一部認容したところ、Xはこれを不服として控訴する一方、U社及びZも附帯控訴に及んだ。

控訴審判決要旨

1 労働契約法20条違反の有無並びに損害の発生及び額について

（1）比較対照すべき労働者

労働契約法20条の適用に当たり、問題となる就業規則及び給与規程に定められた労働条件の相違について検討するために比較すべきは、Xと同様に郵便事業を担当する組織に属する一般職に分類される正社員というべきである。

（2）具体的な職務の内容について

　正社員の中には、Xと同様の郵便配達業務に従事する者がある。もっとも、期間雇用社員は、当該業務に継続して従事するのに対し、正社員は配置換えが予定されており、U社の各部署において多様な業務に従事している。郵便配達業務に関しては、部課長（正社員）からの指示は各班長（正社員）を集めたミーティングで行われ、班長不在の場合も期間雇用社員が出席することはない。勤務時間帯についても、期間雇用社員でも残業や休日出勤を命じられることもあるが、特定の時間帯に勤務する前提で採用される者については、それ以外の勤務時間帯に勤務を命じられることはなく、クレーム対応についても初動対応で対処しきれない場合は、期間雇用社員が対応することはない。人事評価に関しては、正社員の評価項目は多岐にわたるのに対し、時給制契約社員は担当業務についてのみ評価されることとされている。

（3）職務の内容及び配置の変更の範囲について

　採用の時点において、期間雇用社員は学歴要件がなく、面接も1回で、当該業務を行えるかどうかだけを確認して採用になるのに対し、正社員は、将来会社の経営に貢献し、部下の指導等もできるような人材として、学歴要件を設定した上で複数回の面接を重ねるなどして採用し、採用後も年に1回、上司との間で将来の昇任、昇格に関して面談を行っている。研修についても、正社員に対しては階層別、専門別、機能別に複数の研修が予定されているのに対し、期間雇用社員については担当業務についての採用時研修が行われるのみである。そして、時給制契約社員には職位は付されておらず、昇任・昇格もない。また、正社員は、採用された支社エリア内の郵便局であれば、会社の命令による配置転換や職種転換を命じられることがあり、正当な理由なくこれを拒むことができないのに対し、期間雇用の社員は、同一部内での配置換えは行われるものの、

局をまたいでの人事異動は行われない。

（4）労働契約法20条は、有期労働契約を締結している労働者の労働条件が、期間の定めがあることにより、期間の定めがない労働者の労働条件と相違する場合において、その相違が、①労働者の業務の内容及び当該業務に伴う責任の程度（職務の内容）、②当該職務の内容及び配置の変更の範囲、③その他の事情を考慮し、不合理なものであってはならないと定める。ここにいう「期間の定めがあることにより」とは、専ら期間の定めの有無を理由として労働条件の相違が定められた場合に限定して解すべきとはいえないものの、ある有期契約労働者の労働条件がある無期契約労働者の労働条件と相違していることだけを捉えて当然に同条の規定が適用されるものではなく、当該有期契約労働者と無期契約労働者との間の労働条件の相違が、期間の有無に関連して生じたものであることを要する趣旨と解するのが相当である。

　また、同条の文言に照らすと、同条にいう不合理については、まず有期契約労働者においてこれを基礎付ける具体的事実（評価証拠事実）についての主張立証責任を負い、使用者は、当該労働条件が不合理なものとの評価を妨げる具体的事実（評価障害事実）についての立証責任を負うと解するのが相当である。また、同条の不合理性の判断は、個々の労働条件ごとに判断されるべきものであり、本件において問題とされる労働条件は主として給与に関するものであるところ、検討に当たっては、基本給のほか種々の手当など当該給付の性質や目的を踏まえた検討を行う必要がある。

（5）基本賃金・通勤費の相違について

　Xは、正社員とほぼ同様のシフト（勤務日数）で勤務していることを前提に、1カ月当たりの勤務日数が、正社員の平均的な勤務日数より少なくなる月について、正社員と異なり減少した日数分の基本賃金及び通勤手当を得られないことを差別と主張する。しかしながら、上記の相違は、そもそも、Xの給与体系が時間給であり、正社員の給与体系が月給制であることに起因する相違であり、かかる相違に起因する基本賃金・通勤費の相違は不合理と認めることはできない。

（6）祝日給について

　時間制契約社員の祝日勤務の加算割合（35％）は正社員と異ならない。他方、正社員には、これとは別に、祝日において、割り振られた正規の勤務時間中に勤務した時に、１時間当たりの給与に100分の135を乗じた金額が支給されるが、時給制契約社員にはこのような手当は支給されないから、この点において労働条件の相違がある。正社員の祝日については、就業規則による限り、非番とされない限り勤務日が原則であるものの、例外として当日勤務を命じられている社員のほかは勤務を要しないとされている。したがって、正社員の基本給は、祝日も勤務することを前提に定められているにもかかわらず、祝日に勤務を要しないとされた者は当該日数分の減額があるわけではないから、祝日に勤務を命じられた者との間に不均衡があるといえる。一方、時給制契約社員は、週休日は正社員と同様であるものの、正規の勤務時間を割り振られた日数及び週休日以外はそもそも非番日となっており、祝日に勤務時間を割り振られれば出勤日となり、就労に応じた基本賃金及び割増賃金を得られるが、そうでない場合はこれを得られない。すなわち、祝日給の趣旨は、正社員の勤務体系を前提にした正社員間の均衡を図ってきた歴史的な経緯によるものである。そして、時給制契約社員との間に相違が生じているのは、祝日が本来的に勤務日とされ、それを前提に基本給等が定まっている正社員と、そもそも祝日は当然に勤務日ではなく、就労した時間数に応じて賃金を支払うこととされている時給制契約社員の勤務体系の相違によるものといえるから、上記の事情を総合考慮すれば、この点に関する相違を不合理とまで認めることはできない。

（7）早出等勤務手当について

　正社員には、始業時刻が７時以前となる勤務または終業時刻が21時以降となる勤務に４時間以上従事したときに、１回につき350円ないし850円の手当が支給される。他方、時給制契約社員の早朝・深夜割増賃金は、正規の始業時刻以前の勤務に１時間以上従事したときは１回当たり200円ないし500円を支給する制度であり、勤務１回当たりの支給額を時給換算した場合の加算額は正社員の方が下回ることも出て来る。その上、

早出等勤務手当の支給が問題になる時給制契約社員は、そもそも採用の際に同手当の支給対象となる時間帯を勤務時間とすることを前提にして労働契約を締結している者がある点でも正社員と異なっている。そうすると、勤務体系も基本給を含めた給与体系も異なる両者について、勤務した際に従事する業務の内容が同一で、勤務1回当たりの支給額が異なるという事実のみをもって、その相違が不合理ということはできない。

（8）夏期・年末手当について

　正社員には、夏期・年末手当が支給され、時給制契約社員にも同時期に臨時手当が支給されているものの、同趣旨の手当につき、両者に相違がある。正社員の夏期・年末手当の基礎となる基本給は、年齢給や功労報償としての性質が強いということができ、夏期・年末手当もその性質を包含すると考えられる。他方、時間給契約社員の臨時手当は、基本賃金を基礎としているところ、基本賃金は基本給と加算給から成り、加算給にはスキル評価の結果に基づき加算される資格給及び基礎評価給が含まれており年齢給としての性質はない。このように、夏期・年末手当と臨時手当との算定の基礎となる賃金の性質を異にしていることについては、正社員と時給制契約社員との間で勤務の内容並びに職務の内容及び配置の変更の範囲に相違があることや、賞与の功労報償的な性格や将来の労働への意欲の向上としての性格、有為な人材の獲得・定着を図る必要があることなどを考慮すると、不合理な差とは認め難い。

（9）作業能率評価手当について

　正社員は、郵便物区分能率向上手当、郵便物配達向上手当及び郵便外務業務精通手当が支給され、時給制契約社員には、直近のスキル評価がAランクでかつ基礎評価が全てできていると評価された者には、レベルのランクに応じて半年に1度の測定月の翌月に作業能率評価手当が支給されている。その上、そもそも時給制契約社員の加算給は、スキル評価によって資格給が加算されており、基本給自体が業務能力を反映させて定められている。他方、正社員の基本給は、加算昇給は単純に業務能力に対する評価ともいえない。そうすると、Xが問題とする正社員の手当に関する支給は、時給制契約社員に対しても名称を異にする手当及び基

本給の一部として支給されている。したがって、問題となる相違は、対象者の範囲ないしは金額の多寡ということになるが、正社員と時給制契約社員の業務の内容の相違に加え、そもそも賃金体系等を異にし、新たな手当として時給制契約社員のために設けられた手当と、正社員に対して従前の手当を組み替えて支給される手当とでは、その給付開始の経緯や趣旨が異なることも考慮すると、単純な各手当の支給額の相違や一部の手当について対象者の範囲に相違があることのみから、それらが不合理な相違ということはできない。

（10）外務業務手当について

　時給制契約社員には外務業務手当は支給されないが、時給制契約社員についても内務業務に従事する者との比較において、外務業務に従事する者については、外務業務に従事していることを理由として給与の加算が行われているのだから、正社員における外務業務手当と同趣旨の手当ないし給与の加算がないとはいえない。そして、その額に相違があることについては、両者の賃金体系に相違があることや、正社員と時給制契約社員との間では、職務内容や職務の内容及び配置の変更の範囲に相違があることなどを考慮すると、不合理な相違があるとまではいえない。

（11）特別休暇の不存在について

　夏期及び冬期休暇が、主としてお盆や年末年始の習慣を背景にしたものであることに照らすと、かかる休暇が正社員に対し長期にわたり会社に貢献することへのインセンティブを与える面を有しているとしても、そのような時期に同様に就労している正社員と時給制契約社員との間で休暇の有無に相違があることについて、その職務内容等の違いを理由にその相違を説明することはできず、制度として時給制契約社員にこれが全く付与されないことについては、不合理な相違といわざるを得ない。時給制契約社員は、正社員と異なり当該期間が当然に勤務日となっているわけではなく、勤務日と指定されたとしても、当該期間中にその全てが正社員と同程度の日数の勤務に従事するとは限らないが、上記の休暇が設けられた趣旨を踏まえれば、当該期間中に実際に勤務したにもかかわらず、正社員と異なりおよそ特別休暇が得られないというのはやはり不

合理な相違といわざるを得ない。そして、本件においては、Ｘが正社員とほぼ同程度の勤務日数、勤務時間で就労していたと認められることに照らせば、Ｘに対して同程度の休暇を付与するのが相当であり、Ｕ社がＸに対しかかる休暇を与えなかったことは労契法20条に反し、Ｘに対する不法行為に当たる。Ｘは平成25年6月1日時点で在籍していたので、同年9月30日までの間に有給で3日間の夏期休暇を、退職する同年12月14日までの間に有給で3日間の冬期休暇の機会を失ったといえる。これによりＸが被った損害は、当時のＸの時給が1150円であったことから、夏期特別休暇分、冬期特別休暇分について、それぞれ2万7600円と認められる。

2　Ｘの補充主張について

Ｘ主張のサービス残業は認められない。

Ｘは、Ｚが襟首を掴んで給湯室に投げつけたと主張し、ＺもＸの襟首を掴んだこと自体は否定していないが、Ｚは呼び出しても止まらないＸを追いかけ、首根っこを掴まえて給湯室へ連れて行ったこと、その後はいろいろ問い詰めたことを認めているにとどまるから、暴行の態様についてのＸの主張は採用できない。

上告審判決要旨

有期労働契約を締結している労働者と無期労働契約を締結している労働者との個々の賃金項目に係る労働条件の相違が労働契約法20条にいう不合理と認められるものであるか否かを判断するに当たっては、両者の賃金の総額を比較するのみではなく、当該賃金項目の趣旨を個別に考慮すべきものと解するのが相当であるところ、賃金以外の労働条件の相違についても、同様に個々の労働条件の趣旨を個別に考慮すべきものと解するのが相当である。

Ｕ社において、郵便業務を担当する正社員に対し夏期冬期休暇が与えられているのは、年次有給休暇や病気休暇等とは別に労働から離れる機会を与えることにより、心身の回復を図るという目的によるものと解され、夏期冬期休暇の取得の可否や取得し得る日数は上記正社員の勤続年

数の長さに応じて定まるとはされていない。そして、郵便の業務を担当する時給制契約社員は、契約期間が6カ月以内とされるなど、業務の繁閑に関わらない勤務が見込まれているのであって、夏期冬期休暇を与える趣旨は、上記時給制契約社員にも妥当する。そうすると、郵便業務を担当する正社員と同業務を担当する時給制契約社員との間に労働契約法20条所定の職務内容や当該職務の内容及び配置の変更の範囲その他の事情につき相応の相違があること等を考慮しても、両者の間に夏期冬期休暇に係る労働条件の相違があることは不合理と評価できる。したがって、郵便業務を担当する正社員に対して夏期冬期休暇を与える一方、同業務を担当する時給制契約社員に対して夏期冬期休暇を与えないという労働条件の相違は、労働契約法20条にいう不合理と認められるものに当たると解するのが相当である。

　また、U社における夏期冬期休暇は、有給休暇として所定の期間内に所定の日数を取得できるところ、郵便業務を担当する時給制契約社員であるXは、夏期冬期休暇を与えられなかったことにより、当該所定の日数につき、本来する必要のなかった勤務をせざるを得なかったといえるから、上記勤務をしたことによる財産的損害を受けたといえる。

	第1審	控訴審	上告審
基本賃金・通勤費	×	×	×
祝日給	×	×	×
早出勤務手当	×	×	×
夏期・年末手当	×	×	×
作業能率評価手当	×	×	×
外務業務手当	×	×	×
特別休暇	×	○	○

（注）○は労働契約法20条の「不合理と認められるものに当たる」と判断されたもの、×は不合理とは認められないと判断されたもの。

解説

　日本郵便における労働契約法20条を巡る争いは数多く見られるが、本件もその一つといえる。本件は、郵便の集配業務に従事する契約社員Xが、同じ業務に従事する正社員と比べて、基本賃金を始め各種手当、特別休暇について差別があることが、労働契約法20条に違反すると主張して、不法行為に基づき、差別による損害に当たる額を請求したものである。

　控訴審及び上訴審判決では、基本給を始め各種手当についてはいずれも労働契約法20条にいう「不合理なもの」に当たらないとしてXの請求を棄却しているが、唯一夏期年末特別休暇については、正社員にのみ与付与し契約社員に付与しないことは不合理な相違に当たるとして、U社に対し特別休暇相当の6日分の賃金の支払を命じている。

5 期間雇用社員に有給の病気休暇制度なし
日本郵便（東京）期間雇用社員私傷病休職条件相違事件

東京地裁平成29.9.11、東京高裁平成平成30.10.25

事件の概要

　X（原告・控訴人）は、郵政公社に期間雇用社員として採用され、その後引き続いて郵便業務を業とするU社（被告・被控訴人）においても期間雇用社員として勤務して、計8年8カ月間郵便事業に従事してきた。Xは、平成25年12月頃右変形性膝関節症（本件疾病）を発症した後、通院・加療を続け、そのため平成26年3月までの間及び同年4月から9月までの間は、いずれも欠勤日数が大幅に出勤日数を上回っており、この間突発入院も多かった。Xは、同年10月から平成27年3月までは辛うじて出勤日数が欠勤日数を上回ったが、同年4月から8月中旬頃までは1日も出勤しなかったことから、同年9月30日の雇用期間満了をもって契約更新を拒絶する旨（本件雇止め）通告された。これについてXは、通告の約1カ月後の同年9月24日付上申書で本件雇止めの撤回を求めたものの、職場復帰が可能である旨の診断書を提出しないまま欠勤を続けたため、同月30日付けで本件雇止めが行われた。

　Xは、正社員が疾病により勤務できない場合には有給の病気休業制度があるのに、同じ仕事に従事する期間雇用者に同様の制度がないのは労契法20条に反する差別的取扱いに該当するとして、U社に対し、本件雇止めの無効確認と賃金の支払を請求した。

　第1審では、期間雇用社員と正社員とは、全体としてみれば同一の労働を行っていると解することはできず、正社員については、長期的な雇用の確保という観点から休職制度を設ける要請が大きいのに対し、期間雇用社員については、休職制度をもって長期的な雇用の確保を図るべき要請は必ずしも高くないことから、病気休職について正社員と期間雇用社員との間で相違を設けても労働契約法20条の不合理な労働条件の相違とは認められないとしてXの請求を棄却した。

控訴審判決要旨

（1）労働契約法20条は、有期契約労働者については、無期契約労働者と比較して合理的な労働条件の決定が行われにくく、両者の労働条件の格差が問題となっていたこと等を踏まえ、有期契約労働者の公正な処遇を図るため、その労働条件につき、期間の定めがあることにより不合理なものとすることを禁止したものであり、両者の間で労働条件に相違があり得ることを前提に、職務の内容、当該職務の内容及び配置の変更の範囲その他の事情（職務の内容等）を考慮して、その相違が不合理なものであってはならないとするものであり、ここにいう「不合理と認められるもの」とは、両者の労働条件の相違が不合理と評価できるものであると解するのが相当である。

（2）これを前提とすると、U社において病気休暇及び休職制度に相違があるのは、正社員については社員就業規則が適用され、期間雇用社員については期間雇用社員就業規則が適用される結果であり、このような相違は、雇用契約の期間の有無に関連して生じたものと認められる。

（3）時給制契約社員は、郵便局等での一般的業務に従事する者であり、特定の定型業務に従事し、担当業務の変更は予定されておらず、班を統括するなどの業務は行わず、配置転換も昇任昇格も予定されていないなど、担当業務の種類や異動等の範囲が限定されていることが認められる。これに対し正社員については、管理職、総合職、地域基幹職及び一般職の各コースが設けられ、それぞれが異なる業務の内容を有し、これに伴う責任の程度も大きく異なるとみられるところ、時給制契約社員と無期契約労働条件の労働条件が相違する場合に、その相違が不合理と認められるか否かを判断するに当たっては、上記各コースの中で、時給制契約社員の職務内容等に類似する職務の内容等を有する一般職を比較の対象とするのが相当である。

（4）正社員のうちの一般職と時給制契約社員との間には、その業務の内容自体については大きな違いはないが、期待される習熟度やスキルは異なり、業務に伴う責任の程度についても相応の違いが認められる。職

務の内容及び配置の変更の範囲についてみると、一般職については人事ローテーションの観点から業務の変更があり、異動についても「原則、転居を伴う転勤のない範囲」とされ、職務内容を特定して採用された時給制契約社員とは相違がある。更に、U社においては、正社員についてコース転換制度があり、一般職についても、勤続期間や勤務成績等の一定の要件を満たす者は地域基幹職コースに転換することは可能であり、現に、地域基幹職の新規補充人員の約3分の1は一般職からのコース転換により補充されている。これに対し、時給制契約社員についても、勤続年数や勤務成績の要件を満たし、U社による選考に合格した場合には、月給制契約社員や正社員となる制度があり、実際に、平成26年度と平成27年度に正社員登用試験に合格した時給制契約社員の合計は、応募者数1万5494人中4301人であったが、他方、時給制契約社員の大半は採用後短期間で退職しており、平成28年度には、勤続3年以内で退職した時給制契約社員は7割以上、勤続1年以内で退職した時給制契約社員は5割以上であった。以上のとおり、正社員のうちの一般職と時給制契約社員とを比較すると、その職務の内容、当該職務の内容及び配置の変更の範囲その他の事情については、一定の相違が認められる。

（5）勤続10年未満の正社員には、私傷病につき90日以内の有給の病気休暇が付与されるのに対し、時給制契約社員には無給の病気休暇10日のみが認められているという相違がある。正社員の病気休暇を有給とする趣旨は、正社員として継続して就労してきたことに対する評価の観点、今後も長期にわたって就労を続けることによる貢献を期待し、有為な人材の確保・定着を図るという観点によると解することができ、一定の合理的な理由が認められる。これに対し、時給制契約社員については、期間を6カ月以内と定めて雇用し、長期間継続した雇用が当然に想定されるものではなく、上記の継続就労してきたことに対する評価の観点、有為な人材の確保・定着を図るという観点が直ちに当てはまるとはいえない。また、社員の生活保障の観点について、U社においては、期間雇用社員の私傷病による欠務について、届出と診断書が提出された場合には承認欠勤として処理され、問責の対象としない扱いがされており、Xに

ついてもこの手続きがなされている。そして、このような場合に、社会保険に加入している期間雇用社員については、一定の要件の下で傷病手当金を受給できるため、著しい欠務状況でない限り、事実上はある程度の金銭的填補のある療養が相当の期間にわたって可能な状態にある事情があると認められる。以上によれば、U社において、正社員について90日または180日までの有給の病気休暇を付与し、時給制契約社員については10日の無給の病気休暇を認めるのみであることについて、その相違が、職務の内容、当該職務の内容及び配置の変更の範囲その他の事情に照らして不合理とまで評価することはできない。さらに、休職制度についても、正社員に関しては、有為な人材の確保・定着を図るという観点から制度を設けているものであり、合理性を有すると解されるところ、時給制契約社員については、長期間継続した雇用が当然に想定されるものではなく、休職制度を設けないことについて不合理とはいえない。

　そうすると、Xの勤務状況については、平成25年10月から平成27年3月までの期間は、3回にわたり雇用契約の更新を重ねたものの、欠勤日数が出勤日数を上回る状況であり、勤務日当日の突発欠勤も少なくなく、このような事情が社員の勤務成績、勤務態度として更新を不適当と認める事情として考慮されることはやむを得ないといえる。さらにXは、本件雇用契約に基づく契約期間が始まった同年4月から8月までは、本件疾病を理由に1日も出勤せず、症状を問い合わせる上司らに対し、早期の職場復帰について否定的な見通しを伝えていたものであり、このような状況の下で、U社はXについて、職務を全うできないとの判断に基づき、本件雇用契約の期間満了をもって本件雇用契約を更新しないこととしたのであって、本件雇止めについて客観的に合理的な理由を欠くとはいえない。

本件の争点は、①正社員には有給の病気休暇と休職制度が認められるのに対し、時給制契約社員には無給の10日間の病気休暇しか認められないことが労働契約法20条にいう不合理な労働条件に当たるか否か、②本件雇止めは有効か否かの2点である。

　このうち、①について、第1審では、時給制契約社員を含む期間雇用社員と正社員とでは職務の内容や配置の変更範囲について相違が大きいこと、正社員には長期雇用を前提として休職制度を設ける要請が大きいのに対し期間雇用社員にはその要請が大きいとはいえないことを挙げて、両者の相違が労働契約法20条に違反しないと判断し、Xの請求を棄却した。控訴審も、第1審と同じ立場に立っているが、更にその理由を詳細に補充している。すなわち、Xら時給制契約社員と比較対象とする正社員として一般職を取り上げ、業務内容には大差はないものの、期待されるスキルや責任の程度が異なること、一般職は転居を伴う転勤はないものの、職務内容の変更があり、この点で時給制契約社員とは異なること、さらに、時給制契約社員であっても、正社員へのコース転換制度があることを挙げ、両者の差異について不合理とはいえないと判断した。

　本件の主たる争点である有給の病気休暇については、継続して就労してきたことに対する評価、有為な人材の確保・定着、生活保障の観点から、正社員に対してこれを与えることに合理性がある一方、時給制契約社員については、この要素が必ずしも当てはまらないことを理由に、第1審、控訴審とも、両者の相違を不合理とはいえないと判断している。判決では、時給制契約社員が1年で5割、3年で7割退職することを、長期雇用を前提とする私傷病休暇、休職制度を適用しないことの合理性の一つの根拠としている。確かに、福利厚生制度を適用した社員が短期間で大量に退職することについては、コストパフォーマンスの観点から抑制的に動くことは理解できるが、一方、時給制契約社員の場合、賃金もさることながら、短期間の契約更新という不安定な地位にあること、私傷病休暇についても、勤務期間がいくら長くなっても一律無給10日と、正社

員とは大きく相違する扱いを受けていることも短期間での大量退職の一因となっているとも考えられる。そうだとすれば、時給制契約社員についても、正社員と同じとまではいかないにしても、勤務期間に応じて一定の有給休暇を与えることも考慮されて然るべきものであろう。

6 有期契約労働者に対し各種手当不利益取扱い

日本郵便（東京）時給制契約社員労働条件相違事件

東京地裁平成29.9.14、東京高裁平成30.12.13、最高裁令和2.10.15

事件の概要

　郵便事業を営むU社（被告・控訴人兼被控訴人・上告人兼被上告人）には無期労働契約の正社員と有期労働契約の契約社員があり、X、Y及びZ（いずれも原告。以下「Xら」）はいずれも契約社員の立場にあり、役職への登用はなく、勤務地は原則として転居を伴う転勤がない範囲とされていた。契約社員には、スペシャリスト、エキスパート、時給制（契約期間6カ月以内）、アルバイトがあり、Xらは時給制契約社員であった。時給制契約社員の給与は、正社員と同じく基本給と諸手当で構成されるが、Xらが正社員と比較して不合理な相違があると主張する手当等の内容は、外務業務手当、年末年始勤務手当、早出勤務等手当、祝日給、夏期期末手当、住居手当、夏期冬期休暇、病気休暇、夜間特別勤務手当、郵便外務・内務業務精通手当である。

　U社の正社員に関する人事制度は、平成26年4月に大きく変更され、それ以前の旧人事制度では、正社員は「管理職・役職者」「主任・一般」「再雇用」に分類され、職群として「企画職群」「一般職群」「技能職群」に区分され、一般職群は郵便局に配置されていた（旧一般職）。一方、同月以後の新人事制度では、正社員について管理職、総合職、地域基幹職及び新一般職の各コースが設けられ、新一般職は、窓口業務、郵便内務、郵便外務または各種事務等の標準的な業務に従事し、役職者への登用はなく、原則として転居を伴う転勤がないとされた。

　Xらは、正社員と同内容の労働に従事しながら、各手当等において正社員と差異があることが労働契約法20条に違反するとして、社員就業規則及び給与規程の規定が適用される地位にあることの確認を求めるとともに、同条の施行（平成25年4月1日）前については不法行為に基づき、同条の施行後については、主位的には同条の補充的効力を前提とする労

働契約に基づき、予備的には不法行為に基づき、U社に対し、手当の差額または損害賠償を、Xについては516万円余、Yについては515万円余、Zについては476万円余をそれぞれ請求した。

第1審判決要旨

1 労契法20条違反の成否について

（1）期間の定めによる相違か否か

労契法20条の「期間の定めがあることにより」という文言は、有期契約労働者と無期契約労働者との間の労働条件の相違が、期間の定めの有無に関連して生じたことを要する趣旨と解される。本件においてXらが主張する労働条件の相違は、いずれも正社員には社員就業規則等が適用され、契約社員には期間雇用社員就業規則等が適用されるものであり、このように適用される就業規則が異なるのは、有期労働契約か無期労働契約かによるものであるから、上記相違は期間の定めの有無に関連して生じたものと認められる。

（2）不合理と認められるかの判断基準

労契法20条は、有期契約労働者と無期契約労働者との間の労働条件の相違について「不合理と認められるものであってはならない」と規定し、「合理的でなければならない」との文言を用いていないことに照らせば、同条は、合理的な理由があることまで要求する趣旨ではないと解される。そして「不合理と認められるもの」という文言から規範的要件と解されるので、同条の不合理性については、労働者において、相違のある個々の労働条件ごとに、不合理なものであることを基礎付ける具体的事実についての主張立証責任を負い、立証責任に係る労契法20条が掲げる諸要素を総合考慮した結果、当該労働条件の相違が不合理と断定するに至らない場合には、当該相違は同条に違反するものではないと判断されることになる。

同条は、不合理と認められるか否かの判断に当たり、①職務の内容、②当該職務内容、配置の変更の範囲、③その他の事情を考慮要素としているところ、①及び②が無期契約労働者と同一であることをもって労働

条件の相違が直ちに不合理と認められるものではなく、①から③までの各事情を総合的に考慮した上で不合理と認められるか否かを判断する趣旨と解される。このように同条の判断において、職務内容は判断要素の一つにすぎないことからすると、同条は同一労働同一賃金の考え方を採用したものではなく、同一の職務内容であっても賃金をより低く設定することが不合理とされない場合があることを前提としており、有期契約労働者と無期契約労働者との間で一定の賃金制度上の違いがあることも許容すると解される。

（3）Xらの比較対象とすべき正社員

Xら時給制契約社員は、担当業務の種類や異動等の範囲が限定されている。他方、正社員は、新人事制度の下では、地域総合職及び新一般職の各コースに分かれており、新一般職は課長や郵便局長等への昇格は予定されず、配置転換は転居を伴わない範囲内での可能性にとどまるなど、担当業務や異動等の範囲が限定されている。そうすると、Xら時給制契約社員と労働条件を比較すべき正社員は、新一般職とするのが相当であり、旧人事制度においては、旧一般職とするのが相当である。

（4）正社員と時給制契約社員との職務の内容等に関する相違について

正社員のうち旧一般職及び地域基幹職と時給制契約社員との間には、従事する職務の内容及びその業務に伴う責任の程度に大きな相違があると認められる。他方、正社員のうち新一般職と時給制契約社員との間には、いずれも昇任昇格が予定されていない点など共通点もあるものの、勤務時間等の指定についても大きな相違があるほか、業務の内容や果たすべき役割に違いがあり、両者の間には一定の相違が認められる。新一般職は転居を伴わない範囲において人事異動等を命じられる可能性があり、実際にも異動が行われているのに対し、時給制契約社員は正社員のような人事異動は行われない。以上によれば、時給制契約社員は、旧一般職及び地域基幹職との間はもとより、新一般職との間にも一定の相違が認められる。

（5）各労働条件の相違の不合理性

ア　外務業務手当

正社員と時給制契約社員の間には、職務の内容並びに職務の内容及び配置の変更の範囲に大きなまたは一定の相違がある上、正社員には長期雇用を前提とした賃金制度を設け、契約社員にはこれと異なる賃金体系を設けることは、企業の人事施策として一定の合理性が認められるところ、外務業務手当は、職種統合による賃金額の激変緩和のために正社員の基本給の一部を手当化したものであり、同手当の支給の有無は正社員と契約社員の賃金体系の違いに由来すること、その金額も労使協議を踏まえた上で、統合前後で処遇を概ね均衡させる観点で算出したものであること、郵便外務業務に従事する時給制契約社員については、時給制契約社員の賃金体系において、外務加算額という形で外務事務に従事することについて別途反映させていることが認められ、これらの事情を総合すれば、正社員と時給制契約社員の外務業務手当に関する相違は不合理とは認められない。

イ　年末年始勤務手当

　　正社員は、年末年始に勤務した時に年末年始勤務手当が支給され、一方時給制契約社員に対しては支給されないという相違が存在する。U社は、同手当は正社員の長期間の定着を図る趣旨であり、基本的に一律額となっていることからも、業務負担に対する対価ではない旨主張する。しかしながら、同手当は、1日4時間以下であっても、勤務に従事すれば少なくとも半額が支払われ、勤務の内実にかかわらず労働に従事したこと自体に対する対価として一律額が支給されるものであって、実際の業務の負担が当該期間以外と比較してどの程度過重なものかを考慮して支給されるものではないから、正社員に対してのみ年末年始という最繁忙期の労働の対価として特別の手当を支払い、同じ年末年始の期間に労働に従事した時給制契約社員に対し当該手当を全く支払わないことに合理的な理由があるとはいえない。もっとも、手当の額が正社員と同額でなければ不合理とまではいえない。

ウ　早出勤務等手当

　　正社員に対しては勤務シフトに基づいて早朝・夜間の勤務を求め、時給制契約社員に対しては勤務時間を特定して採用し、特定した時間

の勤務を求めるという点で、両者の間には勤務の内容等に違いがあることから、正社員に対しては社員間の公平を図るために早出勤務等手当を支給するのに対し、時給制契約社員に対してはこれを支給しないという相違には相応の合理性があるといえる。また、時給制契約社員については、早朝・夜間割増賃金が支給されている上、時給を高く設定することによって、早出勤務等について賃金体系に別途反映されていること、類似の手当の支給に関して時給制契約社員に有利な支給要件も存在することからすれば、早出勤務等手当における正社員と時給制契約社員との間の相違は不合理と認めることはできない。

エ　祝日給

時給制契約社員の場合は、実際に働いた時間数に応じて賃金が支払われ、実際に祝日に勤務していない者に対して給与が支払われることはなく、正社員と同じ意味における時給制契約社員間の公平の確保は問題とならない。ただし、一般的には休日である祝日に勤務することに配慮する観点から、時給制契約社員が祝日に勤務した場合には、実際に勤務した時間について100分の35の割増賃金を支給している。以上のとおり、祝日に勤務する割増については、正社員と時給制契約社員との間に割増率の差異はないこと、時給制契約社員については、元々勤務していない祝日に給与が支払われる理由がないことなどを踏まえると、正社員と時給制契約社員の祝日給に関する相違は不合理とは認められない。

オ　夏期年末手当

賞与は、労使交渉において、基本給に代わり、労働者の年収を直接に変動させる要素として機能している場合があることからすると、基本給と密接に関連する位置付けの賃金といえるところ、本件の夏期年末手当も労使交渉によってその金額の相当部分が決定される実情にある。そうすると、正社員と時給制契約社員との間には、職務の内容並びに職務の内容及び配置の変更の範囲に一定の相違があることから、基本給と密接に関連する夏期年末手当に相違があることには一定の合理性があること、賞与は、対象期間における労働の対価としての性格

だけでなく、功労報償や将来の労働への意欲向上としての意味合いも有することからすると、正社員に対する同手当の支給を手厚くすることにより優秀な人材の確保や定着を図ることは、人事施策として一定の合理性があること、時給制契約社員に対しても労使交渉に基づいて臨時手当が支給されていることなどの事情を総合考慮すれば、正社員の夏期年末手当と時給制契約社員の臨時手当に関する算定方法の相違は、不合理とは認められない。

カ　住居手当

　　正社員について、配置転換が予定されていない時給制契約社員と比較して、住居に係る費用負担が重いことを考慮して住居手当を支給することは一定の合理性が認められ、また、住宅費の援助をすることで有為な人材の確保・定着を図ることも人事施策として相応の合理性が認められることなどの事情を併せ考慮すれば、旧一般職と時給制契約社員との間の住宅手当の支給に関する相違は不合理と認めることはできない。これに対し新一般職に対しては、転居を伴う人事異動が予定されていないにもかかわらず住居手当が支給されているところ、同じく転居を伴う配置転換のない時給制契約社員に対して住居手当が全く支給されていないことは合理的な理由のある相違とはいえない。もっとも、正社員に対する住居手当の給付は、長期的な勤務に対する動機付けの意味も有することからすると、長期間の雇用が制度上予定されていない時給制契約社員に対する住居手当の額が正社員と同額でなければ不合理とまではいえない。以上によれば、新人事制度が導入された平成26年4月以降の住居手当に関する新一般職と時給制契約社員との間の相違は、同社員に対し同手当が全く支払われないという点で不合理と認められる。

キ　夏期冬期休暇

　　職務の内容等の違いにより、制度としての夏期冬期休暇の有無について差異を設けるべき特段の事情がない限り、時給制契約社員についてだけ、制度として夏期冬期休暇を設けないことは不合理な相違というべきである。これを本件についてみると、正社員と時給制契約社員

とを比較すると、取得要件や取得可能な日数等に違いを設けることは別として、時給制契約社員に対してのみ夏期冬期休暇を全く付与しない合理的な理由は見当たらない。したがって、夏期冬期休暇に関する正社員と時給制契約社員との間の相違は不合理と認められる。

ク　病気休暇

　時給制契約社員に対しては、契約更新を重ねて全体としての勤務期間がどれだけ長期間になった場合であっても、有給の病気休暇が全く付与されないことは、職務の内容等に関する諸事情を考慮しても合理的な理由があるとはいえない。したがって、病気休暇に関する正社員と時給制契約社員との間の相違は不合理と認められる。

ケ　夜間特別勤務手当

　時給制契約社員のうち夜間帯に勤務する者は、それを前提とした雇用契約を締結しており、実態としても、夜間帯以外に勤務することは原則としてないことに加え、深夜労働を含む時間外労働に対しては、夜間勤務手当とは別に、労働基準法37条所定の割増賃金が支給されていることからすると、同手当は、正社員が勤務シフトによって夜間勤務等が必要になる場合に、夜間勤務等が必要のない他の業務に従事する正社員との間の公平を図るために支給されていると解される。そうすると、正社員については、早朝、夜間の勤務をさせているのに対し、時給制契約社員については、採用の段階で勤務時間を特定した上で雇用契約を締結し、その特定された時間の勤務を求めているという意味で勤務内容等に違いがあり、その違いに基づき、正社員についてのみ社員間の公平を図るために夜間特別勤務手当を支給することは相応の合理性があるといえるから、夜間特別勤務手当における正社員と契約社員間の相違は、不合理とは認められない。

コ　郵便外務・内務業務精通手当

　郵便外務・内務業務精通手当は、正社員の基本給及び手当の一部を原資に組み替える方法により、正社員に対して能力向上に対する動機付けを図ったものであり、同手当の支給の有無は正社員と契約社員の賃金体系の違いに由来するものであること、同手当は労使協議を経た

上で新設されたものであること、時給制契約社員については、資格給の加算により担当職務への精通の度合を基本給（時給）に反映させていることなどの諸事情を総合考慮すれば、正社員と時給制契約社員の郵便外務・内務業務精通手当に関する相違は不合理とは認められない。

2 労契法20条の効力について

労契法20条は訓示規定ではなく、同条に違反する労働条件は無効というべきであり、その定めに反する取扱いについては、民法709条の不法行為が成立し得ると解される。しかし、同条の法的効果として、補充的効力を有するか否かについては、同法12条や労働基準法13条のように補充的効力を定めた明文の規定がないこと、無効とされた労働条件の不合理性の解消は、使用者の人事制度全体との整合性を念頭に置きながら、有期契約労働者と無期契約労働者の想定される昇任昇格経路や配置転換等の範囲などを考慮しつつ、従前の労使交渉の経緯も踏まえて決定されるべきことに照らし、補充的効力は認められない。しかし、労契法20条に補充的効力がないとしても、就業規則等の合理的解釈の結果、有期契約労働者に対して、無期契約労働者の労働条件を定めた就業規則等を適用し得る場合には、正社員の労働条件を適用する余地がある。

これを本件についてみると、U社においては、正社員に適用される就業規則等と契約社員に適用される就業規則等が別個独立に存在し、前者がU社の全従業員に適用されることを前提に、契約社員については後者がその特則として適用される形式とはなっていないから、就業規則等の合理的解釈として、正社員の労働条件が有期契約社員に適用されると解することはできない。そうすると、同条に補充的効力がない以上、Xら主張の労働条件の相違に関して、Xらに対して正社員に適用されている就業規則等が適用されるとはいえない。したがって、Xらの本訴請求のうち、正社員に適用されている就業規則等の各規定が適用される労働契約上の地位にあることの確認を求める請求の趣旨並びに労契法20条の施行後の期間について、同条の補充的効力を前提としての労働契約に基づく正社員との間の手当等の差額請求の趣旨等はいずれも理由がない。その一方で、正社員と時給制契約社員との労働条件の相違のうち、年末年

始勤務手当、住居手当、夏期冬期休暇及び病気休暇についての相違は、平成25年4月以降は労契法20条に違反するものであり、同日以降のXらに対する各手当の不支給は、Xらに対する不法行為を構成する。

3　公序良俗違反の有無について

前記各手当の不支給等は、労契法20条施行日（平成25年4月1日）以降は労契法20条に違反するところ、そのことから直ちに同日より前の時点において公序良俗に違反することになるものではなく、同条施行前の期間について、Xらと正社員等との間の手当等の差額について、公序良俗違反を前提にして不法行為が成立することによる損害賠償請求権に基づき同差額の支払いを求める各請求はいずれも理由がない。

4　Xらの損害について

本件の年末年始勤務手当及び住居手当については、いずれも、正社員に対する手当額と差異があることをもって直ちに不合理と認められたものではなく、時給制契約社員に対して当該労働条件が全く付与されていないことをもって不合理と認められることは前判示のとおりなので、各手当に関してXらに損害が生じたことは認められるものの、その額の立証は極めて困難であるから、民訴法248条に従い、相当な損害額を算定すべきである。

正社員に対する年末年始勤務手当の額は、12月29日から31日までは1日4000円、1月1日から3日までは1日5000円であるところ、正社員に対する同手当の給付には、長期雇用を前提とする正社員に対する動機付けという要素がないとはいえ、有期契約労働者は制度上長期雇用が前提とされていなことなどの諸事情を考慮すると、旧一般職及び新一般職に対する支給額の8割相当額を損害と認めるのが相当である。

住居手当は、転居を伴う人事異動の負担を考慮した面と長期間勤務の動機付けに向けた福利厚生の部分とで構成されているとみることができる。そして、U社は、転居を伴う配置転換が予定されていない新一般職に対しても、地域基幹職と同額の住居手当を支給しているところ、住居手当が正社員に対する福利厚生の面を含んでいることを考慮すると、時給制契約社員に対しては、正社員に対する住居手当の6割相当額を損害

として認めるのが相当である。

　夏期冬期休暇及び病気休暇の相違は労契法20条に違反するが、Xらは
それに伴う損害について損害賠償を請求していない。したがって、労契
法20条施行後の期間について、正社員との間の手当等の差額を請求する
権利は前記の限度で理由がある。

控訴審判決要旨

1　労契法20条違反の成否について

　有期契約労働者と無期契約労働者との個々の賃金項目に係る労働条件
の相違が不合理と認められるか否かを判断するに当たっては、両者の賃
金の総額を比較するのみではなく、当該賃金項目の趣旨を個別に考量す
べきと解するのが相当である。正社員と時給制契約社員の労働条件を検
討するに当たっては、新一般職を比較対象として時給制契約社員の労働
条件の相違が不合理と認められる場合は、労契法20条に違反する。

　正社員への登用制度が用意され、継続的に一定数の時給制契約社員が
正社員に登用され、正社員と時給制契約社員の地位が必ずしも固定的で
ないことは、労契法20条の不合理性の判断においても「その他の事情」
として考慮すべきといえる。しかし、上記登用制度により正社員に登用
されるためには、人事評価や勤続年数に関する応募要件を満たす必要が
あり、その応募要件を満たした応募者の合格率も高いとはいえない（実
際に正社員に登用された時給制契約社員は、1年当たり約16万7000人中
2千数百人）から、多くの時給制契約社員には正社員に登用される可能
性は大きくない。加えて、上記登用制度が実施されなかった年度もあっ
たことからすれば、上記登用制度が用意されていることを「その他の事
情」として考慮するとしても、これを重視することは相当でない。

　U社は、時給制契約社員は、年末年始の期間に必要な労働力を補充・
確保するための臨時的な労働力としての性格も有しており、採用の段階
で年末年始の期間も（むしろ年末年始の期間こそ）業務に従事すること
が想定されているから、年末年始勤務手当の趣旨は妥当しないと主張す
る。しかし、多くの時給制契約社員の契約期間は6カ月であって、更新

されることからすれば、時給制契約社員が年末年始の期間に必要な労働力を補充・確保するための臨時的な労働力とは認められず、時給制契約社員に年末年始勤務手当の趣旨が妥当しないとはいえない。

Xらは、夏期年末手当にU社が主張する長期雇用へのインセンティブが含まれていることを考慮しても、最低でも当該手当の8割が支給されなければ合理的な相違とはいえないと主張する。しかし、労契法20条は、有期契約労働者と無期契約労働者との労働条件に相違があり得ることを前提に、職務の内容の違いに応じた均衡のとれた処遇を求める規定であるところ、正社員である旧一般職又は新一般職と時給制契約社員との間には、職務の内容並びに当該職務の内容及び配置の変更の範囲に大きな又は一定の相違がある。そして、労働者の賃金に関する労働条件は、職務内容及び変更範囲により一義的に定まるものではなく、使用者は雇用及び人事に関する経営判断の観点から、様々な事情を考慮して賃金に関する労働条件を検討するといえる。また、賃金に関する労働条件の在り方については、基本的には団体交渉等による労使自治に委ねられる部分が大きいともいえるところ、夏期年末手当は、まさにU社の業績等を踏まえた労使交渉により支給内容が決定されるものであって、夏期年末手当の金額の相違を考慮しても、これを不合理とは評価できない。

U社は、住居手当の趣旨として、正社員は配置転換により勤務地が変更される可能性があることを主張するところ、旧一般職は転居を伴う可能性のある配置転換等が予定されていたから、時給制契約社員との相違は不合理と評価することはできない。しかし、新一般職は転居を伴う配置転換等は予定されていないから、新一般職に対して住居手当を支給する一方で、時給制契約社員に対してこれを支給しないという労働条件の相違は、労契法20条にいう不合理と認められるものに当たると解するのが相当である。

U社は、①新一般職も、地域基幹職へのコース転換を経て、将来的に転居を伴う局間異動や支社への異動が想定されている、②新一般職も、実際には、社員が通勤の便宜を考慮して、異動に合わせて転居する例も存在する、③新一般職の採用においては、応募時点で勤務エリア外の地

域の居住者も募集の対象とし、転居を伴って応募エリアの郵便局に就職することも予定されていると主張する。しかし、新人事制度の下で、これらの例が例外的でなく存在することの立証はないから、これらの事情をもって住居手当を新一般職に支給し、時給制契約社員に支給しないことの不合理性は否定できない。

夏期冬期休暇の趣旨は、一般的に広く採用されている制度をU社において採用したものと解される。したがって、正社員に対して夏期冬期休暇を付与する一方で、時給制契約社員に対してこれを付与しないという労働条件の相違は、労契法20条にいう不合理と認められるものに当たると解するのが相当である。

正社員に対し、日数の制限なく病気休暇を認めているのに対し、時給制契約社員に対し病気休暇を1年度において10日の範囲内で認めている労働条件の相違は、その日数の点においては不合理とはいえない。しかし、私傷病の場合、正社員に対しては有給とし、時給制契約社員に対しては無給とする労働条件の相違は、労契法20条にいう不合理と認められるものに当たると解される。

2　Xらの損害について

年末年始に出勤した日について、Xにつき6万6000円、Yにつき6万2000円、Zにつき5万4000円の損害を被ったと認められる。住居手当については、Xにつき75万6000円、Yにつき71万0500円となる。Xらに夏期冬期休暇が付与されなかったことによる損害は認められない。Zは、年次有給休暇を取得してクリニックを受診したところ、賃金相当額は1万4280円と認められる。

上告審判決要旨

（1）年末年始勤務手当について

U社における年末年始勤務手当は、郵便業務についての最繁忙期であり、多くの労働者が休日として過ごしている期間において、同業務に従事したことに対し、基本給に加えて支給される対価の性質を有するものといえる。また同手当は、正社員が従事した業務の内容や難度等に拘わ

らず、所定の期間に実際に勤務したこと自体を支給要件とするものであり、その金額も、実際に勤務した時期と時間に応じて一律である。このような同手当の性質や支給要件及び金額に照らせば、これを支給する趣旨は、郵便の業務を担当する正社員と時給契約社員との間に労働契約法20条所定の職務の内容や当該職務の内容及び配置の変更の範囲その他の事情につき相応の相違があること等を考慮しても、両者の間に年末年始勤務手当に係る労働条件の相違があることは不合理と評価できる。したがって、郵便の業務を担当する正社員に対して年末年始勤務手当を支給する一方で、同業務を担当する時給制契約社員に対してこれを支給しないという労働条件の相違は、労働契約法20条にいう不合理と認められるものに当たると解するのが相当である。

（2）病気休暇について

　U社において、私傷病により勤務することができなくなった郵便の業務を担当する正社員に対して有給の病気休暇が与えられているのは、上記正社員が長期にわたり継続して勤務することが期待されることから、療養に専念させることを通じて、その継続的な雇用を確保するという目的によると考えられる。もっともこの目的に照らせば、郵便の業務を担当する時給制契約社員についても、相応に継続的な勤務が見込まれるのであれば、私傷病による有給の病気休暇を与えることとした趣旨は妥当するというべきである。そして、U社においては、上記時給制契約社員は、契約期間が6ヵ月以内とされ、Xらのように有期労働契約の更新を繰り返して勤務する者が存するなど、相応に継続的な職務が見込まれているといえる。そうすると、上記正社員と上記時給制契約社員との間に労働契約法20条所定の職務の内容や当該職務の内容及び配置の変更の範囲その他の事情につき相応の相違があること等を考慮しても、私傷病による病気休暇の日数に相違を設けることはともかく、上記正社員に対して有給休暇を与える一方で、同業務を担当する時給制契約社員に対して無給の休暇のみを与える労働条件の相違は労働契約法20条にいう不合理と認められるものに当たると解するのが相当である。

（3）夏期冬期休暇

　原審は、郵便の業務を担当する正社員に対しては夏期冬期休暇を与える一方で、同業務を担当する時給制契約社員に対してはこれを与えないという労働条件の相違は労働契約法20条にいう不合理なものに当たるとした上で、Ｘらが無給の休暇を取得したこと、夏期冬期休暇が与えられていればこれを取得し賃金が支給されたであろうとの事実の立証はないことから、Ｘらに夏期冬期休暇を与えられないことによる損害が生じたとはいえないと判断し、Ｘらの請求を棄却した。しかしながら、郵便の業務を担当する時給制契約社員であるＸらは、夏期冬期休暇を与えられなかったことにより、当該所定の日数につき、本来する必要のなかった勤務をせざるを得なかったといえるから、上記勤務をしたことによる財産的損害を受けたといえる。したがって、Ｘらについて、夏期冬期休暇を与えないことによる損害が生じたとはいえないとした原審の判断には、不法行為に関する法令の解釈運用を誤った違法があり、夏期冬期休暇に係る損害賠償請求に関する部分は破棄を免れない。

	第1審	控訴審	上告審
外務業務手当	×	×	×
年末年始勤務手当	○	○	○
早出勤務等手当	×	×	×
祝日給	×	×	×
夏期年末手当	×	×	×
住居手当	○	○	○
夏期冬期休暇	○	○	○
病気休暇	○	○	○
夜間特別勤務手当	×	×	×
郵便外務・内務業務 精通手当	×	×	×

（注）○は労働契約法20条の「不合理と認められるものに当たる」と判断されたもの、×は不合理とは認められないと判断されたもの。住居手当は、新人事制度の場合、不合理と認められる。夏期冬期休暇についての控訴審の判断は不合理と認められるもの（○）であるが、財産的損害はないと判断された。

解説

　本件を始め、労働契約法20条を巡る争いにおいて、多くの場合、原告側は同条違反を理由に無期契約者と同一の労働条件の実現を主張する。しかし、同条には労働基準法13条のような補充的効力を明文上認めていないことから、いずれの事件においても、労働契約法20条違反の効果として、有期契約労働者に対し無期契約労働者と同一の労働条件を認めることはしておらず、その代替として、同条違反を不法行為とみて損害賠償請求を認めている（その金額は、無期契約労働者であったならば得られた金額の場合もあれば、それを下回る場合もある）。

　労働契約法20条は、平成25年4月1日に施行された新しい条文であるが、立法に当たって、恐らく同条違反に補充的効力を認めるか否かについて、厚生労働省内、内閣法制局等において相当な議論があったものと推測される。その上で、同条に補充的効力を認めなかったのは、仮にこれを認めた場合、同条違反となれば比較対象となる正社員と当然に同一の労働条件を認めざるを得なくなり、例えば、無期雇用社員の手当が10である場合、有期雇用社員の手当を5に留めることができなくなることを避けたのではないかと推測される。今後も、本件と類似の事件が起こることが想定されるが、主位的請求として労働契約上無期雇用社員と同一の労働条件を認めることはなく、不法行為に基づく損害賠償の有無が判断されることになろう。

裁判例

7 期間雇用社員に手当、休暇につき不利益取扱い

日本郵便(大阪)有期契約労働者手当等格差事件

大阪地裁平成30.2.21、大阪高裁平成31.1.24、最高裁令和2.10.15

事件の概要

Ｆ〜Ｍ（原告・控訴人兼被控訴人・被上告人。以下「Ｆら」）は、いずれもＵ社（被告・被控訴人兼控訴人・上告人）との間で有期労働契約を締結し（Ｉを除き、郵政省、郵便事業庁又は郵政公社に有期任用公務員として任用され、郵政民営化に伴い、Ｕ社の前身である郵便事業（株）との間で有期労働契約を締結）、その後契約更新を繰り返し、郵便物の集配または荷物の集荷等の業務に従事していた者であり、有期労働契約に関する就業規則及び賃金規程が適用されている。また、Ｍを除く７名は、時給制契約社員であり（Ｈは退職済み）、Ｍは平成24年８月１日に月給制契約社員となった。Ｆらの労働時間は、４週間につき１週平均40時間である。

Ｆらは、有期労働契約を締結している社員（期間雇用社員）と正社員との間で、労働契約に期間の定めがあることに関連して、８つの手当及び２つの休暇に関する労働条件（本件労働条件）の相違があり、これらが労働契約法20条に違反する、また同条施行前（平成25年４月１日前）は同一労働同一賃金の原則に違反し公序良俗に反するなどとして、Ｕ社に対し、①社員給与規程の改定以降、社員就業規則等の規定がＦらにも適用されることの確認を求める（本件確認請求）とともに、②労契法20条施行前の手当等については、不法行為に基づく損害賠償請求として、同条施行後の平成25年４月から平成28年３月までの手当については、主位的には労働契約に基づく賃金請求（本件差額請求）、予備的には、不法行為に基づく損害賠償請求として、正社員の諸手当との差額等を請求した。

第１審では、本件労働条件の相違のうち、年末年始勤務手当、住居手当、扶養手当についてＦらに支給されないことは労契法20条に違反する

としたが、同条から直ちに差額賃金等の請求権が発するとはいえないとして主位的請求を斥け、予備的請求である不法行為に基づく損害賠償請求のみを認容した（賠償総額304万5400円）。これについて、Fら、U社とも控訴に及んだ。

控訴審判決要旨

1　労契法20条違反の有無に係る判断枠組み

（1）労契法20条は、有期契約労働者と無期契約労働者との労働条件に相違があることを前提としており（同一労働同一賃金を前提とするものではない）、使用者に対し、それぞれの労働者の職務の内容等の違いに応じた均衡のとれた処遇をするよう要求する規定と解される。

（2）賃金に関する労働条件は、労働者の職務内容及び変更範囲により一義的に定まるものではないこと、使用者は経営判断の視点から、様々な事情を考慮して賃金に関する労働条件を検討するものであること、賃金に関する労働条件については、団体交渉に委ねるべき部分が大きいことなどからすれば、労契法20条にいう「その他の事情」とは、職務の内容、職務の内容及び配置の変更の範囲に関連する事情に限定されるものではない。

（3）有期契約労働者と無期契約労働者との賃金項目に係る労働条件の相違が不合理か否かを判断するに当たっては、両者の賃金の総額のみでなく、当該賃金項目の趣旨を個別に考慮すべきものと解するのが相当である。

2　Fらと正社員との職務内容等の相違

（1）Fらと比較対照すべき正社員について

　U社は、新人事制度においては、地域基幹職と新一般職を含めた正社員全体を比較対象者とすべき旨主張するが、総合職や地域基幹職は担当業務や異動等の範囲の点で明らかにFらと異なっている。また、確かに新一般職は、本人が希望すれば一定の条件の下に地域基幹職へのコース転換が行われ得るし、実際にもコース転換者はいるが、U社においては、原則として上記区分が変更されない点を重視すべきである。したがって、

正社員全体を比較対象者とすべき旨のU社の主張は採用できない。

（2）本件契約社員と本件比較対象社員との職務内容等の相違

　正社員は、就業規則において、業務の都合または緊急的な業務応援により、人事異動等を命じられることがあるとされている。旧人事制度における旧一般職は、役職者及び管理者に登用される可能性や、支社または監査室等において事務職や企画職に従事する可能性もあるものとして支社ごとに採用されたものであり、支社エリア内での郵便局間異動や、支社、監査室等への異動、異動に伴う職務内容の変更や同一郵便局内での職務内容の変更、役職者や管理者への登用に伴う職務内容の変更等の可能性がある。また、新一般職（郵便コース）は、原則として職務の内容が郵便局における郵便外務業務等であり、転居を伴う異動はなく、役職者や管理者にも登用されないが、転居を伴わない範囲での郵便局間異動が命じられる可能性があり、実際にも異動の例があった。さらに、本人が希望すれば一定の条件の下で新一般職（郵便コース）から地域基幹職（郵便・郵便営業コース）へのコース転換が可能であり、実際にも平成30年4月、コース転換に応募した新一般職1028名中518名が地域基幹職に転換している。これに対し、本件契約社員については、正社員のような人事異動等は行われず、仮に別の郵便局で勤務する場合には、本人との合意により、従前の雇用契約を一旦終了させた上で新規に別の雇用契約を締結している。したがって、本件比較対象正社員（新一般職）と本件契約社員との間には、程度の差はあるものの当該職務の内容及び配置の変更の範囲について相違が存在する。

3　Fらが主張する本件労働条件の相違が労契法20条に違反するか

（1）外務勤務手当

　本件契約社員と本件比較対象正社員との外務勤務手当に係る労働条件の相違は、原審の判断どおり、労契法20条にいう不合理と認められるものに当たらない。

（2）郵便外務業務精通手当

　本件契約社員と本件比較対象正社員との郵便外務業務精通手当に係る労働条件の相違は、原審の判断どおり、労契法20条にいう不合理と認め

られるものに当たらない。

（3）年末年始勤務手当

　年末年始手当は、年末年始に最繁忙となる郵便業務の特殊性から、多くの労働者が休日として過ごしている年末年始に業務に従事しなければならない正社員の労苦に報いる趣旨で支給されるものと認められ、同手当は、本件比較対象正社員に対し、勤務１日につき、12月29日から31日までは4000円、１月１日から３日までは5000円支給されるが、本件契約社員には支給されていないところ、年末年始に業務に従事しなければならないこと自体、本件契約社員においても同様といえる。しかしながら、本件契約社員は、①原則として短期雇用を前提とし、各郵便局において、その必要に応じて柔軟に労働力を補充・確保することを目的の一つとして設けられている雇用区分であり、その募集は、各郵便局の判断により、年末年始期間こそ勤務に従事することが当然の前提として採用され、②契約期間は、時給制契約社員については６カ月以内、月給制契約社員については１年以内とされ、③時給制契約社員の５割以上が１年以内、７割以上が３年以内に退職している。さらに、U社において、正社員の待遇を手厚くすることで有為な人材の長期的確保を図る必要があるとの事情や、U社における各労働条件が労使協議を経て設定されたという事情がある。これらの事情は、相応の重みのある労契法20条所定の「その他の事情」であり、労働条件の相違が不合理との評価を妨げる事情といえる。以上からすれば、本件比較対象正社員と本件契約社員とで年末年始手当に関し相違が生じることは、直ちに不合理と評価することは相当ではない。もっとも、本件契約社員にあっても、有期労働契約を反復更新し、通算した契約期間が長時間に及んだ場合には、年末年始勤務手当を支給する趣旨・目的との関係で本件比較対象正社員と本件契約社員との間に相違を設ける趣旨は薄弱とならざるを得ないから、このような場合にも本件契約社員には本件比較対象社員に対して支給される年末年始手当を一切支給しないという労働条件の相違は、職務内容等の相違や導入等の経過、その他U社における上記事情などを十分に考慮したとしても、もはや労契法20条にいう不合理と認められるものに当たると解するのが

相当である。

　これを本件についてみるに、Ｆらのうち I を除く 7 名については、有期労働契約を反復更新し、改正後の労契法施行日（平成25年4月1日）時点で通算契約期間が 5 年を超えているところ、このような契約社員についてまで年末年始勤務手当について上記のような相違を設けることは不合理というべきである。一方、I については、同日時点での通算契約期間は約 3 年にとどまり、必要に応じて柔軟に労働力を補充、確保するための短期雇用という性質は未だ失われていないといえるから、このような本件契約社員に年末年始勤務手当について上記のような相違を設けることは直ちに不合理とはいえないが、その後、更に有期労働契約が更新され、通算契約期間が 5 年を超えた平成27年5月1日以降については、年末年始勤務手当について上記のような相違を設けることは不合理である。

（4）早出勤務手当

　本件契約社員と本件比較対象正社員との早出勤務手当に係る労働条件の相違は、原審の判断どおり、労契法20条にいう不合理と認められるものに当たらない。

（5）祝日給

　祝日に勤務した場合においては、本件比較対象正社員を含む正社員及び月給制契約社員と時給制契約社員との間で、祝日勤務に対する配慮を考慮した割増率（100分の35）は同じであるから、本件比較対象正社員の祝日給と本件契約社員の祝日割増賃金の支給額の算定方法に関する相違は、労契法20条にいう不合理と認められるものには当たらない。

　正社員は年末年始期間について特別休暇が与えられており、かつては代替休暇も認められていたのに対し、本件契約社員にはこのような特別休暇がなかったものであり、年始期間の勤務に対する祝日給と祝日割増賃金の支給の有無に関する相違は、上記特別休暇についての相違を反映したものと解される。そうすると、本件契約社員と本件比較対象正社員との年始期間の特別休暇についての相違は直ちに労契法20条にいう不合理と認められるものに当たらないと解されるから、これを反映した祝日給と祝日割増賃金との相違も、同条にいう不合理と認められるものには

当たらない。もっとも、Ｆらのうち I を除く７名については、上記のとおり、改正後の労契法施行日時点で通算契約期間が既に５年を超えているから、年始期間に勤務した場合の祝日給または祝日割増賃金の有無に上記相違を設けることは不合理であり、I については、通算契約期間が５年を超えた平成27年５月１日以降も上記相違を設けることは不合理というべきである。

（6）夏期年末手当

本件契約社員と本件比較対象正社員との夏期年末手当に係る労働条件の相違は、原審の判断どおり、労契法20条にいう不合理と認められるものに当たらない。

（7）住居手当

本件契約社員と本件比較対象正社員のうち新一般職との住居手当に係る労働条件の相違は、原審の判断どおり、労契法20条にいう不合理と認められるものに当たる。

（8）扶養手当

扶養手当は、長期雇用システムと年功賃金体系の下、有為な人材の確保・定着を図り、長期にわたって会社に貢献してもらう効果を期待して支給されるものと考えられる。そして、歴史的経緯や支給要件等からすれば、U 社の扶養手当も、長期雇用を前提として基本給を補完する生活手当としての性質、趣旨を有するものといえる。これに対し、本件契約社員は原則として短期雇用を前提とし、必要に応じて柔軟に労働力を補充・確保するために雇用されたものであり、年功的賃金体系は採用されておらず基本的には従事する業務の内容や就業の場所等に応じて定められているのであるから、長期雇用を前提とする基本給の補完といった扶養手当の性質及び趣旨に沿わないし、本件契約社員についても家族構成や生活状況の変化によって生活費の負担増もあり得るが、基本的には転職等による収入増加で対応することが想定されている。そうすると、本件比較正社員と本件契約社員との間の扶養手当に関する相違は、不合理と認めることはできない。

（9）夏期冬期休暇

　U社は、本件比較対象正社員に対し、一定の期間、在職時期に応じて3日ないし1日の有給の休暇を付与しているが、本件契約社員にはこのような休暇を付与していない。ところで、夏期冬期休暇についても、長期雇用を前提とする正社員と原則として短期雇用を前提とする本件契約社員との間で、異なる制度や運用を採用すること自体は相応の合理性があり、本件比較対象正社員に対して付与される夏期冬期休暇が本件契約社員に対して付与されないという相違が存在することは、直ちに不合理と評価することはできない。もっとも、前記年末年始勤務手当の項で説示したことは夏期冬期休暇にも当てはまるといえる。そうすると、Ⅰを除く7名については、改正後の労契法施行日以降、Ⅰについては通算契約期間が5年を超えた平成27年5月1日以降、それぞれ上記相違を設けることは不合理となる。

(10)　病気休暇

　U社は、本件比較対象正社員に対し、私傷病により、最小限所属長が必要と認める期間において、勤務日または正規の勤務時間中に勤務しない場合、その勤務しない期間について有給の病気休暇を付与しているが、本件契約社員に対しては、病気休暇の付与を1年度につき10日に限定し、かつ無給としている。ところで病気休暇についても、前記年末年始勤務手当の項で説示したと同様、長期雇用を前提とする正社員と、原則として短期雇用を前提とする本件契約社員との間で、病気休暇について異なる制度や運用を採用すること自体は相応の合理性があるというべきであり、本件契約社員と本件比較対象正社員との間で病気休暇の期間やその間有給とするか否かについての相違が存在することは、直ちに不合理と評価することはできない。もっとも、前記年末年始勤務手当の項で説示したことは病気休暇にも当てはまるから、Ⅰを除く7名については、病気休暇の期間及びその間の有給・無給の相違を設けることは不合理であり、Ⅰについては、通算契約期間が5年を超えた平成27年5月1日以降も病気休暇について上記相違を設けることは不合理である。

4　本件労働条件の相違が労契法20条に違反するとした場合の法的効果

（1）本件確認請求及び本件差額賃金請求（主位的請求）

　労契法20条の規定は私法上の効力を有すると解すのが相当であり、有期労働契約のうち同条に違反する労働条件の相違を設ける部分は無効となると解される。もっとも、同条は、有期契約労働者について無期契約労働者との職務の内容等に応じた均衡のとれた処遇を求める規定であり、同条の効力により、当該有期契約労働者の労働条件が比較の対象である無期契約労働者の労働条件と同一のものとなるものではない。また、Ｕ社においては、正社員に適用される社員就業規則等と期間雇用社員に適用される期間雇用社員就業規則等が別個独立に存在しており、期間雇用社員就業規則等では労契法20条違反とされる住居手当等について何ら定めておらず、その支給も予定されていないのであり、このような就業規則等の定めにも鑑みれば、両者の労働条件の相違が同条に違反する場合、期間雇用社員であるＦらが社員就業規則等の各規定が適用される労働契約上の地位にあると解することは困難である。上記で説示した労契法20条の法的効果の観点からすれば、Ｆらの本件請求のうち、主位的請求はいずれも理由がない。

（2）不法行為に基づく損害賠償請求（予備的請求）

　Ｕ社が、①新一般職が新設された平成26年4月1日以降もＦらに住居手当を支給せず、②労契法20条が施行された平成25年4月1日以降もＩを除くＦらに年末年始勤務手当を支給せず、祝日割増賃金の支給対象に年始期間を含ませず、夏期冬期休暇、病気休暇を付与せず、③平成27年5月1日以降もＩに年末年始勤務手当を支給せず、祝日割増賃金の支給対象に年始期間を含ませず、夏期冬期休暇、病気休暇を付与しないことは、同法20条に違反するから、Ｕ社はＦらに対し、不法行為に基づく損害賠償責任を負う。

5　損害等の額

　Ｆに対し34万円余、Ｇに対し37万円余、Ｈに対し6万円余、Ｉに対し21万円余、Ｊに対し41万円余、Ｋに対し56万円余、Ｌに対し107万円余、

Mに対し127万円余。

上告審判決要旨

（1）年末年始勤務手当について

U社における年末年始勤務手当は、郵便業務を担当する正社員が12月29日から翌年1月3日までの間において勤務したときに支給されるものであることからすると、同業務についての最繁忙期であり、多くの労働者が休日として過ごしている上記期間において同業務に従事したことに対し、その勤務の特殊性から基本給に加えて支給される対価としての性質を有するものといえる。また、年末年始勤務手当は、正社員が従事した業務の内容やその難度等にかかわらず、所定の期間において実際に勤務したこと自体を支給要件とするものであり、その支給金額も実際に勤務した時期と時間に応じて一律である。

上記のような年末年始勤務手当の性質や支給要件及び支給金額に照らせば、これを支給することとした趣旨は、本件契約社員にも妥当するものである。そうすると、郵便業務を担当する正社員と本件契約社員との間に労働契約法20条所定の職務の内容や当該職務の内容及び配置の変更の範囲その他の事情につき相応の相違があること等を考慮しても、両者の間に年末年始勤務手当に係る労働条件の相違があることは不合理と評価できる。したがって、郵便業務を担当する正社員に対して年末年始勤務手当を支給する一方で、本件契約社員に対してこれを支給しないとする労働条件の相違は、労働契約法20条にいう不合理と認められるものに当たると解するのが相当である。

（2）年始期間の勤務に対する祝日給について

年末年始については、郵便業務を担当する正社員に対して特別休暇が与えられているのに対し、本件契約社員に対しては、年始期間についての特別休暇は与えられず、年始期間の勤務に対しても、正社員に支給される祝日給に対応する祝日割増賃金は支給されない。そうすると、年始期間の勤務に対する祝日給は、特別休暇が与えられることとされているにもかかわらず最繁忙期であるために年始期間に勤務したことについて、

その代償として、通常の勤務に対する賃金に所定の割増をしたものを支給することとされたと解され、郵便業務を担当する正社員と本件契約社員との間の祝日給及びこれに対応する祝日割増賃金に係る上記の労働条件の相違は、上記特別休暇に係る労働条件の相違を反映したものと考えられる。しかしながら、本件契約社員は、契約期間が6カ月以内または1年以内とされており、Fらのように有期労働契約の更新を繰り返して勤務する者も存するなど、繁忙期に限定された短期間の勤務ではなく、業務の繁閑に関わらない勤務が見込まれている。そうすると、最繁忙期における労働力の確保の観点から、本件契約社員に対して上記特別休暇を付与しないこと自体には理由があるといえるものの、年始期間における勤務の代償として祝日給を支給する趣旨は本件契約社員にも妥当するというべきである。そうすると、郵便業務を担当する正社員と本件契約社員との間に労働契約法20条所定の職務の内容や当該職務の内容及び配置の変更の範囲その他の事情につき相応の相違があること等を考慮しても、上記祝日給を正社員に支給する一方で本件契約社員にはこれに対応する祝日割増賃金を支給しないという労働条件の相違があることは不合理と評価できる。したがって、郵便業務を担当する正社員に対して年始期間の勤務に対する祝日給を支給する一方で、本件契約社員に対してこれに対応する祝日割増賃金を支給しないという労働条件の相違は、労働契約法20条にいう不合理と認められるものに当たると解するのが相当である。

（3）扶養手当について

　U社において、郵便業務を担当する正社員に扶養手当が支給されているのは、同正社員が長期にわたり継続して勤務することが期待されることから、その生活保障や福利厚生を図り、扶養親族のある者の生活設計等を容易にすることを通じて、その継続的な雇用を確保する目的によるものと考えられる。もっとも、上記目的に照らせば、本件契約社員についても、扶養親族があり、かつ相応に継続的な勤務が見込まれるのであれば、扶養手当を支給する趣旨は妥当するというべきである。そして、U社においては、本件契約社員は、契約期間が6カ月以内または1年以内とされており、Fらのように有期労働契約の更新を繰り返して勤務す

る者が存するなど、相応に継続的な勤務が見込まれているといえる。そうすると、上記正社員と本件契約社員との間に労働契約法20条所定の職務の内容や当該職務の内容及び配置の変更の範囲その他の事情につき相応の相違があること等を考慮しても、両者の間に扶養手当に係る労働条件の相違があることは不合理と評価できる。したがって、郵便業務を担当する正社員に対して扶養手当を支給する一方で、本件契約社員に対してこれを支給しないという労働条件の相違は、労働契約法20条にいう不合理と認められるものに当たると解するのが相当である。

（4）夏期冬期休暇について

U社における夏期冬期休暇は、有給休暇として所定の期間内に所定の日数を取得できるものであるところ、本件契約社員であるFらは、夏期冬期休暇を与えられなかったことにより、当該所定の日数につき、本来する必要のなかった勤務をせざるを得なかったといえるから、上記勤務したことによる財産的損害を受けたといえる。以上と同旨の原審の判断は正当として是認できる。

	第1審	控訴審	上告審
外務勤務手当	×	×	×
郵便外務業務精通手当	×	×	×
年末年始勤務手当	○	○	○
早出勤務手当	×	×	×
祝日給	×	○	○
夏期年末手当	×	×	×
住居手当	○	○	○
扶養手当	○	×	○
夏期冬期休暇	×	○	○
有給病気休暇	×	○	○

（注）○は労働契約法20条の「不合理と認められるものに当たる」と判断されたもの。×は不合理とは認められないと判断されたもの。控訴審における年末年始勤務手当、祝日給、夏期冬期休暇、有給病気休暇の○は勤務期間5年以上の者。

本件は、第１審から上告審まで、各手当毎に、正社員と契約社員の違いについて比較検討し、それぞれについて、契約社員にのみ不支給とすることが労働契約法20条に照らして許容されるか否かを検討している。それぞれの手当と労働契約法20条との関係は上記の表のとおりであるが、同条に基づき不合理とされた手当（○を付した手当）でも、短期雇用を前提とする契約社員に支給しないことは本来は不合理ではないとしながら、本件の原告ら（Ｆら）の大半は実態として長期勤務をしており、この実態を踏まえれば、正規職員との相違は不合理としたものがある。Ｕ社については、他でも同様な裁判が繰り広げられており、いずれも本来短期雇用を前提にした契約社員が実態として長期雇用となっていることが判断の一つのポイントになっている。

　Ｕ社は、人事制度を改めたところ、新たに設けられた新一般職は旧一般職と異なり、転居を伴う転勤はなく、上位ポストへの昇進も予定されていないものであって、これらを見ると、雇用期間が無期か有期かを除けば、契約社員とさほど異なるものではない。したがって、Ｆらのように実態として雇用期間が長期に及んだ契約社員の場合、新一般職との差異が僅かになり、そうなれば手当について両者の扱いを分けることに合理性を見出すことは困難になるものと思われる。

裁判例 8 勤続30年以上の大学臨時職員の給与が新入正職員より低額

産業医科大学非正規社員労働条件相違事件

福岡地裁小倉支部平成29.10.30、福岡高裁平成30.11.29

事件の概要

　X（原告・控訴人）は、昭和55年3月に短大卒業後、産業医科大学及び同大学病院を運営する学校法人（被告・被控訴人。以下「産医大」）にアルバイトとして、同年8月1日には改めて臨時職員として採用され、大学病院歯科口腔外科で勤務をしていた。Xと産医大との間の労働契約は任期1年の有期契約であり、Xは臨時職員として採用以来、この契約を更新してきた（本件労働契約）。Xの給与は、昭和63年頃月給制になったが定期昇給はなく、平成25年度からは嘱託職員と同額の給与を支給され、賞与は年間で給与の3.95カ月分支給されていた。

　Xは、勤続30年以上となった平成23年以降の給与が年間300万円未満に止まっているところ、Xとほぼ同じ勤続年数の事務系正職員Mの平成24年度の支給総額は580万円余、Oは463万円余、Eは477万円余、Hは523万円余、Yは359万円余であることを挙げ、これら職員と比較して著しく低い金額に抑えられており、平成25年4月以降の賃金は労働契約法20条に違反するとして、不法行為に基づき、産医大に対し、差額賃金に当たる824万0750円の支払いを請求した。

第1審判決要旨

　Mについてみると、教務職員としてXと同種の業務を取り扱っていた時期があると窺えるが、幾度かの配置換え、主任、係長更には課長代理への昇任、それに伴う昇給等の経歴を有しており、加えて、昭和57年1月29日には高気圧治療技師の資格を取得するなど、これらの経歴等をして平成25年4月以降の給与額に至っていると認められる。また、Mが上記のような昇任を果たしていることから見て、責任の程度においてもXと同列に見ることは困難であるから、Mとの比較において、本件労働契

約における賃金の定めが労働契約法20条に違反するとはいえない。

　O及びEについてみると、Oは産医大に採用されて以来、動物研究セ
ンターに勤務し、多様な技術的業務に関わり、同業務に関連する特定化
学物質等作業主任者の資格を取得しており、他方、Eは産医大に採用さ
れて以来、法医学教室に勤務し、専門的・技術的業務に携わってきたも
のであって、両名とXの業務内容には歴然とした差異がある。したがっ
て、O及びEとの比較において、本件労働契約における賃金の定めが労
働契約法20条に違反するということは困難である。

　Hについてみると、Xとは比較的類似した業務を担当していたと見受
けられるが、業務の内容やその範囲、業務量等において同等のものと評
価できるだけの立証に乏しく、加えて、Hにおいては、幾度かの配置換
えや主任への昇任、これらに伴う昇給を経て、平成25年4月以降の給与
額に至っていると認められ、Hが衛生検査技師や臨床検査技師の資格を
有していることなどを併せ考慮すれば、経歴や責任の程度等においても
異なるなど、XとHが同様の業務を取り扱っているとの単純な比較をす
ることは困難である。したがって、Hとの比較において、本件労働契約
における賃金の定めが労働契約法20条に違反するとまでいうことはでき
ない。

　Yについてみると、事務職としてXと類似した業務を担当してきたと
考えられるが、Hと同様に、職務の内容やその範囲、業務量等において
同等と評価できるだけの立証に乏しく、また、幾度かの配置換えや主任
への昇任、これらに伴う昇給を経て、平成25年4月以降の給与額に至っ
ていると認められ、Yが臨床検査技師の資格を有していることなどを併
せ考慮すれば、経歴や責任の程度等においても異なるなど、XとYが同
様の業務を取り扱っているとの単純な比較をすることは困難である。し
たがって、Yとの比較において、本件労働契約における賃金の定めが労
働契約法20条に違反するとはいえない。

　なお、産医大の臨時職員の制度自体は合理性を有すると考えられるが、
その経緯等に照らし、もともとXのように30年以上にもわたる長期雇用
を想定したものとは考え難い。それにもかかわらず、産医大が臨時職員

の長期雇用を解消しようと積極的な取組み等を行ったことは窺われず、遺憾なことといわなければならないが、他方、Ｘも正規職員への積極的な意欲を有していたとは見受けられない。このような状況に至った経緯については、Ｘ・産医大双方に相応の事情が存するのであろうが、いずれにしても、本件労働契約における賃金の定めが公序良俗に違反するとまで認めることはできない。

控訴審判決要旨

労働契約法20条にいう「期間の定めがあることにより」とは、有期契約労働者と無期契約労働者との労働条件の相違が期間の定めの有無に関連して生じたものをいうと解するのが相当である。これを本件についてみると、Ｘと比較対象職員（正規職員）との俸給ないし給与月額（臨時職員）（以下「基本給」）に係る労働条件の相違は、臨時職員において、正規職員に適用される就業規則のうち、採用、給与、勤務時間等について「臨時職員の取扱いに関する件」が適用されることにより生じているものである。そうすると、当該相違は期間の定めの有無に関連して生じたということができるから、臨時職員と正規職員の基本給に係る労働条件は、同条にいう「期間の定めがあることにより」相違している場合に当たる。

Ｘが、ほぼ同じ勤続年数の正規職員として比較対照する対象職員のうち、Ｏ、Ｅについては、採用以来専門的ないし技術的な業務に携わってきたものであり、その職務の内容等に照らし、賃金の定めが不合理とはいえない。もっとも、Ｈ、Ｙについてみると、Ｘと同じく大学病院において教務職員（大学の各学科に配置される事務系職員）としての業務をしたことがあるところ、Ｘにおいては、職制の変更により、現在、教務職員の業務は基本的にアルバイトが行っている。Ｈは、当時、大学事務部大学管理課主任として勤務し、Ｙは病院事務部病院管理課経営企画主任として勤務していたもので、Ｈは担当業務がＸと類似していた。しかし、Ｈが主任として教務職員の業務を遂行した神経内科の年間講義時間数は少なくとも64時間であり、Ｘの担当する歯科口腔外科の28時間の約２倍、

外部資金管理は約20倍であり、当該業務に伴う業務の範囲や責任の程度には違いがあった。また、正規職員は、大学院だけでなく全ての部署に配置される可能性があるほか、出向を含む異動の可能性があり、多数の業務を担当することが予定されている。

産医大において、正規職員には等級役職制度が設けられており、人事考課制度を通じて、職務遂行に見合う等級・役職への格付けを行い、将来、産医大の中核を担う人材として登用される可能性がある。これに対し臨時職員は、大学病院の勤務であり、規定上異動は予定されていない。また、臨時職員は、人事考課の対象ではなく、将来前記のような登用されることも予定されていない。以上のとおり、正規職員である比較対象職員と臨時職員であるＸとの間では、業務の内容及び業務に伴う責任の程度に違いがあり、実際上も相違があるといえる。しかし、労働契約法20条は、有期契約労働者と無期契約労働者との労働条件の相違が不合理と認められるか否かを判断する際に考慮する事情として「その他の事情」を挙げているところ、その内容を職務の内容及び変更範囲に関連する事情に限定すべき理由は見当たらない。

これを本件についてみると、産医大においては、正規職員について定年制を採用するが、臨時職員は１月以上１年以内と期間を限定して雇用されるもので、産医大が大学病院を開院した昭和54年から昭和57年までに新規採用され、産医大は、昭和55年から昭和62年まで、臨時職員向けの正規職員への登用を実施し、正規職員に採用された者もいたものである。そうすると、正規職員は定年制であって、長期雇用や年功的処遇を前提とするもので、その賃金体系も、当該労働者が定年退職するまでの長期雇用を前提に定められたと解されるのに対し、臨時職員は期間を限定して採用される職員であって、産医大においては、大学病院開院当時の人員不足を一時的に補う目的で採用を開始したもので、間もなく採用を中止し、正規職員への登用試験を実施するなど、臨時職員については採用当時、長期雇用を予定していなかったと推認される。しかし、実際には、Ｘは30年以上も臨時職員として産医大に雇用されている。そうすると、有期契約労働者が30年以上もの長期にわたり雇用されるという、その採

用当時に予定していなかった雇用状態が生じたという事情は、当該有期契約労働者と無期契約労働者との労働条件の相違が不合理と認められるか否かの判断において、労働契約法20条にいう「その他の事情」として考慮されることになる事情に当たるというべきである。

　産医大は、正規職員に対し、俸給、賞与のほか、退職手当を支給しているが、臨時職員に対しては、給与、賞与（支給月数は正規職員と同じ）を支給するが、原則として時間外勤務等をさせず、宿日直勤務をさせないことになっているほか、退職手当も支給しない。臨時職員は人事考課制度の対象ではなく、その給与月額は、雇用期間や職種に関わりなく、毎年一律に定められている。Ｘの基本給は、平成25年４月に18万2100円であったのに対し、Ｘと同じ頃採用されたＨは、当時37万6976円で、約２倍となっている。確かに、臨時職員と正規職員との間には、職務の内容はもとより、職務内容及び配置の各変更の範囲に違いがあるが、専門的・技術的業務に携わってきたＯ、Ｅを除くと、いずれも当初は一般職研究補助員としてＸと類似した業務に携わり、習熟度を上げるなどして、採用から６年ないし10年で主任として管理業務に携わることができる地位に昇格したものである。産医大においては、短大卒で正規職員として新規採用された場合の賃金モデルを平成24年度の俸給表を基に作成すると、概ね採用８年ないし９年で主任に昇格し、その時点での俸給は約22万2000円となり、主任昇格前は21万1600円となる。これらの事情を総合考慮すると、臨時職員と比較対象職員との比較対照期間及びその直近及びその直近の職務の内容並びに職務の内容及び配置の各変更の範囲に違いがあり、Ｘが大学病院内で同一の科での継続勤務を希望したといった事情を踏まえても、30年以上の長期にわたり雇用を続け、習熟度を上げたＸに対し、臨時職員であるとして、Ｘと学歴が同じ短大卒の正規職員が主任に昇格する前の賃金水準すら満たさず、現在では同じ頃採用された正規職員の基本給の額に約２倍の格差が生じているという労働条件の相違は、３万円の限度で不合理と評価することができ、労働契約法20条にいう不合理と認められるものに当たると解される。

2　Xの損害額

　以上によれば、Xは、平成25年4月1日から平成27年7月30日まで、正規職員であれば支給を受けることができた月額賃金の差額各3万円及び賞与（6月支給分1.9カ月分5万7000円）、12月支給分2.05カ月分6万1500円）に相当する金額（合計113万4000円の損害を被ったということができる。

 解　説

　30年もの長期にわたり臨時職員として勤務してきた者が、同様の勤続年数である正規職員との間で著しい賃金格差があり、これは労働契約法20条に違反するとして、不法行為に基づき、差額に相当する824万円余を請求した事件である。

　第1審では、Xが比較対象とした正規職員は、それぞれ困難な業務に従事したり、資格を有するなどしていることから、Xがこれらの者より賃金が低いことが労働契約20条に違反することにはならないとして請求を棄却した。これに対し控訴審では、基本的な考え方としては第1審と同様、正規職員と臨時職員との労働条件の相違を認めながら、30年もの長期にわたり勤務したXに対し、同様な勤続期間の正規職員の半額程度の賃金に留めていることは労働契約法20条にいう不合理な扱いに当たるとして、産医大に対し差額相当の一部の支払いを命じている。支払を命じられた月額3万円は、賞与を含めて年額45万円程度に当たるから、Xが比較対象とした正社員5名中最低額（359万円）の者Yとの均衡を考慮したものと推測される。

　なお、第1審では、上記のとおり、産医大は臨時職員の長期雇用を解消しようとしたことが窺われないことについて遺憾なことと指摘しながら、一方Xも正規雇用への積極的な意欲を見せなかったとして、「どっちもどっち」といった判断をしているが、産医大の対応が遺憾だというならば、何らかの賠償を命ずることによって、その意思を示すべきであったろう。

裁判例

9　アルバイト職員に賞与、各種手当不支給
大阪医科薬科大学アルバイト職員労働条件相違事件

大阪地裁平成30.1.24、大阪高裁平成31.2.15、最高裁令和2.10.13

事件の概要

　X（原告・控訴人・被上告人兼上告人）は、平成25年1月29日、本件大学（被告・被控訴人・上告人兼被上告人）との間で同年3月31日まで、就業場所を本件大学薬理学教室、主たる業務内容を教室事務とする本件雇用契約を締結し、以後アルバイト職員として、1年間の雇用契約を更新しながら本件大学に在籍していた。Xは、平成27年3月9日から退職する平成28年3月31日までの間適応障害により出勤しなかったが、この間平成27年5月15日までは年休扱い、その後は欠勤扱いとされた。Xの在籍当時、本件大学の職員には、正職員、契約職員、アルバイト職員、嘱託職員の4種類があり、無期雇用は正社員のみで、正社員と契約社員はフルタイムであるが、アルバイト職員でフルタイムはXを含め4割程度であった。

　Xは、平成28年3月31日以降、雇用契約を更新されなかったところ、①本件雇用契約において定められた労働条件は無期雇用職員のそれを下回っており、労働契約法20条に違反するとして、主位的には無期雇用職員と同様の労働条件が適用されることを前提として、また予備的には同条に違反する労働条件を適用することは不法行為に当たるとして、無期雇用職員との差額賃金等合計1038万1660円の支払、②不法行為に基づく慰謝料等136万5347円の支払いを請求した。

　第1審では、本件における有期雇用職員と正職員との労働条件の相違は期間の定めの有無に関連して生じたと認めながら、正職員は他の部門に配置転換される可能性があること、Xの月額賃金総額は新規採用正職員の55％程度であるが、正職員は多種多様な事務に従事し得るかどうかという観点で採用されていること、アルバイト職員にも正職員への登用の道が開かれていることに照らせば、本件大学における正職員とアルバ

イト職員の賃金水準の相違は能力を基礎としたものであり、本人の能力や努力如何で克服可能であることなどを理由としてXの請求を棄却した。

控訴審判決要旨

1　労働契約法20条の趣旨について

（1）労働契約法20条は、有期契約労働者と無期契約労働者との間で労働条件に相違があり得ることを前提に、職務の内容、当該職務の内容及び配置の変更の範囲その他の事情（職務の内容等）を考慮して、その相違が不合理なものであってはならないとするものであり、職務の内容等の違いに応じた均衡のとれた処遇を求める規定と解される。

（2）労働契約法20条は、有期契約労働者と無期契約労働者の労働条件が期間の定めがあることにより相違していることを前提としているから、両者の労働条件が相違しているだけで同条を適用することはできない。一方、期間の定めがあることと労働条件が相違していることとの関連性の程度は、労働条件の相違が不合理と認められるものに当たるか否かの判断に当たって考慮すれば足りる。

（3）労働契約法20条は、職務の内容等が異なる場合であっても、その違いを考慮して両者の労働条件が均衡のとれたものであることを求める規定であるところ、両者の労働条件が均衡のとれたものであるか否かの判断に当たっては、労使間の交渉や使用者の経営判断を尊重すべき面がある。したがって、同条にいう「不合理と認められるもの」とは、有期契約労働者と無期契約労働者との労働条件の相違が不合理と評価できるものであることをいうと解するのが相当である。そして、当該相違が不合理であるとの評価を基礎付ける事実については、当該相違が同条に違反することを争う者が、それぞれの主張立証責任を負うと解される。

（4）労働者の賃金に関する労働条件の在り方については、基本的には団体交渉等による労使自治に委ねられるべき部分が大きいといえる。そして、労働契約法20条は、有期契約労働者と無期契約労働者との労働条件の相違が不合理と認められるものであるか否かを判断する際に考慮する事情として「その他の事情」を挙げている。したがって、両者の労働

条件の相違が不合理と認められるものであるか否かを判断する際に考慮されることとなる事情は、労働者の職務内容及び変更範囲並びにこれらに関連する事情に限定されるものではない。

2 期間の定めがあることを理由とする相違に当たるか

賃金、賞与等Ｘが主張する正職員との労働条件の相違は、アルバイト職員と正職員とでそれぞれ異なる就業規則等が適用されることにより生じているものであるから、当該相違は期間の定めの有無に関連して生じたといえる。したがって、Ｘと正職員の上記労働条件は、同条にいう期間の定めがあることにより相違している場合に当たる。

3 不合理な労働条件の相違に当たるか

（1）比較対象者及び本件大学の休業規程等の適用範囲について

Ｘと正職員との労働条件の相違が不合理か否かを判断するために比較対照すべき無期契約労働者は、本件大学の正職員全体であり、かつ、Ｘの労働条件はアルバイト就業規則に定められていることにより、他の規程が適用されるものではない。正職員には配転の可能性があり、どの部署に配転されても一定の要求水準に見合った労務の提供を期待されており、正職員の労働条件が単一の就業規則をもって定められていることからすれば、Ｘが主張するように教室事務員という一部署の正職員を比較対象とすることは適切ではない。

（2）賃金（基本給）について

基本給の対象者は、Ｘが平成25年1月29日に採用されたことからすると、正職員全体の中でも、これに近接した時期である同年4月1日付けで採用された正社員とするのが相当である。①アルバイト職員は時給制であるのに対し、正職員は月給制であること、②Ｘの時給は950円（採用当初）であったが、平成25年4月新規採用の正職員の初任給は19万2570円であったことが認められる。そして、Ｘの平均賃金月額は14万9170円であり、上記正職員との間には2割程度の賃金格差が認められる。

正職員の業務は多岐にわたっている上、業務に伴う責任も大きく、あらゆる部署への異動の可能性があったこと、一方アルバイト職員が行う事務は、教室事務員以外の者でみると、書類のコピーや製本等の定型的

な事務であり、教室事務員においても、所属する教授等のスケジュール管理・日程調整、備品管理等の定型的で簡便な業務や雑務が大半であり、配置転換は、産休の代替要員として採用した者を産休取得者の復帰に伴い他部署に異動させた例など例外的であったことが認められる。そして、正職員は期間を定めず、部署を限定せずに採用し、かつ、多数の応募者の中から選定して採用するものであること、アルバイト職員は、期間を定め、特定の業務に限定して募集・採用をしていたことが認められる。このように、正職員とアルバイト職員とでは、職務も、配転の可能性も、採用に際し求められる能力も相当に相違があったというべきである。さらに、正職員には原則として勤務年数により昇給の道が開かれているのに対し、アルバイト職員には原則として職務の変更がない限り時給の変動がないと定められていることを併せ考慮すると、正職員の賃金は勤務年数に伴う職務遂行能力の向上に応じた職能給的な賃金、アルバイト職員の賃金は特定の簡易な作業に対応した職能給的な賃金としての性格を有していたといえる。

　以上のとおり、職務、責任、異動の可能性、採用に際し求められる能力に大きな相違があること、賃金の性格も異なることを踏まえると、正職員とアルバイト職員で賃金水準に一定の相違が生じることも不合理とはいえず、その相違は約２割にとどまっていたことからすると、そのような相違が不合理とは認めるに足りない。

（３）賞与について

　正職員には年２回の賞与が支払われている一方、アルバイト職員には賞与は支給されない。なお、契約職員には正職員の80％に当たる額の賞与が支給されている。本件大学における賞与が、正職員として賞与算定期間に在籍し、就労していたことそれ自体に対する対価としての性質を有する以上、同様に在籍し、就労していたアルバイト職員、とりわけフルタイムのアルバイト職員に対し、額の多寡はあるにせよ、全く支給しないとすることは不合理というほかない。もっとも、不合理性の判断において使用者の経営判断を尊重すべき面があることは否定し難く、正職員とアルバイト職員とでは、実際の職務も求められる能力にも相当の相

違があったといえるから、アルバイト職員の賞与算定期間における功労も相対的に低いことは否めない。これらのことからすれば、フルタイムのアルバイト職員とはいえ、賞与の額を正職員と同額としなければ不合理とまではいえない。本件大学が契約職員に対し正職員の80％の賞与を支払っていることからすれば、Xに対し、正職員全体のうち平成25年4月1日付けで採用された者の賞与の支給基準の60％を下回る支給しかない場合は不合理な相違というべきである。

（4）年末年始や創立記念日の休日における賃金の支給について

　年末年始及び創立記念日の休日については、アルバイト職員は休日が増えればそれだけ賃金が減少するが、正職員は賃金が減額されないという違いがあるが、これは、一方が時給制、他方は月給制を採用したことの帰結にすぎず、このような相違をもって不合理とはいえない。

（5）年休の日数について

　年休の日数に1日の相違が生ずるとしても、これを労契法20条に違反する不合理な労働条件の相違ということはできない。

（6）夏期特別有給休暇について

　正職員には夏期に5日の特別休暇が付与されるのに対し、アルバイト職員には付与されない。確かに、正職員は長期にわたり継続してフルタイムで就労することが想定されており、時間外労働も相対的に長いことから、1年に1度、夏期にまとまった有給休暇を付与することには意味がある。しかし、アルバイト職員であっても、フルタイムで勤務している者は、職務の違いや多少の労働時間の相違はあるにせよ、夏期に相当程度の疲労を感じることは想像に難くない。そうであれば、少なくともXのように年間を通じてフルタイムで勤務しているアルバイト職員に対し、正職員と同様の夏期特別休暇を付与しないことは不合理というほかない。

（7）私傷病による欠勤中の賃金及び休職給について

　私傷病で欠勤した場合、正職員には6カ月間の賃金が全額支払われ、6カ月経過後は休職を命ぜられた上で休職給として標準賃金の2割が支払われるが、アルバイト職員は私傷病によって労務を提供できない場合、使用者には賃金の支払義務がないのが原則である。しかし、アルバイト

職員も契約期間の更新はされるので、その限度では一定期間の継続した就労もし得るし、フルタイムで勤務し、一定の習熟した者については、職務に対する貢献の度合いもそれなりに存するといえ、一概に代替性が高いとはいい難い部分もあり得る。そのようなアルバイト職員には生活保障の必要性があることも否定し難いことからすると、アルバイトというだけで一律に私傷病による欠勤中の賃金支給や休職給の支給をしないことには合理性があるとはいい難い。フルタイム勤務で契約期間を更新しているアルバイト職員に対し私傷病による欠勤中の賃金支給を一切行わないこと、休職給の支給を一切行わないことは不合理というべきである。もっとも、正職員とアルバイト職員の、長期間継続した就労の可能性、それに対する期待についての本来的な相違を考慮すると、両者の間において、私傷病により就労できない期間の賃金の支給や休職給の支給について一定の相違があること自体は一概に不合理とまではいえない。アルバイト職員の契約期間は1年が原則であり、契約更新があり得るとしても当然に長期雇用が前提とされているわけではないことを勘案すると、私傷病による賃金支給につき1カ月分、休職給の支給につき2カ月分を下回る支給しかないときは、正職員との労働条件の相違が不合理というべきであるが、これと同程度または上回るときは不合理とは認められれない。

（8）附属病院の医療費補助措置について

附属病院受診の際の医療費補助措置は恩恵的な措置というべきであって、労働条件に含まれるとはいえず、正職員とアルバイト職員との間の相違は労契法20条に違反する不合理な労働条件の相違とはいえない。

4　損害の有無及びその額

Xに対し、賞与を支給していないこと、夏期特別休暇を付与しないこと、私傷病による欠勤中の賃金及び休職給を支給しないことは、正職員全体の労働条件と比較対照して、その相違が不合理というべきである。

本件大学がXに対し賞与を支給しないことは、正職員全体のうち平成25年4月1日付けで採用された者の賞与の支給基準の60%を下回る支給しかしない限度で労契法20条に違反する不合理な相違と解される。平成

25年度及び平成26年度において、本件大学がXに対し労契法20条に違反する労働条件（賞与の不支給）を適用したことによってXが喪失した損害額は70万3750円となる。本件大学がXに対し平成25年度及び平成26年度に各5日の夏期特別休暇を付与しなかったことは、労契法20条に違反する不合理な相違と解される。そうすると、Xは、同年度に各5日の有給休暇を取得できなかったことで、平均日額賃金の各5日分合計5万0155円の損害を被ったと認められる。本件大学がXに対して私傷病で欠勤中に賃金を支給せず、休職給も支給しないことは、私傷病で欠勤中の賃金1カ月分、休職給2カ月分を下回る賃金及び休職給しか支給しない限度で労契法20条に違反する不合理な相違と解される。そうすると、Xは、欠勤直前の賃金の1カ月分15万5677円と、その休職給2カ月分である6万2270円及び私学共済の資格喪失に伴う掛金の増額2万2930円、合計24万0877円の損害を被ったと認められる。慰謝料請求は認められず、弁護士費用は10万円が認められる。

上告審判決要旨

（1）賞与について

　本件大学の正職員に対する賞与は、通年で基本給の4.6カ月分が一応の基準となっており、その支給実績に照らすと、業績に連動するものではなく、労務の対価の後払いや一律の功労報償、将来の労働意欲の向上等の趣旨を含むものと認められる。そして、正職員の基本給については、勤務成績を踏まえて勤続年数に応じて昇給するものとされており、勤続年数に伴い職務遂行能力の向上に応じた職能給の性格を有するといえる上、概ね、業務の内容の難度や責任の程度が高く、人材の育成や活用を目的とした人事異動が行われていた。このような正職員の賃金体系や求められる職務遂行能力及び責任の程度等に照らせば、正職員としての職務を遂行し得る人材の確保やその定着を図るなどの目的から、正職員に対して賞与を支給することとしたものといえる。そして、Xにより比較の対象とされた教室事務員である正職員とアルバイト職員であるXの労働契約法20条所定の「業務の内容及び当該業務に伴う責任の程度（職務の内容）

をみると、相当に軽易であることが窺われるのに対し、正職員はこれに加えて、学内の英文学雑誌の編集事務等、病理解剖に関する遺族等への対応や部門間の連携を要する業務又は毒劇物等の試薬の管理業務等にも従事する必要があったのであり、両者の職務の内容に一定の相違があったことは否定できない。また、正職員については人事異動を命ぜられる可能性があったのに対し、アルバイト職員については原則として業務命令によって配置転換されることはなく、両者の職務の内容及び配置の変更の範囲に一定の相違があったことも否定できない。さらに、本件大学は、教室事務員の業務の過半が定型的で簡易な作業であったため、平成13年頃から、一定の業務等が存在する教室を除いてアルバイト職員に置き換えてきたもので、その結果、Xが勤務していた当時、教室事務員である正職員は4名にまで減少することになった。また、アルバイト職員については、契約職員及び正職員へ段階的に職種を変更するための試験による登用制度が設けられており、これらの事情については、労働契約法20条所定の「その他の事情」として考慮するのが相当である。

そうすると、正職員に対する賞与の性質やこれを支給する目的を踏まえて、教室事務員である正職員とアルバイト職員の職務の内容等を考慮すれば、正職員に対する賞与の支給額が概ね通年で基本給の4.6カ月分であり、そこに労務の対価や後払いや一律の功労報償の趣旨が含まれていることや、正職員に準ずるとされる契約社員に対して正職員の80%に相当する賞与が支給されていたこと、アルバイト職員であるXに対する年間の支給額が平成25年4月の新規採用正職員の基本給及び賞与の合計額と比較して55%程度に止まることを斟酌しても、教室事務員である正職員とXとの間に賞与に係る労働条件の相違があることは、不合理とまで評価することはできない。

以上によれば、本件大学の教室事務員である正職員に対して賞与を支給する一方で、アルバイト職員であるXに対してこれを支給しないという労働条件の相違は、労働契約法20条にいう不合理なものと認められるものには当たらない。

（2）私傷病による欠勤の賃金について

　正職員とアルバイト職員の間では、前記のような職務の内容等に係る事情に加えて、アルバイト職員は契約期間を1年以内とし、長期雇用を前提とした勤務を予定しているとはいい難いことにも照らせば、教室事務員であるアルバイト職員は、上記のように雇用を維持し確保することを前提とする制度の趣旨が直ちに妥当するとはいえない。また、Xは、勤務開始後2年余で欠勤扱いとなり、欠勤期間を含む在職期間も3年余に止まり、その勤務期間が相当の長期に及んでいたとはいい難く、Xの有期労働契約が当然に更新され契約期間が継続する状況にあったことを窺わせる事情も見当たらない。したがって、教室事務員である正職員とXとの間に私傷病による欠勤中の賃金に係る労働条件の相違があることは不合理と評価することはできない。以上によれば、本件大学の教室事務員に対して私傷病による欠勤中の賃金を支給する一方で、アルバイト職員であるXに対してこれを支給しないという労働条件の相違は、労働契約法20条にいう不合理と認められるものに当たらないと解するのが相当である。

（3）以上と異なる原審の判断は、棄却すべきである。以上によれば、Xの請求は、夏期特別有給休暇の日数分の賃金に相当する損害金5万0101円及び弁護士費用相当額5000円の支払いを求める限度で理由がある。

	第1審	控訴審	上告審
基本給	×	×	×
賞与	×	○	×
年末年始・創立記念日における賃金	×	×	×
年休日数	×	×	×
夏期特別有給休暇	×	○	○
私傷病による欠勤中の賃金及び休職給	×	○	×
附属病院の医療費補助措置	×	×	×

（注）〇は労働契約法20条の「不合理と認められるものに当たる」と判断されたもの、×は不合理とは認められないと判断されたもの。

 解説

　1年契約のアルバイト職員と、正職員の労働条件の相違の是非が争われた事件である。

　本件大学では、有期契約職員は、契約職員、アルバイト職員、嘱託職員の3つに分かれ、契約職員は、賞与も正職員の80％が支給されるなど、正職員に近い扱いを受けていたが、Xらアルバイト職員は、契約更新により長期継続雇用されたとしても、基本給の額が新卒正職員の80％弱、賞与を含めれば55％程度に抑えられていた。Xの基本給については、第1審から上告審まで、正職員との業務内容、転勤の有無等を勘案して、賞与を含めた新卒正職員基本給の55％を労働契約法20条に違反するものではないと判断している。

　確かに、正職員とアルバイト職員とでは職務の内容も異なり、転勤の可能性等、重要な労働条件の面で種々異なるといえるが、長期間勤務したアルバイト職員の基本給の額が新卒正職員の55％にとどまること、その主な原因となる賞与について、有期契約社員には正職員の80％を支給しながら、Xらアルバイト職員に対して一切支給しないことが果たして不合理な相違に当たらないといえるか、最高裁の判断には疑問が残るところであり、正職員の60％の支給を要するとした高裁の判断の方がバランスの取れた判断と思われる。

　もっとも、本件の場合、Xが本件大学と労働契約を締結していた期間は約3年2カ月であり、そのうち後半の1年強は病気のために就労していなかったものであり、こうしたXの勤務実態が本件最高裁判決を導いたとも考えられるが、Xのそうした勤務実態を捉えて、Xに厳しい判決を下すのであれば、基本論としては高裁判決を踏まえつつ、本件の特殊事情を指摘して判決を導くべきであったと思われる。

裁判例

10 短時間社員に対し通勤手当に格差、皆勤手当不支給
九水運輸商事通勤手当、皆勤手当相違事件

福岡地裁小倉支部平成30.2.1、福岡高裁平成30.9.20、最高裁平成31.3.6

事件の概要

　X、Y、Z及びW（いずれも原告。以下「Xら」）は、一般貨物自動車運送事業を業とするK社（被告）との間で雇用期間を3カ月とする労働契約を締結している短時間社員であり、全国一般労働組合福岡地方本部北九州支部K社分会に所属している。Xらは、いずれもK社において、平成24年から労働契約の更新をしながら、短時間社員として勤務していた。荷役作業に従事する正社員の勤務時間は、所定労働時間7時間であるが、短時間社員の労働時間は3時間半から6時間となっており、X及びYは4時間勤務である。Xらはいずれも自家用車で通勤しており、通勤費用の実費は月額1万円を超えている。

　K社は、就業規則を全面改定し、短時間社員についても従前の取扱いを改め、新パートタイマー就業規則で各手当を定めた。これによると、短時間社員の賃金構成は、基本給、時間外勤務手当、休日勤務手当、深夜勤務手当及び通勤手当であり、皆勤手当は廃止された。Xらは、正社員と同じ業務をしながら、正社員には通勤手当1万円を支給し、短時間社員には5000円しか支給しないこと（本件相違）は、労働契約法20条が禁止する不合理な差別に当たるとして、K社に対し、差別された通勤手当の支払いを求めるとともに、廃止された皆勤手当は労働契約法10条に基づきなお効力を有するとして、不法行為に基づき、皆勤手当に相当する金額を請求した。

判決要旨

1　Xらの通勤手当の差額支払請求権について

（1）労働契約法20条の適用関係

　労働契約法20条の「期間の定めがあることにより」とは、有期契約労

働者と無期契約労働者の間の労働条件の相違が、期間の有無に関連して生じたものであることを要すると解するのが相当である。本件の短時間社員の労働契約は、期間の定めのあるものであるところ、その内容である通勤手当の定めは、正社員の通勤手当の定めと相違しているから、労働契約法20条が施行された平成25年4月1日以降、本件の有期労働契約には同条の規定が適用されることになる。

（2）労働契約法20条違反の有無及びその効果

ア　労働契約法20条違反の有無

　Xらは、いずれも概ね25分から40分程度かけて自家用車で通勤しており、その通勤の実費は1万円を超えているから、Xらが受給している通勤手当は、Xらの通勤費用を補填する役割を果たしているとみることができる。一方で、通勤手当として一定額を支給することは、K社にとっては事務手続を省力化できる利点があり、当該支払方法を採ったからといって直ちにこれが通勤手当としての性格を失うとみることは相当ではない。

　K社が通勤手当を設けた理由は、求人に有利というものであり、それ自体、本件相違の合理性を肯定できる理由とは考え難い。また、短時間社員と正社員のいずれの職務内容も、北九州中央卸売市場での作業を中核とするものであるから、いずれも仕事場への通勤を要し、かつ、その通勤形態としても、多くの者が自家用車で通勤しているという点で両者には相違がないのであって、通勤手当の金額を定めるに当たり、正社員の通勤経路などを調査した上でこれを定めたわけでもない。そうすると、本件相違に合理的な理由は見出せず、職務内容の差異等を踏まえても、本件相違は不合理なものといわざるを得ない。したがって、本件相違は労働契約法20条に違反する。

イ　本件における労働契約法20条違反の効果について

　短時間社員の労働条件は旧パートタイマー就業規則によって定められ、他方で正社員の労働条件は旧就業規則及び旧給与規程で、それぞれ定められることとされていたから、仮に旧パートタイマー就業規則に通勤手当に関する規定が存在し当該規定が無効になったとしても、

旧給与規程に定められている正社員の労働条件が短時間社員に適用されると解するのは困難である。そうすると、仮に労働契約法20条に違反する効果として労働条件の一部無効という法的効果を肯定するとしても、これによって、Xらに労働契約に基づきK社に対して通勤手当の格差分の支払請求権があるとは解されない。K社による前記の不合理な取扱いが長年継続され、労働契約法20条が規定された後も改められることなく同様の取扱いを継続していたことなどからすれば、不法行為が成立すると認めるのが相当である。そして、Xらは、いずれも通勤費用の実費が1万円を超え、既支給の通勤手当を超える額が月当たり5000円と主張し、K社もこれを認めていることからすれば、Xらの損害は、いずれも、平成25年4月1日以降に支払日が到来した同月から本件改定が適用される平成26年10月までの19カ月間について月当たり5000円の合計9万5000円と認められる。Xらの差額賃金支給を理由とする慰謝料請求は認められない。

2 本件改定による皆勤手当の廃止が労働契約法10条に基づき効力を有するか

(1) 新パートタイマー就業規則を労働者に周知させたか

使用者が就業規則の変更により労働条件を変更する場合において、変更後の就業規則を労働者に周知させ、かつ、就業規則の変更が、労働者の受ける不利益の程度、労働条件の必要性、変更後の就業規則の相当性、労働組合等との交渉の状況その他の就業規則の変更に係る事情に照らして合理的なものであるときは、労働契約の内容である労働条件は、当該変更後の就業規則の定めによるものとされる(労働契約法10条)。新就業規則等はK社の総務に備え付けられ、K社から労働者に対してその備付け場所が周知され、従業員からの申出があれば閲覧が可能であったと認められるから、K社は、新パートタイマー就業規則を労働者に周知させていたといえる。

(2) 就業規則の変更が合理的なものといえるか

月額5000円は、Xらの賃金支給総額の5%に当たる金額であり、ほぼ毎月皆勤手当の支給を受けられていたという実態も考慮すると、本件改

定による不利益の程度が僅少とはいい難く、また賃金に関する不利益変更であるから、その合理性については厳格に判断されなければならない。K社は、本件協定による計画年休制度の導入によって、Ｘらの実際の労働日数は変わらないまま、年休取得に伴う平均賃金を受け取ることになるため、Ｘらに皆勤手当の廃止による不利益はなく、皆勤手当より安定した賃金を得るメリットがあると主張する。しかしながら、計画年休制度によって直ちにＸらが何らかの利益を受けるとは考え難い。また、短時間社員を含む従業員に年次有給休暇を取得する権利があること自体は当該変更前後を問わず変わらないから、これを利益といえるかどうかについては疑問なしとしない。さらにK社は、１年間で14日分の賃金（６万4750円）が増加したことになり、皆勤手当ての廃止による損失分（年間６万円）が補填されるとも主張するが、当該増加分の賃金は、所定労働日数の増加に必然的に伴うものであるから、これをもって皆勤手当ての廃止に対する代償措置に当たるとはいえない。そうすると、本件協定による計画年休制度は、皆勤手当の廃止に伴う不利益の緩和措置または代償措置として相当なものとはいい難い。

　皆勤手当の廃止の必要性について、K社は給与計算の簡素化と業績悪化を主張するが、皆勤手当の計算がさほど煩雑とは直ちに認め難い。また、本件改定後も正社員については皆勤手当を残置していることからすると、短時間社員についてのみ計算の簡素化を図る合理性にも乏しく、K社の業績の悪化やその程度を裏付ける的確な証拠は存しない。これに加えて、本件改定前にＸらが結成した労働組合との交渉が行われた形跡はない。

（3）小括

　以上のとおり、本件改定のうち、皆勤手当の廃止に係る部分について合理性がなく、労働契約法10条所定の要件を満たさない。したがって、ＸらはK社に対し、労働契約に基づき、皆勤手当の支払請求権を有する。一方、将来にわたって皆勤手当の支払いを求める部分については、Ｘらが皆勤手当の支給要件を満たすとは必ずしもいえず、その支給を受けるべきか否かが未だ不明であるから、これを却下する。

　本件は、控訴、上告されたが、いずれも棄却された。

解説

　本件の争点は、短時間社員と正社員との間における通勤手当の額の相違（月額5000円）及び皆勤手当（月額5000円）の廃止の可否である。

　K社の通勤手当は、正社員には月額1万円、Xら短時間社員には月額5000円と一律に支給されているが、これは事務の手間を考慮したためのようで、その基本的な性格は通勤実費の補填ということができる。そうだとすれば、正社員も短時間社員も、通勤距離が同じである限り、必要な通勤費は同一であり、一律支給とするのであれば、両者を同額にすべきことは論を待たない。本判決は、この考え方に立って、K社に対し、Xらに正社員との通勤費の差額相当額の支払いを命じている。

　K社は、平成26年11月以降、正社員の通勤手当を月1万円から5000円に減額し、短時間労働者と同額としたため、この点についての両者の労働条件の相違は解消された。ただ、これについては、正社員の立場からすれば労働条件の不利益変更に該当するからその合理性の有無が問われることとなろう。

　また、皆勤手当の廃止について、K社は、これまで年休が余り消化されていなかったところ、計画年休を導入したことにより休日が増え、賃金は変わらないことから、Xらは皆勤手当を上回る利益を受けたという奇妙な主張をしている。計画年休制度の導入によって、Xらの年休取得日数が実態として増加したのか否かは定かでないが、仮に増加したからといって、それが手当を削減する正当な理由となるはずがない。むしろ、K社は、計画年休導入以前に、Xらが十分な年休を取得できないでいたとすれば、そのことについて雇用主として厳しく反省すべきであろう。

11 有期契約労働者に対し各種手当不支給
井関松山製造所有期契約社員各種手当不支給事件

松山地裁平成30.4.24、高松高裁令和元.7.8

事件の概要

　X、Y及びZ（いずれも原告・控訴人兼被控訴人。以下「Xら」）は、農業用機械器具の製造販売等を業とするI社（被告・被控訴人兼控訴人）において、トラクター等の農業機械の製造に係るライン業務を担当していた。Xらはいずれも平成19年7月16日にI社との間で期間6カ月の有期労働契約を締結し、その後同労働契約を更新することにより、Xは平成27年7月以降、Yは平成20年8月以降、Zは平成26年8月以降、いずれも製造部エンジン課に所属して業務に従事していた。

　Xらは、無期契約労働者に支給される手当が有期契約労働者に支給されないことは、労働契約法20条に定める不合理な相違に当たり違法であるとして、I社に対し、無期契約労働者と同じ基準による賞与、家族手当、住宅手当及び精勤手当の支給を請求した。

第1審判決要旨

1　労働契約法20条違反の成否について

（1）本件手当等の支給に関する相違

　有期契約労働者であるXらには、賞与と同様の性質を有する寸志が一季5万円のみ支給され、家族手当、住宅手当及び精勤手当は支給されないのに対し、無期契約労働者には賞与支給基準により賞与が支給され、その平均賞与額は一季35万円を超え、家族手当、住宅手当及び精勤手当が支給され、本件手当等の支給に関して、Xらと無期契約労働者の間で相違がある（本件相違）。本件相違は、Xらと無期契約労働者で適用される就業規則が異なることによって生じていることから、各要素を考慮して不合理と認められる場合には労働契約法20条に違反することとなる。

（2）労働契約法20条違反の有無に関する判断枠組み

　労働契約法20条は、有期契約労働者と無期契約労働者の間の労働条件の相違について「不合理なものであってはならない」と規定し「合理的でなければならない」との文言を用いていないことに照らせば、同条は、当該労働条件の相違が不合理と評価されるかどうかを問題としているというべきであり、そのような相違を設けることについて合理的な理由があることまで要求する趣旨ではないと解される。そして、同条は、両者の労働条件の相違が不合理と認められるか否かの考慮要素として、①職務の内容、②当該職務の内容及び配置の変更の範囲のほか、③その他の事情を挙げ、その他の事情について、上記①及び②のほかに特段の制限を設けていないことからすると、労働条件の相違が不合理と認められるか否かについては、諸事情を幅広く総合的に考慮して、個々の労働条件ごとに判断すべきものと解される。

（3）Xらと無期契約労働者の職務内容等の相違等

ア　業務の内容の相違

　Xは定常業務に関し、無期契約労働者と同一の業務に従事していると認められる。一部の加工工程は無期契約労働者のみが担当しているが、ギアケースラインについては、加工工程についてもXと無期契約労働者が三交替制で勤務しているから、両者で相互に代替可能な業務と認められる。Yは、1日生産台数が100台以上の時は、無期契約労働者Hと組立作業の前半と後半に分かれて作業を行うところ、その前半と後半で難易度に差はなく、1日生産台数が100台未満の際には、そもそも組立作業全体をYが担当している。したがって、Yのサブ組立ラインにおける定常業務はHら無期契約労働者の作業と同一と認められる。Zは、他の無期契約労働者と三交替制であるため、他の無期契約労働者と同一の業務に従事している。以上によれば、Xらと同一のラインに配属された無期契約労働者との間で、その定常業務の内容には相違がないと認められる。

　管理業務及び新機種関連業務は、職制に就任している者のほか、ラインごとの組長と同等の能力を持った無期契約労働者のみに割り当てられ、有期契約労働者は、その職務遂行能力にかかわらず当該業務を

担当することはない。したがって、職制に就かず、Xらと同一の製造ラインに配属された無期契約労働者の一部の者については、Xら有期契約労働者とは異なる業務を担当している点で、Xらの業務内容とは相違していると認められる。

　以上のとおり、Xらと同一の製造ラインに配属された無期契約労働者との間で、その定常業務の内容に相違はなく、管理業務及び新機種関連業務は無期契約労働者のうち一部について業務が異なるにすぎないこと等からすると、Xらと比較対象となる無期契約労働者との業務の内容に大きな相違があるとはいえない。

イ　業務に伴う責任の程度に関する相違

　作業ミスが発生した場合、有期契約労働者と無期契約労働者のいずれにも報告書の提出が義務付けられている点で差異はない。また、現に発生したミスについて、その対応手続を決めるのは、職制に就任している者またはそれと同等の能力を持つ無期契約労働者の一部であって、無期契約労働者全体と有期契約労働者全体で相違があるものではない。他方で、品質不具合の再発防止の継続実施及び改善対応については、有期契約労働者はその責任を負わない。したがって、職制に就かず、Xらと同一の製造ラインに配属された無期契約労働者であっても、ミスの発生時及び発生後の対応の程度が異なっており、無期契約労働者と有期契約労働者で業務に伴う責任の程度が一定程度相違していると認められる。

ウ　職務の内容及び配置の変更の範囲に関する相違

　Ｉ社においては、有期契約労働者が職制に就くことはないが、無期契約労働者は、将来重要な役割を担うことを期待されて、定期的な研修が実施されているほか、職能資格の昇格時には特定の通信教育のカリキュラムの受講が義務付けられるなど、継続的な教育訓練と長期間の勤務経験を積みながら育成されるものと認められる。したがって、有期契約労働者を中途採用制度により無期契約労働者とする場合であっても、職制に就任させるためには３年程度の無期契約労働者としての勤務経験を経ることが必要である。したがって、Xらと無期契約労働

者との間には、職務の内容及び配置の変更の範囲に関して、人材活用の仕組みに基づく相違があると認められる。

エ　その他の事情

　　中途採用はほぼ毎年実施されており、現に平成28年２月時点ではＩ社において採用された無期契約労働者であって職制にある11名のうち９名が有期契約労働者から中途採用されており、無期契約労働者と有期契約労働者の地位が必ずしも固定的でないことは、本件相違の不合理性を判断する際に考慮すべき事情といえる。

（４）本件相違の合理性

ア　賞与

　　一般的に、賞与は、賃金の後払いとしての性質に加え、従業員が継続勤務したことに対する功労報償及び将来の労働に対する勤労奨励といった複合的な性質を有すると解されており、これらの性質については、無期契約労働者だけでなく有期契約労働者にも及び得る。しかし、無期契約労働者と有期契約労働者で業務に伴う責任の程度が一定程度相違していること、無期契約労働者に対してはより高額な賞与を支給することで、有為な人材の獲得と定着を図るとことにも一定の合理性が認められること、Ｘらにも夏季及び冬季に各５万円の寸志が支給されていること、中途採用制度により有期契約労働者から無期契約労働者になることが可能でその実績もあり、両者の地位は必ずしも固定的でないことを総合して勘案すると、一季30万円以上の差が生じている点を考慮しても、賞与におけるＸらと無期契約労働者の相違が不合理とまでは認められない。労働契約法20条は、有期契約労働者と無期契約労働者の間の相違が不合理なものであることを禁止した規定であり、同一労働同一賃金の原則を定めたものと解することはできない。

イ　家族手当

　　Ｉ社においても、家族手当は生活補助的な性質を有しており、労働者の職務内容等とは無関係に、扶養家族の有無、属性及び人数に着目して支給されている。その性質及び支給条件からすれば、家族手当が無期契約労働者の職務内容等に対応して設けられたとみることは困難

であり、配偶者及び扶養家族がいることにより生活費が増加することは有期契約労働者でも変わりがないから、無期契約労働者に家族手当を支給するにもかかわらず、有期契約労働者に家族手当を支給しないことは不合理である。

ウ　住宅手当

　　　　Ｉ社の住宅手当は、住宅費用の負担の割合に応じて対象者を類型化して費用を補助する趣旨と認められ、住宅手当が無期契約労働者の職務内容等に対応して設定されたと認めることは困難であり、有期契約労働者であっても、住宅手当を負担する場合があることに変わりはない。したがって、無期契約労働者に住宅手当を支給し、有期契約労働者には住宅手当を支給しないことは不合理と認められる。

エ　精勤手当

　　　　精勤手当の趣旨としては、少なくとも、月給者に比べて月給日給者の方が欠勤日数の影響で基本給が変動して収入が不安定であるため、かかる状態を軽減する趣旨が含まれると認められる。他方で、無期契約労働者に対して精勤に対する見返りを支給し、会社に対する貢献の増大を図るために精勤手当が設定されたと認めるに足りる証拠はない。そして、有期契約労働者は時給制であり、欠勤等の時間については１時間当たりの賃金額に欠勤等の合計時間数を乗じた額を差し引くものとされ、欠勤日数の影響で基本給が変動し収入が不安定になる点は月給日給者と変わりはない。したがって、無期契約労働者の月給日給者には精勤手当を支給し、有期契約労働者には精勤手当を支給しないことは不合理と認められる。

オ　以上のとおり、家族手当、住宅手当及び精勤手当については労働契約法に違反するが、賞与については違反しない。

2　労働契約法20条の効力（補充的効力の有無）について

（1）労働契約法20条に違反する労働条件の定めは無効というべきであり、同条に違反する取扱いは民法709条の不法行為が成立する場合があり得る。そして、労働契約法20条は、これに違反した場合の効果として、同法12条や労働基準法13条に相当する補充的効力を定めた明文の規定を設けて

おらず、労働契約法20条により無効と判断された有期契約労働者の労働
条件をどのように補充するかについては、無期契約労働者との相違を前
提とした人事制度全体との整合性を考慮した上、労使間の個別的または
集団的な交渉に委ねられるべきである。この点、労働契約法改正の際の
国会審議、施行通達において、基本的には無期契約労働者と同じ労働条
件が認められると解されるとされているが、いずれにおいても「基本的
には」という留保が付されていることから、常に補充的効力を肯定する
趣旨とは解されず、不法行為による損害賠償責任が生じるにとどまると
解するほかない。

（2）本件では、無期契約労働者の就業規則に、有期契約労働者につい
ては別に定める就業規則を適用すると明記していることから、有期契約
労働者に対して、無期契約労働者の労働条件を定めた就業規則等の規定
を適用することはできない。そうすると、Ｘらの、無期契約労働者に関
する就業規則等の規定が適用される地位にあることの確認を求める請求
及び平成25年5月から平成27年4月までに支給される本件手当等につい
て、Ｘらに当該就業規則等の規定が適用されるとの労働契約に基づく請
求には理由がない。

（3）他方で、Ｙは、平成26年11月22日まで祖母を扶養しており、同月
分までは家族手当の支給要件に該当すること、Ｘは扶養者がなく、自ら
が賃借人となって民間住宅の賃貸借契約を締結して現在まで居住して賃
料を支払っており、住宅手当の要件のうち「無扶養者かつ民間借家居住
者」に該当すること、Ｘらは一部の月を除き、精勤手当の支給要件に該
当することから、Ｘらに対する上記各手当の不支給は、Ｘらに対する不
法行為を構成する。

3 結論

（1）ＸらのＩ社に対する地位確認請求及び平成25年5月から平成27年
4月までの間に支給される各手当等について、主位的請求（労働契約に
基づく賃金請求）は理由がない。

（2）予備的請求（不法行為に基づく損害賠償請求）は、Ｘにつき17万
2040円、Ｙにつき12万6960円、Ｚにつき5万5330円の限度で認容する。

（3）平成27年5月から平成29年10月までに支給される本件手当等について、不法行為に基づく損害賠償請求は、Xにつき22万1020円、Yにつき7万0570円、Zにつき5万5050円の限度でそれぞれ認容する。

　本件は、Xら及びI社双方から控訴されたが、控訴審では、いずれの控訴も棄却し、Xらに対する賠償額を2分の1から4分の1程度に減額した。

 解説

　本件では、家族手当、住宅手当及び精勤手当について有期契約労働者と無期契約労働者との間で相違を設けることは、労働契約法20条に違反し無効であるとしながら、無効になった後の効力についての補充的効力を認めていない。この点において、労働契約法20条についての国会審議における答弁、施行通達等によれば、同法を所管する厚生労働省としては補充的効力についてかなり前向きな考えを持っていたことが窺われるが、いずれにしても法律にその旨規定されていないことから、他の裁判におけると同様、本判決でも補充的効力を認めず、不法行為に基づく損害賠償を認めるに留めている。

　判決では、各手当については、I社の措置はいずれも労働契約法20条に違反するとして、無期契約労働者と同様にこれらを支払うべきであるとしているが、最も金額の大きい賞与については、Xらにも「寸志」が支給されていることなどを理由に、労働契約法20条にいう不合理なものには当たらないとして、Xらの請求を棄却している。確かに、賞与の勤続報償的な性格、人材確保の目的等に照らせば、その支給は基本的に正社員を対象にすることは理解できなくはないが、Xらは有期契約社員とはいえ、10年程度勤務を続けていたのであるから、無期契約労働者への登用が可能であり、組長以上の職制への昇進への途が開かれていることを考慮しても、正社員の7分の1程度の「寸志」で足りるとの判断には疑問が残る。

裁判例 12 財団の解散に伴い有期契約職員に退職金不支給

京都市立浴場運営財団退職金等請求事件

京都地裁平成30.9.20

事件の概要

　Y財団（被告）は、京都市立浴場の管理・運営等を目的として京都市の全額拠出により設立された一般財団法人であり、A、B、C及びD（いずれも原告。以下「Aら」）は平成27年3月当時、Y財団に契約期間1年間の有期労働契約により嘱託職員として雇用されていた者である。Aは8回、Bは5回、Cは13回、Dは7回契約を更新され、更新の際には、契約内容についての交渉もなく、Y財団が用意した文書にAらが押印して提出すると、Y財団からAらに更新通知書が送られていた。

　Y財団における1日の勤務時間及び勤務日数は、正規職員は7時間45分・週5日、嘱託職員は7時間15分・週4日であり、嘱託職員の給与は、正規職員より1月当たり10万円程度低かったが、業務内容及び責任の程度は正規職員と嘱託職員では全く同じであり、嘱託職員であっても主任になる者もいた。Y財団は、正規職員を減らし、嘱託職員やアルバイトにより労働力を補填し経費削減を図る方針であった結果、平成27年3月当時、全職員に占める嘱託職員の割合は70％に上っていた。

　Y財団は、平成27年4月1日に解散し、Aらは解散に伴い解雇された。Y財団には、嘱託職員の退職金規程が存在しなかったため、Y財団は、嘱託職員には退職金を支払わなかったところ、AらはY財団に対し、上記扱いは旧パート労働法（平成26年改正による改正前の法律）8条1項に違反するとして、主位的には退職金規程に基づき、予備的には不法行為に基づき、退職金相当額の支払を請求した。

判決要旨

　Aらは、業務の内容及び当該業務に伴う責任の程度（職務の内容）が正規職員と同一の短時間労働者というべきである。確かに、AらとY財

団との間の労働契約は期間の定めのないものではなかったけれども、同契約は、少ないもので5回、多いものでは13回も更新されている。また、嘱託職員の職務の内容は恒常的なものであり、かつ正規職員の職務内容と全く同一であり、さらに契約の更新手続も形骸化していたと評価し得る程度に至っており、実際にも過去に雇止めをされた職員がいるといった事情も見当たらない。その上、Y財団が嘱託職員との労働契約を繰り返し更新してきたのは、Y財団が正規職員を削減し、その後は正規職員を採用せず、嘱託職員との契約を繰り返し更新することで経費削減を図るという経営方針を採っていたからである。これらの事情に照らすと、AらとY財団との労働契約は、旧パート労働法8条2項所定の「反復して更新されることによって期間の定めのない労働契約と同視することが社会通念上相当と認められる期間の定めのある労働契約」であると認められる。そして、嘱託職員であっても主任となる者がいたこと、嘱託職員には他浴場への異動が予定されていないにもかかわらず正規職員にはそれが予定されていた等といった事情も認められず、正規職員と嘱託職員との間での人材活用の仕組み、運用が異なっていたわけではないことからすると、Aら嘱託職員は、旧パート労働法8条1項所定の「その全期間において、正規職員との職務の内容及び配置の変更の範囲が同一の範囲で変更されると見込まれるもの」に該当すると認めるのが相当である。そして、このようなAら嘱託職員が、正規職員には退職金が支給されるのに対し、何ら退職金を支給されないことについての合理的な理由は見当たらない。よって、Y財団が、嘱託職員らに退職金を支給しないことは、旧パート労働法8条1項が禁止する短時間労働者であることを理由とした賃金の決定に関する差別的取扱いであり、違法である。

　この点Y財団は、旧パート労働法9条が退職手当を「賃金」から除外していること、退職手当には功労報償的な性格があることから、同法8条1項の「賃金」には退職手当は含まれない旨主張している。しかしながら、同法が、9条で初めて退職手当を「賃金」から除外していることからすると、同法8条1項の「賃金」には退職手当が含まれると解するのが合理的である。また、同法8条は、通常の労働者と同視すべき短時

間労働者に係る労働契約を規律しているのに対し、同法9条は通常の労働者と同視すべき短時間労働者を除く短時間労働者に関する労働契約を規律しているものであり、その対象も異なると解されるから、Y財団の上記主張は採用できない。

　Aら嘱託職員は、旧パート労働法8条1項違反の効果として、正規職員らに関する退職金規程が嘱託職員らにも適用されると解するのが合理的であり、嘱託職員らは、同規程に基づく退職金請求権を有する旨主張する。しかしながら、旧パート労働法には労働基準法13条のような補充的効果を定める条文は見当たらず、旧パート労働法8条1項違反によってAらが主張するような請求権が直ちに発生するとは認め難い。もっとも、旧パート労働法8条1項に違反する差別的取扱いは不法行為を構成すると認められ、AらはY財団に対し、その損害賠償を請求できる。そして、Y財団の嘱託職員の基本給は正規職員の基本給より低額に抑えられていたこと、Y財団の退職手当は、退職金規程に基づき基本給に勤続年数に応じて係数を掛けることによって機械的に算出されているものであることからすると、同規程に基づいて算出された退職金相当額がAらの損害である（損害額は、114万円余〜264万円余）。

解説

　本件における嘱託職員（Aら）の実態を見ると、形式的には有期雇用の形を採っているものの、更新回数、更新の際の契約のやり方等から見ると、無期雇用に限りなく近いものといえる。Y財団がこのような雇用形態を採ったのは、人件費の削減が主な理由であるが、解散後の退職金の扱いについて、嘱託職員については退職金規程が存在しないことを理由として不支給とすることは、退職金について正規職員と嘱託職員との合理性のない相違を放置していた自らの怠慢を、嘱託職員に押し付けるもので、到底認められるものではない。

13 大学夜間講義の手当を嘱託講師に不支給
大学夜間授業担当手当嘱託教諭不支給事件

京都地裁令和元.2.28、大阪高裁令和2.1.31

事件の概要

　Ｙ法人（被告・被控訴人）は、Ｚ大学などを経営する学校法人であり、Ｘ（原告・控訴人）は、平成10年４月よりＺ大学外国語担当教員（嘱託講師）として勤務し、平成28年３月末に退職した者である。嘱託講師には本件嘱託講師規程が適用され、月額週１時間ごとに１万4000円が支払われる。客員教員Ａは、優れた教育・研究業績を有する者で、その期間は３カ月以上１年以内であり、契約更新は行われず、同Ｂは、長年の実務的・専門的経験を有するとともに高度の実務能力等を有する者であり、期間は原則としてＡと同じである。任期付教員の任期は５年以内で再任は行われない。

　Ｙ法人においては、大学第２部に勤務する職員を支給対象とする大学第２部手当が支給されていたが、平成７年、同手当の対象から教員を除く改正がされると同時に、大学夜間（18時以降）の授業を担当する教員を対象とする夜間手当（本件手当）が新設され、平成９年の昼夜開講制の実施後は、第２部の授業以外であっても本件手当が支給されるようになり、平成16年にＺ大学の第２部が全て廃止された後も、同手当として存続していた。Ｙ法人は、平成20年10月以降、労組との団体交渉の中で、本件手当の見直し、廃止の方向を示し、本件手当の内容を、夜間のうち、教授、准教授及び助教が７講時（20時10分〜21時40分）を担当した場合に、１週１講時当たり400円の支給をすると減額改定した。

　Ｙ法人は、Ｘが夜間に講義をした場合に本件手当を支給しなかったところ、Ｘは、この扱いは有期雇用労働者と無期雇用労働者との不合理な差別扱いを禁じた労働契約法20条、パートタイマーと通常の労働者との均等扱いを定めたパートタイム労働法に違反するとして、Ｙ法人に対し、主位的には、不支給とされた本件手当の支払い及び慰謝料100万円、予

備的には、不法行為に基づく損害賠償として慰謝料を含む140万円余の支払を請求した。

第1審判決要旨

1 労契法20条の趣旨等

労契法20条は、有期契約労働者と無期契約労働者の間で労働条件に相違があり得ることを前提に、職務の内容、当該職務の内容及び配置の変更の範囲その他の事情（職務の内容等）を考慮して、その相違が「不合理と認められるもの」であってはならないとするもので、職務の内容等の違いに対応した均衡のとれた処遇を求める規定である。そして、同条にいう「期間の定めがあることにより」とは、有期契約労働者と無期契約労働者との労働条件の相違が不合理であると評価することができるものであることをいうと解するのが相当である。また、有期契約労働者と無期契約労働者の個々の賃金項目に係る労働条件の相違が「不合理と認められるもの」といえるか否かの判断に当たっては、賃金の総額の比較のみではなく、当該賃金項目の趣旨を個別に考量すべきものと解するのが相当である。

2 労契法20条の適否及び「期間の定めがあることによる」差異といえるか否か

Ｚ大学における教員としては、嘱託講師、客員教員、任期付教員及び専任教員が予定されているが、平成27年当時、本件学部には客員教員はおらず、任期付教員が少数であったことからすると、有期契約労働者かつ短時間労働者（有期契約労働者等）である嘱託講師の労働条件と比較するのは、無期契約労働者かつ長時間労働者（無期契約労働者等）である専任教員の労働条件とするのが相当である。そして、専任教員には支給され得る本件手当が嘱託教員には支給しないとの相違が生じているのは、専任教員に適用されている就業規則等が嘱託教員には適用されず、嘱託教員には嘱託講師規程等が適用されることによるものであるから、上記相違は期間の定めの有無に関連して生じたものといえる。

3 「不合理と認められる」差異か否か

　専任教員と嘱託講師の業務内容等を比較すると、①労働契約に基づき提供すべき労務は、嘱託講師が、自らの希望を踏まえて割り当てられる授業及びその準備に限られるのに対し、専任教員の場合は、授業及びその準備に加え、学生への教育、研究、学内行政と幅広い労務の提供が求められ、それに伴い、事実上の場所的時間的な拘束が生じることが予定されている上、②勤怠管理がされていないとはいえ、勤務時間等の定めの対象とされる専任教員は当然に兼業等はできないとの拘束もあると解されるが、嘱託講師は他大学での講師との兼業は当然に可能と解される。③そして、嘱託講師は、希望した業務以外への従事は予定されていないが、専任教員は、担当する授業につき希望を聴取されることもなく、学内行政における委員や役職、入試の担当の有無や勤務地なども含め、Y法人から命じられた労務を正当な理由なく拒否できないとされている上、配置ないし労務内容の転換が予定されており、嘱託講師と専任教員との間ではその職務内容と配置の変更の範囲において大きな相違が認められる。そして、上記専任教員の業務内容に加え、有期雇用者またはパートタイム雇用者ではあるが講義担当予定時間が比較的長く、かつ講義以外の学内行政への関与が予定されている客員教授A、B及び任期付教員も本件手当の対象となると解されることにも照らすと、本件手当は、少なくとも専任教員が日中に多岐にわたる業務を担当しつつ、更に夜間の授業を担当することの負担に配慮する趣旨の手当としての性格も有していることが首肯できる。そして、夜間授業をしている大学または短大において、本件手当と同趣旨の手当を、そもそも支給していない大学又は短大の割合が一番高く、支給している大学または短大においても専任教員のみに支給している割合が一定割合存在することも考慮すると、本件手当を専任教員にのみ支給し、嘱託講師にこれを支給しないとの労働条件の差異が不合理とまでは評価できず、嘱託講師への本件手当の不支給は、労契法20条及びパートタイム労働法8条にいう不合理と認められるものに当たらないと解するのが相当である。

　本件はXが控訴したが、第1審と同様の判断に基づき棄却された。

解説

　本件は、大学における夜間の講義について、専任教員（正規職員）に対しては夜間手当を支給する一方、嘱託教員にはこれを支給しなかったところ、この扱いが労働契約法20条にいう労働条件の不合理な相違に当たるとして、同手当の支払い及び慰謝料を請求した事件である。

　第1審、控訴審ともXの請求を棄却したが、その理由としては、専任教員は昼間の時間帯には、担当の講義のほか、多岐にわたる業務をこなした上、更に夜間講義を行うのに対し、嘱託講師の場合は、業務は講義のみで、しかもどの時間帯の講義を担当するかは個別契約によって決まることから、夜間の講義についても、本来の賃金に加えて更に夜間手当の支給は不要としたものであり、専任教員と嘱託教員の担当業務から考えて必ずしも不合理的とはいえないと考えられる。

裁判例

14 アルバイト職員に本俸額の差、賞与、家族手当等の不支給
中央学院非常勤講師給与相違事件

東京地裁令元.5.30、東京高裁令2.6.24

事件の概要

　本件大学を設置する学校法人Ｙ法人（被告）における本件給与規則に
よると、専任教員の給与は本俸及び諸手当（家族手当、住宅手当、賞与
及び年度末手当など）であり、非常勤講師に対しては、１コマ当たりの
月額の給与に当該年度の担当コマ数を乗じた本俸が支給され、通勤手当
を除く諸手当は支給されていなかった。Ｙ法人は、労組との間で本件大
学の非常勤講師の待遇改善に関する協議を行い、平成26年頃には週５コ
マ以上担当する非常勤講師について私学共済への加入を合意した。更に
Ｙ法人は、平成28年２月、労組（全国教職員組合）との間で、１コマ当
たりの月額給与について、平成29年４月より1000円、平成30年４月より
更に1000円増額する合意をした。

　Ｘ（原告）は、平成５年４月頃、Ｙ法人との間で契約期間を１年間と
するドイツ語担当の非常勤講師の有期労働契約を締結し、その後も平成
28年３月末まで、１年間の有期労働契約を更新し続けた。平成５年度か
ら平成27年度までのＸの担当コマ数は３コマから８コマであり、コマ当
たりの月額給与（本俸）は、平成25年度が３万0900円、平成26年度が
３万2000円、平成27年度が３万2100円であった。Ｘは、Ｙ法人に対し、
専任教員としての採用を求めるとともに、科目廃止に抗議して非常勤任
用契約書に署名押印をしていないものの、平成28年４月以降、Ｙ法人か
ら提示された労働契約の内容（契約期間１年間、担当コマ数５コマ、本
俸３万2200円）に沿った労務の提供を行った。

　Ｘは、専任教員との間に、本俸の額、賞与、年度末手当、家族手当及
び住宅手当に関して、労働契約法20条に違反する労働条件の相違がある
旨主張して、Ｙ法人に対し、不法行為に基づき、本件大学の専任教員に
適用される就業規則等により支給されるべき賃金と実際に支給された賃

金との差額2308万円などの支払いを求めるとともに、平成24年3月末まで学部長を務めていたG（被告補助参加人）らがXを専任教員として採用する約束をしたにもかかわらずY法人がこの約束を破棄した等と主張し、Y法人に対し、主位的には債務不履行に基づき、予備的には不法行為に基づき、慰謝料500万円及び弁護士費用50万円を請求した。

第1審判決要旨

1 Xと専任教員との間に労働契約法20条の規定に違反する労働条件の相違があるか

（1）本件大学の非常勤講師であるXと専任教員の賃金に関する労働条件の相違（本俸の額、賞与、年度末手当、家族手当及び住宅手当の支給の有無）は、Y法人との間で有期労働契約を締結している非常勤講師の賃金が、無期労働契約を締結している専任教員に適用される本件給与規則ではなく、本件非常勤講師給与規則によって定められることにより生じているものであるから、当該相違は労働契約の期間の定めの有無に関連して生じたということができる。したがって、Xと専任教員の賃金に関する労働条件は、労働契約法20条に規定する期間の定めがあることにより相違している場合に当たることになる。

（2）ア　職務の内容並びに当該職務の内容及び配置の変更の範囲について

　　Xの業務の内容は、定められた担当科目及びコマ数の授業を行うというものであり、当該業務に伴う責任の程度も、当該授業に伴うものに限られる。他方、専任教員の業務の内容は、授業を含む教育活動に止まらず、専攻分野についての研究活動、教授会での審議、任命された組織上の役職、各種委員会等に委嘱・任命された事項、学生の修学指導及び課外活動の指導等に及ぶものであって、大学運営に関する幅広い業務を行い、これに伴う責任を負う立場にあるといえる。また、本件大学においては、ゼミ形式の授業を必修としているところ、これらについては一部の例外を除き専任教員のみが担当していることからすれば、このことも非常勤講師と専任教員との職務の違いの一つとい

える。

　専任教員は非常勤講師と異なり、専攻分野についての研究活動を行うことが労働契約に基づく義務とされており、その一例として、原則として3年に1回は本件大学の紀要等に論文を発表する義務を負うとされており、現に大半の専任教員がこの義務を果たしていることが、Xと専任教員の職務の内容の重要な違いの一つであることを否定できない。本件大学では、専任教員のみに対して、毎週1回以上のオフィスアワーの設定が義務付けられるとともに、新入生に対するプライムセミナーへの関与や、教育力向上のための取組みへの参加が義務付けられており、専任教員がこれらの業務に伴う責任を負い、現に一定の業務を行っていることは、Xと専任教員との職務の重要な違いの一つといえる。その他専任教員は、学生の課外活動の指導、教授会における審議、大学組織上の役職、各種委員会等の業務を行う義務を負っており、専任教員が大学運営に関する幅広い業務を行っているといえる。そして、専任教員は、1週間に原則として3日以上の出校を義務付けられるとともに、学長が必要と認めた場合には出校すべき義務を負うとされ、授業のない時期や曜日に出校することがあったことからすると、専任教員のみが担当する大学運営に関わる業務の負担が軽微なものであったとはいえない。

イ　その他の事情について

　労働者の賃金に関する労働条件は、労働者の職務の内容及び変更の範囲により一義的に定まるものではなく、使用者において、雇用及び人事に関する経営判断の観点から、労働者の職務の内容及び変更の範囲に止まらない様々な事情を考慮して検討するものと解される。労働契約法20条の規定は、有期契約労働者と無期契約労働者との労働条件の相違が不合理と認められるかどうかを判断する際に考慮すべき事情として「その他の事情」も挙げているところ、本件における「その他の事情」としては、以下の事情が認められる。

　Y法人は、従前より、労働組合との間で非常勤の待遇に関する協議を行い、増額する方向で随時改定することなどを合意したほか、全国

教職員組合との間で、非常勤講師の1コマ当たりの月額給与について、平成29年4月より1000円、平成30年4月より1000円それぞれ増額することを合意した。また、団体交渉の結果、Y法人は平成28年に、Xに対し、定年までの5年間、年収480万円を保障するなどの提案を行っていた。本件大学における非常勤講師の賃金は、首都圏私大及び国立大学の非常勤講師と比較して、ほぼ同水準である。

（3）有期契約労働者と無期契約労働者との賃金項目に係る労働条件の相違が不合理と評価すべきかどうかを判断するに当たっては、両者の賃金の総額を比較することのみによるのではなく、当該賃金項目の趣旨を個別に考慮すべきものと解するのが相当である。

Xが比較対象者と主張する専任教員の平成25年11月から平成28年10月までの間に支給された本俸額が1999万6600円、賞与及び年度末手当が883万2534円とされ、これらに加えて、家族手当及び住宅手当が支給されていた。他方、Xの平成25年11月から平成28年10月までの間に支給された本俸額が684万9520円であり、賞与、年度末手当、家族手当及び住宅手当が支給されることはなかった。確かに、Xと専任教員との間には、本俸額について約3倍の差があったが、そもそも両者の間には、職務の内容に数々の大きな違いがある。加えて、一般的に経営状態が好調とはいえない多くの私立大学において教員の待遇を検討するに際しては、国からの補助金も大きな考慮要素となるところ、専任教員と非常勤講師とでは補助金の基準額の算定方法が異なり、その額に大きな開きがあることや、本件大学の非常勤講師の賃金水準が他の大学と比較して特に低いとはいえないところ、本件大学においては、労働組合との合意により、非常勤講師の年俸額を随時増額するのみならず、Xのように週5コマ以上の授業を担当する非常勤講師について私学共済への加入手続きを行ったりするなど、非常勤講師の待遇をより高水準とする方向で見直しを続けており、Xが本件大学においてこれまで長年にわたり専任教員とほぼ遜色ないコマ数の授業を担当し、その中に専門外の科目も複数含まれていたことなどといった諸事情を考慮しても、Xと専任教員との本俸の相違が不合理と評価することはできない。

Y法人は、専任教員のみに賞与及び年度末手当を支給していたが、これらはY法人の財政状態及び教職員の勤務成績に応じて支給されるところ、専任教員が、財政状況に直結する学生募集や入学試験に関する業務を含む大学運営に関する幅広い業務を行い、これらの業務に責任を負う立場にあること（それゆえに、専任教員は原則として兼職が禁止されている）からすると、Y法人において、専任教員のみに賞与及び年度末手当を支給することが不合理とは評価できない。

Y法人は、家族手当及び住宅手当についても専任教員のみに支給していた。しかしながら、家族手当は当該職員が家族を扶養するための生活費に対する補助として、住宅手当は教職員の住宅費の負担に対する補助として、それぞれ支給されるものであり、いずれも従業員に対する福利厚生及び生活保障の趣旨で支給されるといえるところ、大学運営に関する幅広い業務を行い、これらの業務に伴う責任を負う立場にある専任教員として相応しい人材を安定的に確保するために専任教員について福利厚生面で手厚い処遇をすることに合理性がないとはいえないことや、専任教員が労働契約上職務専念義務を負い、原則として兼業が禁止され、その収入をY法人から受ける賃金に依存せざるを得ないことからすると、本件大学の専任教員のみに対して家族手当及び住宅手当を支給することが不合理とは評価できない。したがって、Xと専任教員との間の賃金に関する労働条件の相違が労働契約法20条に規定する不合理と認めることはできない。

（4）以上によれば、労働契約法20条違反を理由とするXの請求、短時間労働者の雇用管理の改善等に関する法律8条違反に基づくXの請求は認められない。

2　XとY法人がXを本件大学の専任教員として雇用することについて契約締結段階に入ったといえるか

（1）Xは、教授I及びGがXに対して専任教員として採用することを約束したと主張し、Y法人に対し、主位的には債務不履行を理由として、予備的には不法行為を理由として損害賠償請求を行う。しかしながら、I及びGがXを専任教員として採用する旨の一定の言動をしたこと自体

は認められるものの、この言動によってY法人がXを専任教員として雇用することについての契約段階に入ったとはいえず、Y法人についてI及びGの言動に関して不法行為責任が発生すると仮定したとしても、不法行為に基づく損害賠償請求権については消滅時効が完成している。

（2）IがXに対して平成12年3月29日に本件大学の専任教員として採用することを考えている旨述べたほか、GもXに対し、平成15年5月23日にXを専任教員に入れる旨を述べ、平成21年1月以降には、Gが平成22年5月予定の学長選挙に勝利すればXを専任教員にする旨繰り返し述べ、学長選挙への協力を求めたりしていたほか、Gが学長選挙に落選した後も、平成25年4月以降に、平成26年5月に予定されていた学長選挙に勝利すればXを専任教員にする旨述べるなどしていたと認められる。

（3）学部長には専任教員の採用を決定する権限がないから、学部長であったIやGがXに対して学長選挙に勝利すればXを専任教員とする旨を繰り返し述べたりし、これらの発言を受けて、Xが複数の専門外の科目の授業を引き受けたり、出版・編集作業を行ったりしていたとしても、XとY法人との間で、Xを専任教員として採用することについての契約交渉が具体的に開始され、交渉が進展したとはいえないから、契約締結上の過失の理論を適用する基礎を欠く。

（4）Y法人がI及びGの言動に関してXに対し何らかの不法行為責任を負うと仮定したとしても、Xは、平成24年3月31日または遅くとも平成25年3月頃までにはその実現可能性がないことを認識し、損害及び加害者を知ったと認められるから、XのY法人に対する不法行為に基づく損害賠償請求権は消滅時効が完成している。

　本件はXが控訴したが、控訴審では原審と同様の判断で棄却された。

 解説

　非常勤講師は、労働契約上、与えられたコマ数の講義を担当する以外の義務はなく、他大学等での講師等を務めることも自由であるのに対し、専任教員は、講義を担当するだけでなく、大学運営に関わる様々な業務

を担当することが求められるほか、兼業が認められないなどの制約もあることから、両者の間で労働条件に一定の相違を設けることは不合理とはいえない。この点については、労働契約法20条を巡って争われた多くの事例で、ほぼ共通した判断となっている。ただ、そうはいっても、両者の労働条件の相違については、自ずと合理的な範囲があると思われ、専任教員と同程度のコマ数の講義を担当する非常勤講師との給与に約3倍の差があるほか、非常勤講師に対し賞与や各手当が一切支払われない本件の相違は、果たして合理的な範囲といえるか疑問は残る。これについてXは、使用者は「労働条件均衡配慮義務」を負うと主張し、これに基づき労働条件の相違の是正を求めているところ、同義務は不当な格差是正のためのツールとして今後取り入れて良いものと考えられる。

　本件の問題は、そうした労働契約法20条に係る問題もさることながら、学部長であったI及びGが、Xを専任教員に取り立てるかの如き発言をし、Xに専任教員への登用について期待を持たせた点にもある。特に、Gの場合、Xに対し、学長選に勝利したら専任教員とする旨告げてXに学長選への協力を求め、Xはこれを受けて専門外の科目の講義を引き受けたり、出版・編集作業など本来非常勤講師の担当ではない業務を行ったりしていたのであるから、専任教員登用という人参をぶら下げられていいように使われていたと見られる。判決では、I及びGがXに専任教員への登用について期待を持たせるような言動をしたことは認めつつ、専任教員への契約段階に入ったとまではいえないとして、債務不履行責任を否定し、一方、不法行為責任の可能性は認めつつ、消滅時効を理由に、Xの請求を棄却している。判決では、I及びGがXに対し、専任教員への登用に期待を持たせる発言をしたとしても、学部長には専任教員登用を決定する権限はないから、それは主観的期待に過ぎないとしているが、非常勤講師の立場で専任教員への登用について誰が実権を握っているのか知ることは容易ではないであろうし、専任教員の登用を餌にして学長選挙への協力を求めた疑いが強いことからすれば、学長選に落選したからといってXの期待を裏切ることは信義則違反に当たると思われる。そして、この信義則違反自体は継続していると考えれば、消滅時効にかかること

なく不法行為に基づく損害賠償を認めることは可能であったといえる。

15 有期契約職員に法定外出産休暇及び出産手当金を不支給

青い鳥（社会福祉法人）出産休暇及び出産手当金不支給等事件

横浜地裁令和2.2.13

事件の概要

　A法人（被告）は、障害福祉サービス等の事業を行う社会福祉法人であり、X（原告）は、社会福祉士の資格を有し、平成25年５月１日、A法人との間で、期間を平成26年３月31日までとする有期労働契約を締結した後、同契約を１年毎に５回更新し、就労支援・援助を行う本件センターで相談員として勤務していた。

　Xは、平成27年６月30日に第一子を、平成30年１月29日に第二子を出産した。A法人には、通常の就業規則のほか、主として有期契約労働者を対象とした有期就業規則が定められ、出産休暇に関しては、無期契約職員には産前産後各８週間が付与され、これらの休暇期間中通常の給与（本件出産手当）が支給される一方、有期契約職員には、出産休暇が産前６週間・産後８週間とされ、これらの休暇期間中は無給とされている。Xは、第一子の出産時、産前産後休暇として出産予定日の８週間前から出産日の８週間後まで就労せず、同期間は無給とされたが、協会けんぽから出産手当金43万9830円を受給した。Xは、第二子の出産時に、出産予定の８週間前から出産予定日の６週間前まで年次有給休暇を取得しその後産前産後休暇として、平成30年３月26日まで就労せず、同期間は無給とされたが、出産手当金36万2880円を受給した。

　Xは、出産休暇及び出産手当金につき無期契約職員と有期契約職員との間に差を設けることは労働契約法20条に違反するとして、出産休暇期間中の給与相当額から出産手当金額を差し引いた14万円余及び第二子出産に当たって産前に取得した２週間の年次有給休暇期間の給与相当額９万円余を、主位的には未払賃金として、予備的には不法行為に基づく損害賠償として請求した。さらにXは、有期契約職員を区別する違法な取扱いにより屈辱を強いられたとして、A法人に対し精神的苦痛に対す

る慰謝料100万円を請求した。

判決要旨

　本件出産休暇及び本件出産手当金に係る労働条件の相違は、労働契約に係る期間の定めの有無に関連して生じたものであり、労働契約法20条にいう期間の定めの有無によって生じたものといえるから、同条にいう労働条件の相違に当たる。

　本件センターにおいて、有期契約職員のうち、Xを含むソーシャルワーカー非正規職員は、専門職員である支援員Bの立場として勤務し、支援員Aの立場にあるソーシャルワーカー正職員と同様、相談業務や就労支援業務に従事しており、その業務の内容及び責任の程度において重なる部分が認められる。しかし、ソーシャルワーカー正社員が従事するセンター長または支援員Aは、支援センターの総括・管理業務及びその補佐をそれぞれ担当することとされており、相談業務等に加え、施設全体の総括・管理に関する業務を行う立場にある。A法人においては、無期契約職員についてのみ、8段階によるグレード制職位が設けられ、グレード6以上の者が役職に就くこととされているほか、就業場所や業務変更などの配置転換が予定され、特に専門職としてソーシャルワーカー業務に従事する正社員は、A法人が運営する11カ所の事業所等のうち少なくとも4カ所で施設長を務めるなど、人事制度上、組織運営面に関わる役割を担うことが予定されている。他方で、専門職たるソーシャルワーカーとして勤務する者であっても、有期契約職員は、労働契約上、業務の内容、就業時間及び場所等について制限があり、基本的には配置転換が予定されていないほか、グレード制職位の適用がないなど、人事制度上の取扱いが無期契約職員と異なっている。以上によれば、有期契約職員は、管理職への登用や組織運営面への関与が予定されておらず、業務内容及びその変更の範囲について、無期契約職員と職務上の違いがある。

　ソーシャルワーカー正職員については、平成30年4月時点で約8割を女性が占めているところ、本件出産手当金が就業規則に定められた昭和59年当時、一般的な統計上、25歳～34歳の各年齢階級における女性の労

働力人口比率が約50％余と低かった状況を併せ考慮すると、A法人において、将来グレード6以上の職位に就き、運営面において中核となる可能性のある女性ソーシャルワーカー正社員が、出産を機に仕事を辞めることを防止し、人材を確保することは、組織運営上の問題であったと認められる。本件出産休暇は、無期契約職員に対し、労働基準法65条に定める産前6週間の休暇に、更に2週間の休暇を付与するものであり、本件出産手当は通常の給与を全額支給するものであって、上記制度は、A法人の出捐により、無期契約職員の範囲において、出産時の経済的支援等を一部手厚く内容となっている。

　以上のとおり、無期契約職員の職務内容に加え、A法人における女性職員の比率の高さや、本件出産休暇及び本件出産手当金の内容に照らすと、これらの制度が設けられた目的には、組織運営の担い手となる職員の離職を防止し、人材を確保するとの趣旨が含まれると認められる。そうすると、本件出産休暇及び本件出産手当金の制度は、有期契約職員を無期契約職員に比して不利益に取り扱うことを意図するものとはいえず、その趣旨が合理性を欠くとは認められない。これに加え、無期契約職員と有期契約職員との実質的な相違が、基本的には、2週間の産前休暇期間及び通常の給与額と健康保険法に基づく出産手当金の差額分にとどまることを併せ考えると、本件出産休暇及び本件出産手当金に係る労働条件の相違は、無期契約職員と有期契約職員との均衡を欠くとまではいえない。

　なお、ソーシャルワーカー正社員を含む無期契約職員の離職防止を図りつつ、有期契約職員との労働条件の相違を生じさせないために、全職員に対し、本件出産休暇及び本件出産手当金を付与することも合理的な一方策といえるが、本件出産休暇及び本件出産手当金の支給は、A法人の相応の経済的負担を伴うものであって、これをいかなる範囲で行うかはA法人の経営判断にも関わる事項である。以上によれば、本件出産休暇及び本件出産手当金に係る労働条件の相違は、労働契約法20条に違反するものではない。

解説

　本件は、無期契約女性職員と有期契約女性職員との間において、産前休業に2週間の差を設けたこと、産前産後休業期間中、無期契約女性職員は通常の賃金が支払われるのに対し、有期契約女性職員は無給とすることは、協会けんぽからの出産手当金が支給されることを考慮しても不当な差別であるとして、有期契約女性職員であるXがA法人に対し、その差額または差額相当額を請求したものである。

　判決では、無期契約女性職員に法定を2週間上回る有給の産前休暇を認めたのは人材確保の意味があり、合理性が認められること、産休期間中の両者の収入の差（無期契約女性職員は通常の賃金、有期契約女性職員は出産手当金）はさほどの額ではないことを理由として、両者の格差は許容範囲とし、Xの請求を棄却している。このうち、有期契約女性職員に対する産前休業6週間は法定のものであり、恐らく一般の事業場と比較して特に条件が低いともいえないと思われるし、産休中の賃金の支払は法律上の義務でもないから、この点に限ってみれば、必ずしも不合理な措置とはいえないように思われる。しかし、有期契約女性職員としては、日常共に同一の仕事をしている職員が、無期契約であるという理由で、2週間長い産前休業を、しかも有給で取得でき、産休期間中も正規の賃金を得ている姿を見れば、不満を抱くことは当然であり、労働契約法20条にいう「不合理と認められる労働条件の相違」と見る余地は十分にあるものと考えられる。

　判決では、有期契約職員についても無期契約職員と同様な処遇とした場合、A法人の持出しが多くなるから、それをどうするかはA法人の裁量としているが、この論法を突き詰めれば、有期契約職員と無期契約職員との間で社会通念上不合理と思われる労働条件の相違があっても、有期契約職員の労働条件を引き上げるか否かは使用者の裁量によることにもなり、両者の格差是正が期待しにくくなることから、その意味で問題のある判決といえよう。

16 嘱託社員に対し基本給及び賞与の低額支給、地域手当不支給
トーカロ（金属表面処理加工業等）短時間勤務者給与等格差事件

東京地裁令和2.5.20

事件の概要

　X（原告）は、金属の表面加工等を業とするT社（被告）において、期間を平成9年12月までとする労働契約を締結し、以後21回にわたり、平成30年11月30日まで労働契約を更新し（本件契約）、嘱託社員として勤務していた。

　T社には、Dコース正社員とAコース正社員があり、前者は業務の範囲に限定がなく、全ての業務を担当する可能性があり、後者は、定型的・限定的業務、前者の業務に付随する業務等を担当するものとされ、嘱託社員の業務は採用時に書面で示されていた。

　Xは、正社員と業務内容が同一であったにもかかわらず、基本給及び賞与が正社員より低額であり、地域手当（月1万円）も支給されなかったことが労働契約法20条に違反するとして、T社に対し、不法行為に基づき、正社員の各基本給、賞与、地域手当の合計額と実際に支給された額との差額等総額480万円余を請求した。

判決要旨

1　労働契約法20条違反の成否について

（1）期間の定めによる相違があるか否か等

　本件における基本給、賞与及び地域手当に係る正社員と嘱託社員との労働条件の相違は、期間の定めの有無に関連して生じたものと解され、同労働条件は、同条にいう期間の定めがあることにより相違しているといえる。また、同条にいう「不合理と認められるもの」とは、同条が職務の内容が異なる場合であっても、その違いを考慮して両者の労働条件の均衡を求める規定であり、有期契約労働者と無期契約労働者との労働条件の相違が不合理と評価できるものをいうと解するのが相当である。

そして、賃金が複数の項目から構成されている場合、個々の賃金項目に係る労働条件の相違が不合理と評価できるか否かを判断するに当たっては、賃金の総額のみではなく、当該賃金の項目の趣旨を個別に考慮すべきものと解するのが相当である。

（2）Xの比較対象とすべき正社員

　労契法20条は、同一労働同一賃金を定めた規定ではなく、職務の内容等の違いを考慮して両者の労働条件が均衡のとれたものであることを求める規定であり、労働条件について期間の定めがあることにより不合理なものとすることを禁止し、有期契約労働者のうちこれに違反する労働条件の相違を設ける部分を私法上無効とし、不法行為の成立を認めるものである。無期契約労働者と有期契約労働者との間の労働条件の相違は、異なる人事制度自体、当該人事制度の適用、個々の人事評価等の運用のいずれか又はその組合せによって生じていることを踏まえ、労契法20条の比較対象とすべき無期契約労働者の認定に当たっては、個々の事業における発生原因の相違に応じ、人事制度又は人事運用の適用対象としての無期契約労働者について設定すべきである。

　これを本件についてみると、Xが違法と主張するAコース正社員Zら4名とXとの間で相違する基本給、賞与及び地域手当は、いずれも正社員に対する給付額は人事制度に基づいて規定され、同制度の運用の結果として定期昇給がされ、賞与の支給額が決定され、地域手当が関東地区の正社員に対して一律支給されていたのに対し、嘱託社員に対する給与は労働契約の個別合意により決定され、定期昇給も予定されておらず、地域手当は一切支給されていなかった。このように、正社員と嘱託社員では異なる人事制度が採用され、その結果としてX主張の各労働条件の相違が生じている反面、Zら4名の個別人事評価によっては嘱託社員であるXとの間に各労働条件の相違が生じていることを認めるに足りる証拠はない。以上のとおり、本件においては、異なる人事制度によって労働条件の相違が生じていることに照らし、比較対象とすべき正社員は、職務の内容、当該職務の内容及び配置の変更の範囲等が一定程度共通する範囲の者とすることが相当である。

　T社の正社員は、採用時にDコース又はAコースに区分され、一定の要件を満たした場合には入社後のコース変更が可能であるものの、コース変更は社員が希望した場合に限られ、人事異動によるコース変更は予定されていない。そして、Dコース正社員は管理職への昇任が予定され、転勤または配置転換もあるのに対し、Aコース正社員は、定型的・限定的な業務を担当し、管理職への昇任は予定されておらず、転勤もないこととされている。そうすると、Xを含む嘱託社員と労働条件を比較すべき正社員はAコース正社員とするのが相当である。

（3）正社員と嘱託社員との職務の内容及び配置の変更の範囲に関する相違

　Dコース正社員は、業務の範囲に限定がなく、全業務を担当する可能性があるのに対し、Aコース正社員は、定型的・限定的業務を担当するものとされ、嘱託社員は、中核業務以外の業務を担当することが予定されている。また、嘱託社員の業務内容は採用時に書面で明示する定めがあること、書面には嘱託社員の特徴として「社員に準じた雇用契約で職種限定」と記載されていることなどによれば、嘱託社員の業務内容は採用時の書面に明示されたものに限られていたと認められる。加えて、嘱託社員については職能資格制度が採用されず、同制度を通じた職務遂行能力の向上、教育、評価等は予定されておらず、役職への就任や管理職への昇進も予定されていない。人事評価については、業務の成果のみが評価対象とされ、その方法も、担当業務全体についての業務遂行状況を記述式及び3段階で評価するにとどまり、採用手続きは、管理本部長が最終決裁者とされている。

　以上のとおり、嘱託社員は、Dコース正社員との間には、担当業務の内容、期待される能力、役割等を含む多くの点で大きな相違があるが、他方、Aコース正社員との間には、担当業務の範囲が限定され、役職への就任及び管理職への昇任が予定されていないなどの共通点がある。しかし、Aコース正社員は中核業務に係る付随的事務作業及び管理業務のいずれも担当する可能性があるのに対し、嘱託社員の担当業務はその一部に限られる上、Aコース正社員には職能資格制度が採用され、同制度

を通じた職務遂行能力の向上、教育、評価等が予定されているのに対し、嘱託社員には同制度が採用されない。このようにAコース正社員と嘱託社員とは、担当業務の範囲、期待される能力や役割に一定の相違がある。なるほど、Xが平成24年4月にZ又はYとの間で業務引継ぎをしたことに照らせば、Aコース正社員とXの担当業務には同一のものが含まれていたと認められる。しかしながら、使用者において、無期契約労働者を種々の業務を担当する可能性がある従業員と位置付け、実際にもそのように運用されている場合には、ある特定の時点において無期契約労働者と有期契約労働者の担当業務の内容に同一のものがあったとしても、労契法20条の適用においては、そのことのみをもって職務の内容が同一とみることはできない。

（4）労働条件の相違の不合理性

ア　基本給

　　Aコース正社員の本人給については50歳に達するまで、職能給については55歳に達するまで、毎年昇給するとされているのに対し、嘱託社員の給与は、採用の目的を勘案して個別に決定するとされ、毎年昇給する旨の内規もなく、Aコース正社員との間に賃金体系の相違がある。しかしながら、無期契約労働者に支給される本人給は生活給的な性格のものであり、職能給は割り当てられた職務の複雑さ及び責任の度合並びに本人の勤務成績及び保有能力に応じて決定されるものである。このようなAコース正社員の賃金体系は、長期間の雇用が制度上予定され、雇用期間を通じた能力及び役割の向上が期待されているAコース正社員について、年齢に応じた処遇により長期雇用に対する動機付けを図るとともに、能力等に応じた処遇により意欲、能力等の向上を促すものといえる。他方、嘱託社員は長期間の雇用が制度上予定されておらず、期待される能力や役割もAコース正社員より限定的であるから、契約期間ごとの合意によって基本給の額を決定することに一定の合理性がある。そして、Aコース正社員と嘱託社員の間には、担当業務の範囲、期待される能力や役割、職務の内容及び配置の変更の範囲には一定の相違があること、長期雇用を前提とする無期契約労

働者と短期雇用を前提とする有期契約労働者との間に異なる賃金体系を設けることは、企業の人事上の施策として一定の合理性があること、T社においては有期雇用社員の正社員への登用制度が存在し、平成19年度から平成29年度までにT社に採用された正社員338名のうち76名が有期雇用社員から登用されるなど、同制度が実際にも機能しており、嘱託社員には同制度によって正社員との相違を解消する機会が与えられていることなどの事情を総合考慮すれば、Aコース正社員と嘱託社員との間の基本給についての相違は、不合理と評価することはできない。

イ　賞与

　Aコース正社員と嘱託社員との間には、職務内容及び配置の変更の範囲に一定の相違があること、長期間の雇用が制度上予定されているAコース正社員に対し、賞与を手厚くして優秀な人材の獲得や定着を図ることは人事上の施策として一定の合理性があること、Aコース正社員は、年度中にT社の業績が悪化した場合、賞与を不支給とされ、または嘱託社員よりも低額とされる可能性があり、嘱託社員の賞与に係る労働条件がAコース正社員に対して一方的に劣位であるとは必ずしもいえないこと、嘱託社員には正社員への登用制度により正社員との相違を解消する機会が与えられていることなどの事情を総合すれば、Aコース正社員と嘱託社員との間における賞与の相違は不合理と評価することはできない。

ウ　地域手当

　地域手当は、平成元年頃、労働者の需要が高まり、かつ、関東地区の家賃相場が他の地区より高額であったにもかかわらず正社員の初任給の額を一律としていたことなどから、関東地区における正社員を安定的に確保する目的で導入されたものである。これに対し嘱託社員の賃金は個別決定され、家賃その他の居住地域固有の事情を考慮して、採用した地区ごとに賃金額を決定することも可能である上、転勤も予定されていないことに照らせば、嘱託社員には地域手当に係る事情は妥当しない。したがって、Aコース正社員と嘱託社員との間における地域手当の相違は不合理と評価することはできない。

解説

　T社では、社員をDコース正社員、Aコース正社員、嘱託社員に分類し、Dコース正社員が幹部候補生として扱われている。Aコース正社員は、同じ正社員ではあるが、定型的・限定的業務を担当することとされ、Dコース正社員と嘱託社員の中間に位置する存在といえる。

　嘱託社員であるXは、Aコース正社員との間では特に顕著な差はないとして、これと同等の処遇を求めたものであるが、判決では、正社員の労働条件は人事制度によって定まるのに対し、嘱託社員の労働条件は個別の労働契約によるという形式面を強く前面に出し、比較対象とすべきAコース正社員との間でも基本的な立場の違いがあるとして、Xの請求を全面的に棄却している。

　なお、Aコース正社員と嘱託社員の間には、担当業務の範囲、期待される能力や役割、職務の内容及び配置の変更の範囲には一定の相違があると言うが、Dコース正社員はともかく、Aコース正社員は定型的・限定的業務を担当することとされ、職務の変更はあるにしても、それがどの程度の頻度か明らかではなく、定型的・限定的な業務の内容を頻繁に変更することは考え難いことからすると、判決を読む限り、嘱託社員とAコース正社員の違いが浮き彫りになって来ないという感を免れない。

裁判例

17 アルバイトに対する通勤手当不支給が不法行為
アートコーポレーションアルバイト通勤手当等不支給事件

横浜地裁令和2.6.25

事件の概要

　X、Y及びZ（いずれも原告。以下「Xら」）は、それぞれ、平成24年4月1日、平成25年4月1日、平成23年4月1日に引越等を業とするA社（被告）に入社し、それぞれ平成28年8月31日、平成29年4月30日、平成29年5月8日に退職した。

　Xらは、A社に対し、未払残業代、顧客に支払った損害賠償金、業務用の携帯電話の使用料を請求したほか、非正規従業員規程に基づき通勤手当をアルバイトに支給しないことは労働契約法20条に違反するとして、その支払いを請求した。

判決要旨

　Xの通勤手当請求は申請期間を過ぎているから、その請求は理由がない。

　労働契約法20条の規定は私法上の効力を有すると解するのが相当であるが、有期契約労働者と無期契約労働者との労働条件の相違が同条に違反する場合であっても、同条の効力により当該有期契約労働者の労働条件が比較の対象である無期契約労働者の労働条件と同一のものとなるものではないと解するのが相当である。そうすると、アルバイトであるYに通勤手当を支給することが同人の労働契約の内容となるとはいえないから、Yの雇用契約に基づく通勤手当の請求は認められない。

　Yの予備的請求である、不法行為に基づく通勤手当と同額の損害賠償請求の可否について検討すると、本件において、通勤手当に係る労働条件の相違は、正社員とアルバイトとでそれぞれ異なる給与規程が適用されていることにより生じていることに鑑みれば、当該相違は期間の定めの有無に関連して生じたものといえる。したがって、正社員とアルバイトの通勤手当に関する労働条件は、労働契約法20条にいう期間の定めが

あることにより相違している場合に当たるといえる。そして、A社における通勤手当は、通勤に要する交通費を補填する趣旨で支給されるものと認められるところ、労働契約に期間の定めがあるか否かによって通勤に要する費用が異なるものではない。また、職務の内容及び配置の変更の範囲が異なることは、通勤に要する費用の多寡とは直接関連するものではなく、その他通勤手当に差異を設けることが不合理であるとの評価を妨げる事情も窺われない。したがって、A社における正社員とアルバイトであるYとの間における通勤手当に係る労働条件の相違は、労働契約法20条にいう不合理と認められるものに当たると解するのが相当であり、このような通勤手当の不支給は、Yに対する不法行為を構成する。

　以上によれば、Yの雇用契約に基づく主位的請求は理由がないが、上記のとおり不法行為の成立が認められ、Yは、平成26年9月から平成27年9月までは甲に、同月から退社する平成29年4月30日までは乙に居住し、マイカー通勤をしていたこと、いずれの住居も職場から片道10数kmであるところ、これをA社通勤手当支給規程に当てはめれば、1か月当たり少なくとも5000円が支給されることになり、13万円（5000円×26カ月）が損害額として認められる。

解説

　本件は、X及びYに対する通勤手当の支給の可否のほか、Xらに対する朝礼前の制服への更衣・準備時間についての残業代の支払い、A社が顧客に支払った損害賠償金についてのXらの支払い（不当利得返還請求）、業務に用いた携帯電話の使用料についてのXらへの支払いの可否等も争われ、それぞれ一定部分の支払いが認められている。また、本件では、Xらは、労働組合に加入していた認識がないにも拘わらず、賃金から組合費相当分が控除されたとして、労働組合に対して不当利得返還請求を行ったが、これは棄却されている。

　無期契約社員と有期契約社員との間で、賃金に関する相違が労働契約法20条違反に当たるか否か争われる事例は多いが、多くの裁判では、各

手当の性格を吟味して、職務の内容や転勤の可能性、長期雇用を前提としているか等により、支給の相違の可否を判断している。

　本件で問題とされたのはX及びYに係る通勤手当であり、通勤手当は実費弁償的性格を有し、短期雇用、長期雇用にかかわらず、通勤する限り必然的にかかる費用であるから、アルバイトであることを理由に、無期雇用社員と差別して支給しないことは合理性がないと考えられる。本件判決では、通勤手当の差別支給が労働契約法20条に違反することは認めながら、その違反は私法上の効力を及ぼさない（補充的効力はない）として、雇用契約に基づく請求を認めず、不法行為を援用している（Xについては、申請期間の経過を理由に請求を棄却している）が、この点は他の同種の事件と同様である。

18 27年間断続勤務の臨時調理員に退職金、交通費不支給

那覇市臨時調理員賃金相違事件

那覇地裁平成13.10.17

事件の概要

　X及びY（いずれも原告。以下「Xら」）は、昭和54年にN市（被告）教育委員会に臨時調理員として任用され、平成12年3月まで勤務していた。

　地方公務員法22条5項では、任命権者は緊急の場合または臨時の職に関する場合には6カ月を超えない範囲で更新を1度限りできると定められているが、臨時調理員は、各学期ごとに給食提供期間だけ雇用され、その後は任期満了により失職し、過去6カ月間の稼働実績に応じて雇用保険の給付を受けていた。Xらは、こうした方法により、各学期ごとに雇用契約が締結され、給食提供期間中だけ雇用され、その後任期満了により失職することが27年6カ月にわたって繰り返されていた。臨時調理員の給与は日給制で、平成7年度は6100円、平成10年度には6290円となった。また、臨時調理員には時間外勤務手当、期末手当は支給されたものの、交通費及び退職金は支給されなかった。

　Xらは、雇用期間中は業務内容も労働時間も正規調理員と同様であること、雇用期間は学期中に限られているものの反復継続して雇用されていること、休業期間中も次学期以後の雇用のための準備期間としてN市の一定の指揮下に置かれていること、昭和52年度に試験制度が導入されるまでは臨時調理員から順次正規調理員に雇替えがなされていたことなどを理由として、正規調理員と同一の業務を行ってきた旨主張した。またXらは、調理員の職務は緊急の必要性や臨時の業務を目的とするものではないから、正規職員として雇用されるべきであり、同一労働同一賃金の原則が適用されるべきであって、臨時調理員の給与を正規調理員の

給与よりも著しく低くしたことは公序良俗に反すること、N市に給与決定に関する裁量権があるとしても、本件臨時調理員と正規調理員との賃金格差は社会通念上許容し得る範囲を逸脱していることを主張して、不法行為に基づき、N市に対し、正規調理員との賃金格差に当たる4099万1591円を請求した。

判決要旨

1 調理員は正規調理員として雇用されるべきか

地方公務員法22条5項を受けて、N市教委規則では、臨時職員の任用期間は6カ月を超えない範囲とし、その期間のみで更新を認めている。また、臨時職員として通算する在職期間が1年に達する者でその達する日の属する任用が終了した日から1年を経過しないものは再び臨時職員となることはできないと規定しつつ、調理員及び教育長が認める者についてはこの限りでないとしている。

N市においては、地方公務員法22条5項にいう緊急の場合に当たるとはいえないが、①調理員は学校給食が行われる期間のみに必要とされる仕事であり、給食期間中は極めて多忙となること、②毎年、各学校の児童数には変動があるが、給食水準を一律に維持する必要があることから、各現場で各年度ごとに調理員の定数と必要人員との間に乖離が生じ、その員数及び配置の管理が必要となること、③N市が旧文部省基準を超える独自の調理員配置を実施するには正規調理員の定員では不足であったが、直ちに定員を増加させることは困難であったこと、④調理員には特別な資格は必要なく、高校卒業程度の学力を有する者であれば就労可能であることからすれば、調理員を臨時の職に任用したことには相応の理由があるといえ、少なくとも、全ての調理員を正規職員とすべきとするXらの主張は理由がない。

2 同一労働同一賃金の原則に反するか

Xが指摘する「男女労働者と家族責任を有する労働者の機会均等及び均等待遇に関する勧告（ILO165号）、「短時間労働者の雇用管理の改善に関する法律」、「事業主が講ずべき短時間労働者の雇用管理の改善等の

ための措置に関する指針」の諸規定によれば、短時間労働者について、賃金を含めた労働条件の面でできるだけ通常の労働者と均衡のとれた雇用をするよう社会的に配慮すべきことが要請されていると解され、また、我が国が批准する「経済的、社会的及び文化的権利に関する国際条約」「同一価値の労働についての男女労働者に対する同一報酬に関する条約」等の諸規定においても、同一価値の労働に対して同一の報酬を支給することが原則であって、特にこれに反する男女間における不合理な差別を禁止している。

しかしながら、上記の諸規定を根拠とする同一労働同一賃金の原則が、労働関係を直接規律する法規範となり、これに反する賃金格差が直ちに公序良俗に反し、雇用主に賃金の支払義務が生じると解することはできない。なぜなら、これまでの我が国の雇用形態においては、いわゆる年功序列制度が主流とされるとともに、職歴による賃金加算や各種手当の支給など様々な制度が設けられ、同一労働に単純に同一の賃金を支給してきたわけではないし、またそのような支給形態が違法とされてきたものではない上、仮に同一労働同一賃金の原則を現実に採用しようとしても、その労働価値が同一であるか否かを客観性をもって評価判定するに際し著しい困難を伴い、実現が容易でないからである。しかも本件において、正規調理員と臨時調理員は、そもそも採用方法が異なり、特に昭和52年度からは試験制度が導入され、正規職員には一定の能力が求められており、給食調理という業務面では格別の相違がないとしても、学校給食がない期間中、正規調理員は厨房設備の整備や補修、食器の補修、プレートの書換等を業務とし、研修への参加と健康診断の受診義務が義務付けられ、しかもN市による拘束下で公務員としての制限に服する状態にあるのに対し、臨時調理員は休業期間となれば雇用保険の給付金を受給し、他の仕事に就くことも自由であって、歴然とした差異が認められる。このほか、正規調理員は長年にわたる就労が予定され、場合によっては組織を管理する地位に就く可能性も含めて、調理能力や資質、素養等が評価されるべき地位にある点においても異なっている。したがって、臨時調理員の労働と正規調理員の労働とが全く同一価値であると評価するの

は困難であるから、同一労働同一賃金の原則を適用する余地はない。

3 正規調理員と臨時調理員との賃金格差は裁量権を逸脱しているか

　Xらが27年6カ月にわたって断続的に調理員の仕事を続け、給食調理の面においては正規調理員と同等の業務を行っているとしても、正規調理員と臨時調理員の区別は相応の理由があると考えられる上、業務自体にも差異があり、同一人物の雇用が断続的に繰り返されているからといって、Xらの任用を継続雇用と考えることはできない。そして、このような職制上の差異は、学歴や身分上固定的なものではなく、Xらにも試験を受けて正規調理員に採用される機会が認められており、実際に臨時調理員から試験に合格して正規調理員になった者もいる。また、臨時調理員の日給は6350円と、他の臨時職員との均衡を考えて決定されており、他市の臨時調理員の日給（5200〜6000円）より高くなっている。そして、組合との団体交渉では、正規調理員が月給であるのに対し臨時調理員は日給、非常勤調理員は時間給と区別されている点や、正規調理員以外には退職金がない点が問題として挙げられており、これらの交渉の成果として、臨時調理員の日給が徐々に増加してきた事実も認められる。さらに、N市は賃金の面でXらに正規調理員と同一の扱いを期待させていたわけではなく、Xらは、退職金が支払われないことも含めて、採用当初から労働条件を認識し得たのであるから、N市の側に信義に反するといった事情も認められない。

　確かに、断続的とはいえ、同一職場に27年余勤務しながら退職時に全く金銭が支給されないことに関して、Xらが強い不満の心情を抱いたことは理解できないではなく、この点は将来に向けた検討課題と思料される。しかし、臨時調理員の雇用が短期間であって継続雇用とは認められないこと、Xらが失業期間中雇用保険の給付を受けていたこと、Xらにも正規調理員の採用試験の受験機会が与えられていたこと、退職金が支給されないことは採用時から明確にされていたこと、日給は年々増加してきていることなどからすれば、N市において、公序良俗に反するほどの賃金格差を生じさせているとは認められない。

解 説

　Xらは、臨時調理員として、N市に27年半にわたって断続的に雇用され、給食提供の業務に従事してきたものである。賃金は、当然のことながら、雇用されて業務に従事している間のみの支払となり、給食がなく雇用されていない期間は支給されない。しかし、この間、Xらは雇用保険の失業給付を受給することにより収入を得ていたようである。このように、定期的に失業給付を受給することを前提に、市が臨時調理員の生活設計を図ることは、雇用保険制度の趣旨からみて問題のあるところであろう。

　判決では、臨時調理員と正規調理員との賃金等の格差の合理性を認める理由として、正規調理員は給食のない期間においても給食を円滑に提供するための準備業務を行っていること、臨時調理員も試験を通じて正規調理員に登用される道が開かれていることを挙げているが、具体的に挙げられた給食のない期間における正規調理員の業務内容を見ると、果たして、これらの業務を給食がない期間を通して行うほどの業務量となるのか疑問なしとしない。

19 臨時社員運転士に正社員運転士より低額の賃金
日本郵便逓送臨時社員賃金格差事件

大阪地裁平成14.5.22

事件の概要

　Y社（被告）は、郵便物の輸送等を業とする会社であり、従業員は正社員と期間臨時社員に大別され、期間臨時社員は、臨時事務員、臨時運転士、臨時作業員、臨時雑務員、パートタイマーに分けられ、A、B、C及びD（いずれも原告。以下「Aら」）は、いずれも臨時社員の大型運転士として3カ月の雇用期間を更新してY社で稼働していた。

　正社員である運転士（本務者）と臨時社員運転士とでは、郵便物の輸送便を運転する点では同じだが、本来的には、本務者は定期的な運行が予定されている既定便に、臨時社員運転士は、主として不定期、不定時に運行される臨時便に乗務していた。

　Y社においては、本務者は期間の定めがなく、60歳定年で、広域にわたる転勤が予定されるのに対し、臨時社員運転士は、更新が予定されているものの、雇用期間は3カ月で65歳まで就労可能とされ、異動範囲は各統括支店のみとされていた。

　Aらに対する賃金を本務者のそれと比較すると、概ね7割程度であった。Aらは、本務者と同じ仕事をしながら賃金が大きく異なることは公序良俗に反することを理由に、Y社に対し、本務者と同額の賃金、賞与、各手当の差額分として、Aにつき572万円余、Bにつき398万円余、Cにつき449万円余、Dにつき477万円余を請求した。

判決要旨

　確かに郵便物の取扱いという業務を捉えれば、本務者と臨時社員運転士で異なるところはなく、本務者はあらかじめ定められた便にしか乗務しないのに対し、臨時社員運転士は臨時便を中心に乗務し、ときには本務者と同じローテーションに組み込まれて乗務することもあり、臨時社

員運転士の労働が本務者のそれより軽度ということはなかったし、Ｙ社は、臨時社員運転士が本務者に比して、賃金その他の労働条件がＹ社に有利なこともあって臨時社員を多用してきたといえる。

　しかしながら、Ａらが主張する同一労働同一賃金の原則が一般的な法規範として存在しているとはいい難い。すなわち、賃金などの労働条件は、労働基準法などの法規範に反しない限りは当事者間の合意によって定まるものである。

　我が国の多くの企業では、年功序列による賃金体系を基本として、学歴、年齢、勤続年数、職能資格、業務内容、責任、成果、扶養家族等様々な要素により定められてきた。労働の価値が同一か否かは、職種が異なる場合はもちろん、同様の職種においても、雇用形態が異なればこれを客観的に判断することは困難である上、賃金は必ずしも労働の量に応じて支払われるものではなく、年齢、学歴、勤続年数、企業貢献度、勤労意欲を期待する企業の思惑などが考慮され、純粋に労働の価値のみによって決定されるものではない。このように、長期雇用制度の下では、労働者に対する将来の期待を含めて年功型賃金体系が採られてきたのであり、年功によって賃金の増加が保障される一方で、それに相応しい資質の向上が期待されるとともに、他方でこれに対応した服務や責任が求められ、研鑽努力も要求され、配転、降級、降格等の負担も負うことになる。これに対して、期間雇用労働者の賃金は、そのときどきの労働市場の相場によって定まる傾向を持ち、将来に対する期待がないから、一般に年功的要素は考慮されず、賃金制度は長期雇用の労働者と差異が設けられるのが通常であるが、これを必ずしも不合理ということはできない。労働基準法3条、4条も、雇用形態の差異に基づく賃金格差まで否定する趣旨ではないと解される。これらから、Ａらが主張する同一労働同一賃金の原則が一般的な法規範として存在しているとはいい難いのであって、一般に、臨時社員を正社員と異なる賃金体系で雇用することは、正社員と同様の労働を求める場合であっても、契約自由の範疇であって、何ら違法ではない。

　制度上、本務者と臨時社員運転士との労働条件及び労働契約の内容は

大きく異なり、本務者は、終身雇用、昇進・降格の制度を前提として、将来的に幹部社員となり得ることが予定されているのに対し、臨時社員運転士は、65歳までは契約更新が可能であるものの、3年経過時には一定の契約終了金がＹ社から支払われる。

　加えて、平成6年8月頃までは、臨時社員運転士は臨時便に乗務し、既定便に乗務する場合は本務者の欠勤等の穴埋めとしてであったし、その後においても、臨時社員運転士は本務者の不足を補うために乗務しているといえる。これらからすると、本務者と臨時社員運転士とは、その雇用形態に明確な差がある。結局のところ、Ｙ社においては、臨時社員運転士を採用する必要があり、ＡらはいずれもＹ社との間で、臨時社員運転士として3カ月間の雇用期間の定めのある労働契約を締結しており、労働契約上、賃金を含む労働契約の内容は明らかに本務者とは異なることは契約当初から予定されていたのであるから、Ｙ社が、賃金について、期間臨時運転士と本務者を別個の賃金体系を設けて異なる取扱いをし、それによって賃金の格差が生じることは、労働契約の相違から生じる必然的結果であって、それ自体違法となるものではない。

　既定便も臨時便も業務内容に特段の差は認められない。そして、Ａらは、雇用期間3カ月といいながら、事実上は更新を重ねて4年以上雇用されており、他方、臨時便といいながら多くの便が恒常的に運行されており、これを本務者に乗務させられない理由は少ないのに、賃金等においてＹ社に有利な臨時社員運転士で代替している面がないともいえない。しかも、臨時社員は本務者より賃金は低く、その格差は大きいといえ、Ａらの不満はこの点にあると理解できるが、臨時社員制度自体を違法とはいえず、その臨時社員としての雇用契約を締結した以上、更新を繰り返してこれが長期間になったとしても、これによって直ちに長期雇用労働者に転化するものでもないから、結局のところ、その労働条件の格差は労使間における合意によって解決する問題に過ぎない。

　Ａらは、仮に同一労働同一賃金に未だ公序良俗性が認められないとしても、憲法14条、労働基準法3条、4条の公序性に基づけば、同一企業内において同一労働に従事している労働者らは、賃金について平等に取

り扱われる利益があると主張する。しかしながら、雇用形態が異なる場合に賃金格差が生じても、これは契約自由の範疇の問題であって、これを憲法14条、労働基準法3条、4条違反ということはできない。

 解説

　労働契約法が存在しない時代において、有期契約労働者と無期契約労働者の労働条件の格差の是非が争われた事件である。

　有期雇用の臨時社員運転士であるＡらは、本務者と同一の労働をしていることを理由に同一の賃金を請求したところ、判決では、臨時社員運転士の労働は本務者のそれと比較して同等若しくはそれ以上の負荷があることを認めながら、同一労働同一賃金の法理は存在しないとして、Ａらの請求を全面的に棄却している。この判断の基礎となったのは「契約自由の原則」である。

　本判決は、要するに、臨時社員運転士の労働は本務者のそれと遜色はなく、それにもかかわらず賃金が低く抑えられていることにＡらが不満を持つことは理解できなくもないが、そうした賃金であることは契約締結の時点でわかっていたことであり、それを承知で労働契約を締結した以上、今更文句を言うなということである。最近何かと批判の的となる「自己責任」の考え方がここに示されている。

　契約自由の原則は確かに重要なものではあるが、これを労働契約において振りかざした場合、力の弱い労働者が不利な状況に追い込まれることは自明であり、それだからこそ労働基準法を始めとする労働者保護法が制定、発展してきたわけである。本判決は、そうした労働者保護の視点に著しく欠けたとの誹りは免れないであろう。

　なお、本件が現在争われたとすれば、労働契約法20条ないしそれが改正された有期・短時間労働法8条により、Ｙ社の対応が問題とされ、Ａらの請求は少なくとも一定の範囲で認められたものと思われる。

20 男女共同参画団体女性嘱託相談員と正規職員との賃金格差

京都市財団法人嘱託職員賃金格差事件

京都地裁平成20.7.9、大阪高裁平成21.7.16

事件の概要

　D財団（被告・被控訴人）は、男女共同参画等の実現を目的とし、京都市男女共同参画センターを管理運営する財団法人であり、X（原告）は平成6年2月にD財団に嘱託職員として雇用され、平成12年3月に一旦退職して大学院に入学するなどした後、平成16年4月1日、D財団に再度嘱託職員として雇用され、1年間の雇用契約を更新した後、3年後（本件雇用期間）の平成19年3月末に退職した女性である。

　Xは、労働の内容が正規職員と同様であるにもかかわらず、正規職員よりも低い賃金を支給されることは、幸福追求の権利を定めた憲法13条及び法の下の平等を定めた憲法14条に違反するとともに、社会的身分による労働条件の差別的取扱いを禁止した労働基準法3条及び賃金の男女差別を禁じた同法4条、ILO条約その他国際条約等で定められた同一価値労働同一賃金並びに民法90条に違反し無効であるとして、不法行為に基づき、D財団に対し、正規職員との賃金及び退職手当の差額506万8543円の支払いを請求した。

　第1審では、Xが主張する憲法、労働基準法、ILO条約その他国際条約は、本件の場合に該当しないか、裁判規範とはなり得ないなどとしてXの請求を棄却したことから、Xはこれを不服として控訴に及んだ。

控訴審判決要旨

1　本件賃金処遇が憲法13条及び14条に反し不法行為となるか

　憲法の規定は、専ら国又は公共団体と個人との関係を規律するものであり、私人相互の関係を直接規律することを予定するものではないところ、D財団は京都市が出資して設立された財団法人であり、その行為に憲法が直接適用されるかには疑義があり、実体法規の解釈に当たって憲

法の規定を考慮要素とすることによってその趣旨を適用するのが相当である。そして、憲法14条は労働基準法3条、4条の解釈・適用を通じて私人関係を規律することになるが、憲法13条自体から具体的な法規範性を見出すことは困難である。以上のとおり、本件賃金処遇が憲法13条及び14条に直接違反するとの主張は採用できない。

2　本件賃金処遇が労働基準法3条に反し不法行為となるか

労働基準法3条が憲法14条の趣旨を受けて社会的身分による差別を絶対的に禁止したことからすると、労働基準法3条の「社会的身分」の意義は厳格に解釈すべきであり、自己の意思によっては逃れることのできない社会的身分を意味すると解するのが相当である。嘱託職員という地位は自己の意思によって逃れることのできない身分ではないから、同条の「社会的身分」には含まれず、本件賃金処遇が同条に違反するとはいえない。

3　本件賃金処遇が労働基準法4条に反し不法行為になるか

D財団は、相談員として採用する嘱託職員については、募集に当たって性別を問わないものとしたことが認められ、嘱託職員に適用する給料表を男女別に作成していたわけではないことを考慮すると、Xが女性であることを理由にして機会の平等を侵害するような作為を行ったとは認められない。したがって、Xについての本件賃金処遇が女性であることを理由とする差別的な取扱いとはいえない。

Xは、D財団の嘱託職員は京都市の退職者を除いて全員女性であること、非正規職員のうち女性が多数であること、非正規職員に対して正規職員より低い処遇をすることは女性の待遇を低くすることであって間接差別であることを主張する。しかし、業務の内容及び男女共同参画センターの利用者である女性から見た場合、女性が担当する方が利用しやすい側面があること、女性の立場からD財団への就職を希望する者も多いと考えられること、正規職員においても10名中8名が女性であることを考慮すると、嘱託職員の待遇自体が間接的に女性を差別するものになっているとは認め難い。よって、本件賃金処遇が労働基準法4条に違反するとはいえない。

4 本件賃金処遇が同一（価値）労働同一賃金の原則等の理念、公序良俗等に反し不法行為となるか

ILO100号条約2条1項は「同一（価値）労働同一賃金」の原則について言及しているが、同条約3条1項では、同原則の具体的な実現については、各加盟国に委ねられていると解されている。その他Xが主張する国際人権規約A規約、女子差別撤廃条約11条1項d項、ILO156号条約は、いずれも同一労働同一賃金原則に関する裁判規範性の根拠となるものではない。

5 労働基準法4条は同一（価値）労働同一賃金の原則を規定したものか

我が国における労働者の賃金は、単純に労働により生み出された成果や付加価値、拘束時間により決定されるものではなく、多種多様な考慮要素を斟酌して決せられるものであり、現在、いわゆる成果主義が取り入れられつつあるといっても、上記のような我が国の賃金決定方式が不合理ということはできない。長期雇用制度の枠外にある非正規労働者については、一般的にいえば職務内容が限定的で責任も軽く、時間的な拘束が弱い場合が多い反面、賃金も固定的であるのが通常と考えられ、このような雇用形態が違法であるわけではない。非正規労働者の雇用改善について、平成5年6月、短時間労働法が制定されたものの、短時間労働者に関する労働条件改善は努力義務とされていた。その後同法は改正され、非正規労働者の労働条件に関して初めて一定の法律上の枠組みが設定されるに至ったところが、同法改正法においても、賃金等の待遇に関して、通常の労働者と同視すべき短時間労働者については、同一（価値）労働同一賃金の原則を具体的に規定したものの、それ以外の非正規労働者については努力義務規定が置かれたにすぎない。また、平成19年12月に制定された労働契約法においても、同一（価値）労働同一賃金の原則を正面から義務付けるような規定は置かれていない。以上、法律の規定の状況、我が国の雇用慣行等の事情を考慮すると、労働基準法4条が、同一（価値）労働同一賃金の原則を定めていると解することはできない。

6　均衡の理念について

　Xは、同一（価値）労働同一賃金の原則が法規範として認められなくとも、均衡の理念が設定する公序良俗違反としての不法行為を主張する。

　いわゆるバブル経済の崩壊後、ワーキングプア問題や格差問題が生起しており、このような社会情勢の変化を反映して短時間労働法の改正がなされ、限定された範囲ではあるが、賃金決定等について差別的取扱いをしてはならないと規律し、通常の労働者と同視すべき短時間労働者に該当しない短時間労働者についても「通常の労働者との均衡を考慮しつつ」その賃金を決定するように規定し、更に労働契約法は「労働契約は、労働者及び使用者が、就業の実態に応じて、均衡を考慮しつつ締結し、または変更すべきものとする」と規定した。以上の法律関係とその背景を総合すると、上記法規、憲法14条及び労基法の根底には、正規雇用労働者と非正規雇用労働者との間における賃金が、同一（価値）労働であるにもかかわらず、均衡を著しく欠くほどの低額である場合には、改善が図られなければならないとの理念があると考えられる。したがって、非正規雇用労働者が提供する労働が、正規雇用労働者との比較において同一（価値）労働と認められるにもかかわらず、当該事業所における慣行や就業の実態を考慮しても許容できないほど著しい賃金格差が生じている場合には、均衡の理念に基づく公序違反として不法行為が成立する余地がある。

7　Xの労働と正規職員の労働との比較

　本件で不法行為が成立するためには、①Xの労働が正規職員との比較において同一（価値）労働と認められること、②D財団における慣行や就業の実態を考慮しても許容できないほど著しい賃金格差が生じていることが必要と考えられる。Xは一貫して相談担当であったところ、本件雇用期間の相談員3名はいずれも嘱託職員であるから、相談業務について比較対照すべき正規職員はいない。Xは、相談業務の質が低いものではなかったと主張し、その主張を通じて相談業務と他の正規職員の労働が同一価値であることを強調していると考えられるが、両者を比較対照できるほど具体的であるわけではない。また、相談室担当の嘱託職員の

職務は相談業務に特化しており、他の部署への人事異動は考えられておらず、その在職期間についても比較的短期であることが認められる。このような点からみて、Ｄ財団は相談業務の特質に応じて、基幹職への成長が期待される正規職員ではなく、比較的短期間在職することを予定され、相談という専門的で特殊な職能に適応した嘱託職員を採用して割り振り担当させていたとみるべきである。その状況に照らすと、相談業務を担当する嘱託職員の労働が正規職員の労働と同価値であるとまで認めることはできない。Ｄ財団の正規職員の採用試験の受験資格は、ほぼ20歳から30歳までの短大・４年制大卒者が有するのと同程度の能力を有する者とされ、教員、社会教育主事等何らかの免許を取得していることを採用の条件としていたが、嘱託職員の採用に関しては原則として35歳以上とし、資格保持を要件としていなかった。また、正規職員は異なる業務に就くことがあったが、相談業務担当のＸについては異動が予定されていなかった。

　以上によれば、Ｘの職掌が相談業務及びこれに関連する業務に限定され、比較対照すべき正規職員が見当たらない上に、年齢等の採用要件が正規職員とは異なっており、また採用後も職務上の拘束が弱く、負担も正規職員より軽い扱いであったことなどが認められ、これらの点を総合すると、Ｘの労働が正規職員の労働と比較して同一又は同一価値であると認めることはできない。

8　賃金格差

　Ｘは平成16年３月、基本賃金月額14万2000円、期間１年などの条件の説明を受けてＤ財団に就職し、その後もほぼ同条件の嘱託職員契約に応じている。そして、改正短時間労働法においても「通常の労働者と同視すべき短時間労働者」以外の短時間労働者については努力義務としている点に照らせば、同一（価値）労働と認められるに至らない場合においても賃金に格差があれば直ちに賃上げを求めることができる権利については実定法上認め難く、賃金に格差がある場合に常に公序違反と扱い、不法行為に該当すると断定することもできない。Ｘの労働と正規職員の労働との間には、Ｄ財団における慣行や就業の実態を考慮しても許容で

きないほど著しい賃金格差があるとまで認めることはできない。

解説

　D財団で相談業務を担当する嘱託職員Xは、正規職員との賃金格差が、憲法14条、13条、労働基準法3条、4条、ILO条約その他の国際条約に反するなどとして、正規職員との差額賃金、差額退職金を請求した事件であるが、第1審、控訴審とも、請求を全て棄却している。

　Xが請求の根拠とした各法令のうち、憲法は私人間には直接適用されるものではなく、労働基準法、民法など法律を介してその価値を実現するものであることはいずれの判決においても示されており、本件もその考えに沿った判断をしている。また、労働基準法3条にいう「社会的身分」は、生来のもので、自分の意思で選択したもの（たとえそれが不本意なものであっても）は、これに当たらないことも、確定した判断といえる。したがって、正規職員か非正規職員かは同条にいう社会的身分には該当しない。

　労働基準法4条は賃金についての女性差別を禁じたものであるところ、本件の場合は正規職員、非正規職員間の賃金格差の問題であり、男女間の問題ではないから、これも同条違反にはならないとされている。Xは、一般公募で採用された嘱託職員は全て女性であることからすれば、嘱託職員の賃金を正規職員より低くすることは間接差別に該当すると主張したが、これについても、業務の内容が女性からの相談という性格上、女性の方が相談しやすい面があること、嘱託職員の希望者も女性が多いことを理由として、間接差別を否定している。ただ、女性からの相談という仕事の性格上、女性の方が向いているという面はあるかも知れないが、だからといって嘱託職員の採用を女性に限定していたとすれば、男女雇用機会均等法との関係で問題が生じる可能性があると思われる。

21 貨物自動車運転手の労働条件格差がパート労働法違反
ニヤクコーポレーション短時間社員労働条件差別事件

大分地裁平成25.12.10

事件の概要

　X（原告）は、貨物自動車運送事業等を営むN社（被告）との間で平成16年10月15日から6カ月間の労働契約を締結して運転手として稼動し、その後平成17年10月1日から6カ月間、翌4月1日から1年間の労働契約を締結して準社員（短時間労働者）としてN社に雇用され、以後同契約を更新した。

　平成23年2月、Xは職務内容が正社員と同一であるにもかかわらず処遇の差があるのは短時間労働法8条1項に違反するとして労働局に対し同法に基づく援助を求め、労働局はN社に処遇改善の指導を行ったが、N社はこれに応じなかった。その後Xは、調停更には労働審判を申し立て、労働審判では短時間労働法8条違反及び不法行為に基づき過去3年分の賞与の差額相当分120万円の支払いが命じられたが、N社が異議を申し立てたため本件は訴訟に移行した。

　N社は、平成24年7月1日、準社員就業規則等を改正し、Xの契約期間を同日から1年間とするとともに、労働時間及び勤務日数を正社員と同じ1日8時間、年258日に基本日額を6850円から7870円に変更したところ、Xはこれに応じなかった。

　N社はXに対し、平成25年3月末をもって労働契約を終了する旨通知したが、Xはこれまで有期契約を更新して7年間勤務してきたこと、面接に当たって雇用継続について合理的期待を抱かせる言動をしたこと等を理由に、労働契約上の地位にあることの確認と雇止め後の賃金の支払を求めるとともに、短時間労働法8条に基づき正社員と同一の待遇を受ける労働契約上の権利を有する地位にあることの確認と賞与の差額120万円、賃金、休日割増分の差額を請求するほか、慰謝料100万円、弁護士費用20万円を請求した。

判決要旨

1　XとN社間の雇用関係の実態

　正社員と準社員との間には、転勤・出向の点において大きな差があったとは認められない。また両者は、平成24年3月の時点で、上位ポストへの任命の有無によって正社員と準社員との間で、配置の変更の範囲が大きく異なっていたとまではいえない。また、正社員ドライバーの中には、事務職に転換して主任、事業所長等に任命された者があるのに対し、準社員には事務職に転換した者はいないが、事務職に転換した正社員ドライバーはごく例外的と認められるから、事務職への転換の点をもって、正社員ドライバーの配置の範囲が準社員ドライバーと異なるとはいえない。

2　短時間労働法8条1項違反の有無について

（1）通常の労働者と同視すべき短時間労働者への該当性

　XとN社の労働契約は、反復して更新されることによって期間の定めのない労働契約と同視することが社会通念上相当と認められるものに該当すると認められ、Xは、職務の内容及び配置の範囲に照らし、通常の労働者と同視すべき短時間労働者に該当すると認められる。

（2）賃金の決定その他の待遇についての差別的取扱いの有無

　Xが準社員として受領した年間賞与15万円は、正社員に登用された場合と40万円以上の差があり、この点において、準社員は賞与の決定について正社員と比較して差別的取扱いを受けていたと認められる。Xは通常の労働者と同視すべき短時間労働者に該当すると認められ、年間賞与額について正社員と準社員に40万円を超える差を設けることについて合理的な理由があるとは認められず、このような差別的取扱いは、短時間労働者であることを理由として行われているものと認められる。平成23年から1年間の週休日の日数が、正社員は39日であるのに対し準社員は6日であり、この差について、準社員が勤務した場合は通常の賃金しか得られないのに対し、正社員が勤務すれば時間外割増賃金を得ることができるから、この点において、準社員は正社員と比較して差別的取扱いを受けていると認められる。通常の労働者と同視すべき短時間労働者に、週休日の日数について正社員と差を設けることに合理的な理由があると

は認められず、このような差別的取扱いは短時間労働者であることを理由として行われていると認められる。

正社員には退職金が支給されるのに対し、準社員には退職金が支給されないが、Ｘは通常の労働者と同視すべき短時間労働者に該当すると認められ、このような差を設けることについて合理的な理由があるとは認められず、このような差別的取扱いは、短時間労働者であることを理由として行われているものと認められる。

（３）短時間労働法８条１項への違反

以上によれば、正社員と準社員であるＸとの間で、賞与額が大幅に異なる点、週休日の日数が異なる点、退職金の支給の有無が異なる点は、通常の労働者と同視すべき短時間労働者について、短時間労働者であることを理由として賃金その他の処遇について差別的取扱いをしたものとして、短時間労働法８条１項に違反すると認められる。

3　短時間労働法８条１項に基づく請求権の成否について

（１）正規労働者と同一の地位にあることの確認

Ｘが請求するＮ社の正規労働者と同一の労働契約上の権利を有する地位にあることの確認、賃金の決定、教育訓練の実施、福利厚生施設の利用その他の待遇について、正規労働者と同一の待遇を受ける労働契約上の権利を有する地位にあることの確認は、確認の対象である権利義務の内容が明らかでない上、短時間労働法８条１項は差別的取扱いの禁止を定めているものであり、同項に基づいて正規労働者と同一の待遇を受ける労働契約上の権利を有する地位にあることの確認を求めることはできないと解されるから、上記の地位確認請求はいずれも理由がない。

（２）損害賠償

短時間労働法８条１項に違反する差別的取扱いは不法行為を構成すると認められ、ＸはＮ社に対し、その損害賠償を請求することができる。Ｘは、その年間賞与額が正社員に比べて40万円少ない点において差別的取扱いを受けており、それによる損害は、平成21年４月１日からの３年間における賞与額の差の合計120万円と認められる。

Ｘは、週休日の日数が正社員より少ない点において差別的取扱いを受

けているから、Ｘが週休日が少ないことによって被った割増分の損害額は15万5837円と認められる。平成24年4月1日から6月30日までの3カ月間における賞与額の差は9万9999円と認められ、この3カ月間の割増分の損害額は1万2984円と認められる。

　Ｘは、Ｎ社からの退職を主張しておらず、Ｎ社は平成25年3月31日までの労働契約の労働条件と同一の労働条件でＸによる申込みを承諾し、ＸとＮ社の間には労働契約が存在するとみなされるから、退職金の損害は認められない。Ｎ社による差別的取扱いの損害は金銭賠償によって回復されるから、慰謝料は認められない。弁護士費用は14万円が相当である。

解説

　本件は、Ｎ社が行ったＸに対する雇止めの無効確認と、短時間労働法8条1項に基づく正社員と短時間社員（準社員）の労働条件の相違の是否の2点が主要な争点となっている。このうち前者については、本書の趣旨から前記「判決要旨」の中には記載していないが、Ｎ社が主張する雇止め理由（虚偽の事実の吹聴、多数の従業員を裁判に巻き込んでいること、上司との信頼関係を毀損する発言）は認められないとして、雇止めを無効とし、Ｎ社に対し雇止め後の給与の支払いを命じている。

　一方、準社員であるＸと正社員との労働条件の相違については、Ｘを短時間労働法8条1項に定める「通常の労働者と同視すべき短時間労働者」に該当するとして、正社員と同一の待遇を受ける労働契約上の地位にあることは認めなかったものの、Ｎ社のＸに対する差別待遇を不法行為と認め、賞与の差額等総額210万円余の支払いを命じた。本件は、短時間労働法8条における差別を正面から認め、差額相当の損害賠償を認めた数少ない事例といえる。

3. 労働契約法20条関連のうち定年退職後再雇用社員に係る事例

　第2章の1は、有期雇用労働者が同じ職場の無期雇用労働者との労働条件の相違を問題にしたものであるが、労働者が正社員として長期間勤務して定年退職した後に引き続き有期雇用労働者として再雇用され、労働の内容が定年前と変わらないにもかかわらず、その賃金等が切り下げられることがしばしば見られる。こうした場合、定年退職後再雇用者が同一労働同一賃金を主張して差額賃金等を請求する事例も少なからず見られるが、1のケースと異なり、長期間同一企業で勤務し、年功的賃金体系の下で、それなりの賃金を受け続けており、退職金も受給していたことをどう見るかという観点が必要となる。

　年功的賃金というのは、ある場面を切り取ってみれば、同一労働同一賃金には当てはまらないとしても、その社員の職業生活全体を通してみれば、概ね労働と賃金が均衡していることを暗黙の前提にしているもので、そうした観点に立てば、定年退職前の正社員時代と比較して、同一労働だから同一の賃金を寄越せという主張は、なかなか受け入れにくいものであり、大半の判決はそのような考え方に立って判断している。

　また、定年後には高年齢者継続雇用給付金や老齢厚生年金（報酬比例部分）の受給も可能となり得る点も、定年後再雇用の賃金の合理性を判断するに当たって斟酌される点である。もっとも、だからといって、定年後には労働条件をどれだけ引き下げても許されるかといえば、当然のことながら自ずと限界はあり、多くの事例では、その引下げの程度が問題となっている。

22 定年再雇用後に賃金3割弱減額
愛知ミカタ運輸定年後賃金減額事件

奈良地裁平成22.3.18、大阪高裁平成22.9.14

事件の概要

　X（原告）は平成元年12月から、貨物自動車運送等を業とするM社（被告）で勤務していた者である。高年齢者雇用安定法では、平成18年4月施行の改正法により、65歳未満の定年を定めている事業主に対し65歳までの継続雇用を義務付けたところ、これを受けてM社は、定年後の再雇用として、60歳に到達した者を65歳を限度としてシニア社員として嘱託雇用する旨労組と協定した。

　Xは平成19年に定年退職してシニア社員契約を締結し、定年前と同様の昼勤に従事した。Xのシニア社員としての賃金は定年前より3割弱減少したところ、Xは同シニア契約は従前からの労働契約が継続しているに過ぎないとみるべきであるから、シニア社員の賃金を減額することは同一労働同一賃金の原則に反し、労働契約法3条2項所定の均衡待遇原則、短時間労働法8条所定の均等待遇原則に違反し無効であるとして、主位的請求として賃金額の差額の支払いを請求するとともに、予備的請求として、本件賃金減額は上記同一労働同一賃金原則、均衡待遇原則に違反し不法行為を構成するとして、M社に対し、減額分の損害19万円余の支払いを請求した。

第1審判決要旨

1　シニア社員制度の適用は同一労働同一賃金の原則、労働条件の一方的な不利益変更、労働契約法所定の均衡待遇原則の観点から公序良俗違反になるか

（1）労働条件の一方的な不利益変更に該当するか

　就業規則においては、従前から定年について60歳と定められており、定年後については会社が特に必要を認めた者のみが採用することがある

とされたにすぎず、その場合でも、嘱託の期間は原則１年、必要により
変更することがあるとされ、給与もその都度決定されるとの限度に止まっ
ており、従前は会社が必要と認めたときに嘱託として再雇用されるとい
う期待利益、それも１年毎に更新されるとの限度に止まっていた。これ
に対し、本件就業規則の変更により、上記期待利益が、一定の基準を満
たせば原則として採用すべきものとの定めが申し合わされたのであって、
より確実な利益となったと認められる。賃金面を見ると、正社員の支給
総額とシニア社員のそれは、なるほど従前に比して相当程度低下したか
に見える内容になっているが、翻って勘案すると、就業規則上、従業員
の定年後の雇用は殆ど確保されていなかったのに対し、これがある程度
確実な利益として確保されるに至ったことを考慮すると、正社員の給与
そのものと比較するのは相当でない。

　以上を総合すると、あくまでも定年退職後の就職については、同一労
働同一賃金の問題ではないから、労働条件の一方的な不利益変更には該
当しないし、就業規則全体を見ても、定年後の就職につき、従前は期待
利益に過ぎなかったものが、ある程度の予測可能性をもって就職可能と
なる道を開き、より確実な利益となったものであって、不利益に変更さ
れたともいい難い。

（２）同一労働同一賃金の視点、均衡待遇の視点

　M社においては年功序列型賃金体系は採用しておらず、同一労働同一
賃金の観点に一定の配慮を置く傾向の賃金体系を採用していたことは否
定できない。しかしながら、本件で対象となるのは、同一賃金体系とみ
られる正社員内部の差異ではなく、定年後の労働者という範疇に属する
者につき、異なる賃金体系を採用したこととの比較においてであって、
その点、同一労働同一賃金の妥当する領域かは疑問がある。加えて、同
一の労働であっても、賃金額は、労働の内容のみならず、労務提供の時
間帯（残業手当、深夜手当、休日出勤手当）や家族の事情（家族手当、
別居手当）、通勤の事情（通勤手当）等、労働の内容以外の点を勘案し
て賃金額を決める部分も存在するのであり、その意味では同一労働に対
し同一賃金を確保してきたとの公序が形成されてきたわけではない。そ

して、正社員の場合は、①基準内賃金としての基本給、能率給、業務給、②基準外賃金としての残業手当、深夜手当とされているが、実際には最低の賃金額を保証している。更にXの場合は、独身であっても別居手当が支給されていた。他方、シニア社員の場合には、基本給、残業手当、深夜手当、有休手当があるのみで、これに運行状況に応じて上乗せがされることになる。

　以上のとおり、そもそも正社員の場合には同一労働同一賃金を保証しているとはいえず、様々な観点から別途の配慮をした上での支給内容になっているから、これを単純にシニア社員の賃金と照らし合わせて比較することは相当ではない。また、比較するにしても、最低保証額を控除した上で同一労働に近づけて比較するのか、最低保証額の比較をするのか、様々な方法があり得るところであり、いずれの方法も不当とはいえない。

　上記のとおり、両者の賃金の格差は軽視できないが、高年齢者雇用安定法は、65歳までの継続雇用の義務化の段階的な実現を支援するため、労働者の60歳到達時の賃金月額の25％以上下がった場合には高年齢者雇用継続給付金を支給することとし、賃金額が定年前の75％以下となることを許容し、61％になることまでも具体的に細かく予測した上で支給金の割合を決定しており、少なくとも同一企業内において賃金額自体を比較した場合には、制度上折り込み済みというべきものでもある。また、均等待遇原則の観点からも、62.65％ないしは54.6％といった数字は、我が国労働市場の現況や、定年退職後の雇用状況に鑑みると、これが看過し難いほどの差といえるか、ないしは公序良俗違反といえるかは疑問がある。さらに言えば、同制度実施において、他社の扱いを見ても、9割の企業が勤務延長制度の採用や定年引上げだけではなく、再雇用制度を取り入れており、しかもそのうちの44.4％の企業が定年時の年収の半分程度を予定して制度設計しているのであるから、この観点からみても、M社にみられる上記の差が全国の労使秩序からみても、特段に偏向しているとも認め難い。また、シニア社員制度において、その賃金額が「時給1000円」とされた点は、正社員の時間給が1300円であることからすると、高年齢者雇用安定法自体が想定した範囲を出るものではない。さらに、

平成19年4月以降のXのシニア社員としての給与を見ても、その平均月額は22万6168円で、奈良県の運輸業・企業規模100ないし999人の給与額は、決まって支給する現金給与額18万5100円、所定内給与額17万3400円である。そうすると、上記を比較する限りにおいても、シニア社員の賃金額それ自体を取り上げても、奈良県内の賃金レベルからみて、高年齢者雇用安定法の趣旨を没却ないし逸脱するほどの低額ということはできない。

そうすると、嘱託の地位はなるほど正社員より後退した内容であるが、それでもなお高年齢者雇用安定法の予定する制度枠組みの範囲内であり、その範囲内では、同法の趣旨として期待される定年後の雇用の一定の安定性が確保される道が開かれたとの評価もまた一面で可能なのであって、必ずしも公序良俗違反を招来するとは考えられない。そして、高年齢者雇用安定法において、65歳まで雇用を同一体系内で確保を義務付けあるいはこれに反するものは私法上無効と解することはいずれも困難であって、雇用継続は各事業主の実情に配慮し、労使の工夫による自主的努力に委ねられるべきである。以上によれば、シニア社員制度が直ちに公序良俗違反というのも困難である。

2 シニア社員制度を前提とする労働契約の効力の範囲

上記によれば、Xは、シニア社員制度を前提とする嘱託の個別労働契約の締結に至っているのであって、そこには何ら強制的な契機等が介入した形跡はない。M社としては事実上の合意に至ったと考えたことが認められ、結局、黙示的に合意があったと認めても不当でない状況となっていたことが認められる。そして、シニア社員制度が公序良俗に反しないことが認められるから、これらを動機とするXとM社間の労働契約が無効を来す理由はない。

控訴審判決要旨

1 X主張の賃金請求権の有無について

Xは、定年退職により一旦M社の正社員の地位を失った後に、新たに本件労働契約を締結してM社に嘱託として雇用されたのであり、本件契

約書には「時給1000円、賞与なし」と明確に記載されており、これにX
が署名押印して本件労働契約が成立したのであるから、少なくとも、X
が本件各契約書記載の賃金条件で労働契約を締結する意思を有していた
のは明らかであって、従前の正社員当時の賃金額について黙示の合意が
成立するとは到底認められない。

　高年齢者雇用安定法9条1項の規定をみると、違反した場合に私法効
力を認める明文規定や補充的効力に関する規定が存在せず、同項1〜3
号の各措置に伴う労働契約の内容や労働条件に関する具体的な規定がなく、
特に2号の継続雇用の制度の内容が一義的に規定されていないことから、
私法上の効力を発生させるだけの具体性を備えていると解するのは困難
である。そして、同法は、事業主のみならず、国や地方公共団体も名宛
人として種々の施策を要求する公法的性格を有すること、同法9条1項
が、義務違反に対する制裁として、指導、助言、勧告を規定するのみで
あること、同条2項に一定の場合に継続雇用制度の対象となる高年齢者
に係る基準を定めることを許容していること、同法8条が、改正後も65
歳未満の定年制を適法としていることなどからすると、同法は、65歳ま
での雇用確保について、その目的に反しない限り、各事業主の実情に応
じた労使の工夫による柔軟な措置を許容する趣旨であり、私法的強行性
を認める趣旨ではないと解される。

　M社は、従前から定年は60歳とされており、この点は就業規則変更の
前後を通じて変更はない。そして、定年退職後の採用については、従前
は会社が特に必要と認めた者のみを採用することがあるとされていたに
過ぎず、その場合でも、嘱託期間は原則1年、必要により変更があると
され、給与もその都度決定されるとの限度に止まっており、再雇用の期
待利益は、1年毎に更新されるとの限度に止まっていた。これに対し、
就業規則の変更により、上記期待利益が、一定の基準を満たせば原則と
して採用すべきものとされ、より確実な利益となったと認められるから、
従前の嘱託制度に比較して従業員に有利に改正がされたことは明らかで
ある。また、賃金の実態についても、シニア社員導入以前に運転職で定
年退職を迎えた人のうち嘱託として採用された2名の賃金条件は、時間

給900円、夏季賞与4万2000円、冬季賞与4万8000円であったから、シニア社員制度における「時間給1000円、賞与なし」の方が労働者に有利なことは明らかであって、シニア社員制度の導入により嘱託の労働条件が不利益に変更されたものではない。

　以上、いずれの観点からしても、Xが本件労働契約において、シニア社員制度の「時給1000円、賞与なし」の条件を上回る賃金請求権を有していると認めることはできない。

2　シニア社員制度の適用は、同一労働同一賃金の原則、労働契約法改定の均衡待遇原則等の観点から公序良俗違反になるか

　Xは、60歳に達する平成19年までは、M社との間で正社員としての労働契約を締結していたところ、M社を定年退職した翌日以降は、M社との間でシニア社員（嘱託）としての新たな労働契約を締結したのであるから、同一労働同一賃金の原則や均衡待遇の原則が妥当するには、もともとは同種の労働契約に基づき同一労働賃金体系によっているシニア社員間で問題となる事柄である。Xは、シニア社員の賃金額と正社員の賃金額を比較して同一労働同一賃金の原則や均衡待遇の原則に反すると主張するが、正社員とシニア社員とは労働契約の種類、内容が異なり、異なる賃金体系に基づくものであるから、正社員とシニア社員との間には、本来的には同一労働同一賃金の原則や均衡待遇の原則の適用は予定されていない。加えて、同一労働同一賃金の原則といっても、同原則が労働契約関係を規律する一般的な法規範として存在していると認めることはできないし「公の秩序」としてこの原則が存在していると認めることも困難である。したがって、シニア社員制度が同一労働同一賃金の原則に違反しているから公序良俗に反して無効ということはできない。

　M社のシミュレーションによれば、シニア社員は所定内賃金に該当する支給項目に、残業手当30時間分、深夜手当100時間分と仮定した支給額を加算し、これが正社員の場合には43万円となることを前提に54.6%となると試算している。なるほど両者の賃金格差は無視できないが、問題はこれが高年齢者雇用安定法の趣旨を無にするあるいは潜脱する程度に達しており、看過し難いものとして公序良俗違反といえるほどの差に

至っているか、あるいは労働契約法3条所定の均衡待遇原則の観点に照らし、公序良俗違反といえるほどの差に至っているかである。

高年齢者雇用安定法は、労働者の60歳到達時の賃金を100として、60歳以降の賃金額が60歳到達時の賃金月額の25%以上下がった場合には高年齢者雇用継続給付金を支給するとし、75%以下となることを許容し、61%となることまでも具体的に細かく予測した上で支給金の割合を決定しており、少なくとも同一企業内において賃金額を比較した場合には、制度上折込み済みというべきである。また、均衡待遇の観点からも、上記54.6%といった数字は、我が国労働市場の現況や、定年退職後の雇用状況に鑑みると、これが公序良俗に違反するとまで認めることは困難である。更にいえば、他社の扱いをみても、9割の企業が、勤務延長制度や定年引上げではなく再雇用制度を取り入れており、しかもそのうち44.4%の企業が定年到達時の年収の6、7割の、また20.4%の企業が定年到達時の年収の半分程度を予定して制度設計している。この観点からみても、M社にみられる上記の差が全国の労使秩序の傾向上、特段に偏向しているものでもない。別途の報告によっても、定年前と比較すると、60歳を超えてからの賃金額は、定年前の50%から70%の間に73.8%が集中しており、そのうち60から69%の間とする企業が最も多く、この観点からみても、M社の上記賃金の差異が全国の労使秩序上からみても、特段偏向しているともいい難い。

シニア社員の賃金額自体が、高年齢者雇用安定法の趣旨を損なうほどの低額に抑えられているかを検討しても、①平成19年4月以降のシニア社員の給与の平均額は22万6168円であり、これに対し奈良県の運輸業・企業規模100人ないし999人（M社の従業委数は180人）の給与は、決まって支給する現金給与額18万5100円、所定内給与額17万3400円である。そうすると、シニア社員の賃金額自体を取り上げても、奈良県の賃金レベルからみて、高年齢者雇用安定法の趣旨を没却ないし潜脱するほどの低額ということもできない。そうすると、上記の嘱託の地位はなるほど正社員より後退した内容ではあるが、なお高年齢者雇用安定法の予定する制度枠組みの範囲内であり、公序良俗に違反すると認めることは困難で

ある。

解説

　M社においては、高年齢者雇用安定法の改正を受けて、定年退職者を65歳まで再雇用するシニア社員制度を設け、賃金を退職時の約7割としたところ、Xはこれが同一労働同一賃金の原則に反するとして、差額賃金の支払を求めたものである。本件は、①就業規則の一方的な不利益変更に当たるか、②シニア社員の賃金は同一労働同一賃金ないし均等待遇の観点から問題はないかの2点がポイントになる。

　判決では、まず①については、第1審において、なるほど再雇用後のシニア社員の賃金は定年前よりも低下してはいるが、一方65歳まで安定的な雇用が確保されたことからすれば、正社員の賃金との単純比較は相当でないとしている。つまり、定年後の雇用確保と賃金の減額を総合的に考慮すべきとしており、その観点に立てば、必ずしもXが不利益を受けたとはいえないとして請求を棄却している。次に②については、第1審、控訴審とも、正社員と定年後のシニア社員との間で同一労働同一賃金の原則が妥当するかについて疑問を投げかけた上、両者の賃金の格差は軽視できないものの、改正法の趣旨や、高年齢者雇用継続給付金の支給などを考慮すれば、公序良俗違反とまではいえないとしてXの請求を棄却している。また、他社の状況を参考にし、半数近くの企業が定年時の年収の半額程度を予定して制度設計していることも、M社の制度を是とする要因の一つに加えている。

　なお、本件はXのほかYも原告として訴訟に参加しているが、Yは未だ現役であることから、M社に対する賃金請求権は未だ発生していないとして、請求を却下されている。

裁判例

23 定年後のパート雇用で大幅賃金低下を提案
九州総菜定年後パート再雇用事件

福岡地裁小倉支部平成28.10.27、福岡高裁平成29.9.7

事件の概要

X（原告・控訴人）は、総菜を製造販売するK社（被告・被控訴人）において勤務し、平成27年3月30日に定年退職した者である。K社は、高年齢者雇用安定法に定める継続雇用制を導入しており、就業規則等によれば、従業員が定年後も引き続き勤務を希望した場合には、定年後の再雇用は原則として1年間の有期労働契約とし、K社の提示する労働条件は正社員の労働条件と異なる場合があるとされていた。

Xは、定年後の再雇用の希望を申し入れ、K社はこれを受けて、①雇用期間　平成27年4月から1年間、②就業場所　本社、③業務内容　オペレーションその他、④就業条件　週3日・実働6時間、⑤賃金　時給900円（通勤手当、賞与、退職金なし）、⑥契約更新ありとの労働条件をXに伝えた。Xは、この条件では雇用保険の対象にならない旨K社に伝えたところ、K社は、雇用保険のみを付けた場合は、勤務日を月12日、賃金を時給900円（通勤手当月1万1000円）、その他は上記と同じとする条件を示した（本件提案）。これに対し、Xは、主位的には定年退職前と同様のフルタイムでの勤務を求め、予備的には労契法20条違反を理由とする不法行為に基づく損害賠償を請求した。

第1審では、主位的請求、予備的請求のいずれも棄却されたことから、Xはこれを不服として控訴に及んだ。

控訴審判決要旨

1　主位的請求について

Xは、本件提案を応諾していないこと、高年齢者雇用安定法9条1項2号の継続雇用制度は、再雇用後の労働条件が定年前と同一であることを要求しているとは解されないこと、両者の間において、フルタイムか

パートタイムか及び賃金額のような労働条件の根幹について合意がなく、当事者の具体的な合意以外の規範、基準等によりこれを確定し難い場合に、これらを捨象した抽象的な労働契約関係の成立を認めることはできないこと等から、Xの主位的請求は理由がない。

2　予備的請求について

　高年齢者雇用安定法9条1項2号の継続雇用制度の下において、労働条件の決定は原則として事業主の合理的裁量に委ねられていると解されるところ、①労契法20条は「有期労働契約を締結している労働者」の労働条件について規定するものであるが、Xは、定年退職後、K社と再雇用契約を締結したわけではないから、本件において、少なくとも直接的には本条を適用することはできないと解される。仮に、本件に同条が適用されるとしても、Xが定年前の労働条件と本件提案を比較して問題にするのは主として賃金の格差であるところ、K社の就業規則上賃金表は存在せず、パートタイム従業員もそれ以外の従業員も、主たる賃金は、能力及び作業内容等を勘案して各人ごとに定めるものとされているから、両者の間で、契約期間の定めの有無が原因となって構造的に賃金に相違が生じる体系になっていない。したがって、定年前の労働条件と本件提案における賃金の格差が、労働契約に「期間の定めがあることにより」生じたとは直ちにはいえず、いずれにしても本件提案が労契法20条に違反するとは認められない。

　②本件提案が高年齢者雇用安定法の趣旨に反し公序良俗に反するとの点については、同法9条1項に基づき高年齢者雇用確保措置を講じる義務は、事業主に定年退職者の希望に合致した労働条件での雇用を義務付けるとの私法上の効力を有するものではないが、その趣旨・内容に鑑みれば、労働契約法制に係る公序の一内容を成しているといえるから、同法の趣旨に反する事業主の行為、例えば、再雇用について、極めて不合理であって、高年齢者の希望・期待に著しく反し、到底受け入れ難いような労働条件を提示する行為は、継続雇用制度の導入の趣旨に違反した違法性を有するものであり、上記措置による合理的な運用による65歳までの安定的雇用を享受できるという法的保護に値する利益を侵害する不

法行為となり得る。そして、同法9条1項の規定の構造からして、継続雇用制度（同項2号）についても、定年の引上げ（1号）及び定年の廃止（3号）に準じる程度に、当該定年の前後における労働条件の継続性・連続性が一定程度確保されることが前提ないし原則となると解するのが相当であり、同項の趣旨（65歳までの安定的雇用の確保）に合致する。また、労契法20条の趣旨に照らしても、再雇用を機に有期労働契約に転換した場合に、そのことも事実上影響して再雇用後の労働条件と定年退職前の労働条件との間に不合理な相違が生じることは許されないと解される。したがって、例外的に、定年退職前のものと継続性・連続性に欠ける（あるいはそれに乏しい）労働条件の提示が継続雇用制度の下で許容されるためには、同提示を正当化する合理的な理由が存することが必要であると解する。Xがフルタイムを希望したのも、長時間労働が目的ではなく、主に一定額以上の賃金を確保するためと解されるところ、本件提案の条件は、定年前の賃金の約25％に過ぎないから、この点で、本件提案の労働条件は、定年前の労働条件との継続性・連続性を一定程度確保するものとは到底いえない。

　そこで、そのような大幅な賃金減少を正当化する合理的な理由が存在するかをみるに、平成25年以降のK社の店舗数の減少により、そもそもK社においてXを定年退職後に再雇用する必要性がそれほど高い状況ではなかった可能性は否定できないし、再雇用後に更にXの業務量は減少し得る状況であったといえるから、K社がXに対し短時間労働者への転換を提案したことには一定の理由があったといえる。しかし、本件提案におけるK社の決算業務の担当店舗数、K社の店舗数の減少の実績、本件提案におけるXの業務から外されている業務とK社の店舗数の減少との連動性、XのK社における業務歴を考慮しての定年退職後の再雇用における業務量の調整の可能性、Xの定年退職後の再雇用における賃金に関する過度の期待の是正可能性等を総合考慮すると、本件提案による場合の労働時間の減少（約45％減）が真にやむを得ないものであったとは認められない。そして、本件提案において、Xを一般従業員に比して所定労働時間が短く、賃金単価が低いパートタイマーとして再雇用した

ことが賃金の減少に事実上影響しているから、本件提案を正当化する合理的理由があるとは認められない。

　以上によれば、Ｋ社が本件提案をしてそれに終始したことは、継続雇用制度の趣旨に反し、裁量権を逸脱または濫用したものであり、違法性があるから、Ｘに対する不法行為が成立する。逸失利益は認められないが、諸事情を考慮して損害額100万円を認める。

 解　説

　本件は、定年退職者の再雇用後の労働条件が定年前に比して著しく低いことが不法行為に該当するとされた事案である。

　Ｋ社とＸは、未だ再雇用の労働契約を締結していないため、労働契約法20条が適用される事例ではなく、控訴審判決ではＸに担当させる業務の状況から再雇用の条件をパートタイマーとすること自体には一定の理由があったと認めている。しかし、Ｋ社の諸般の状況からみて、労働時間を定年前の45％まで引き下げたことは真にやむを得ないものとは認められず、このようなパートタイマーとして再雇用しようとすることは、高年齢者雇用安定法の求める継続雇用の趣旨に反する不法行為に該当すると判断している。この点、第１審では、Ｋ社が提案する賃金は、正社員に比べれば若干低額ではあるが、業務内容が異なること、他のパートタイマーに比べれば高額であることを理由に不合理性を否定している。

　定年後の再雇用は今後も盛んに行われるであろうし、多くの場合は、定年前よりも賃金が引き下げられるものと思われるが、その引下げ幅はどこまで許されるかについて一石を投じた事例といえる。

裁判例 24 定年退職後再雇用嘱託社員の定年前の賃金等の相違
長澤運輸定年後再雇用賃金等事件

東京地裁平成28.5.13、東京高裁平成28.11.2、最高裁平成30.6.1

事件の概要

　N社（被告・控訴人・被上告人）は、一般貨物自動車運送事業を営む社員66名の会社であり、X、Y及びZ（いずれも原告・被控訴人・上告人。以下「Xら」）は、定年の前後を通じてN社の乗務員として勤務しており、本件組合N運輸分会（本件組合）に所属していた。

　N社の定年は60歳であり、9月30日または3月31日に退職する旨定められており、定年退職者のうち本人が継続勤務を希望し、N社が必要と認めた者については、嘱託社員として、契約期間は1年以内、賞与その他の臨時的給与と退職金を支給しない条件で採用していた。

　N社は、平成22年4月1日に、嘱託社員の採用基準、賃金等の労働条件を定めた「定年後再雇用者採用条件」を策定し、その後本件組合との間で定年後の継続勤務の労働条件等につき団体交渉が行われたが、N社は、再雇用者の賃金について正社員との均衡を考慮するようにとの本件組合の要求に応じなかった。平成25年4月、訴外Mが本件組合員として初めて定年後の再雇用の対象となるに際し、定年前の賃金体系に基づく賃金、労働条件、一時金を要求したが、N社はこれに応じず、Mは1年間の有期労働契約を締結した。

　N社は、老齢厚生年金の報酬比例部分の支給開始年齢の引上げ等に伴い、定年退職後に年金の支給がない者が出ることから、本件組合に対し、平成25年4月1日以降の定年退職者について報酬比例部分が支給されない期間について月1万円の調整金を別途支給すると回答したが、本件組合はこれを不十分とした。Xは平成26年3月31日にN社を定年退職し、同日N社との間で有期雇用契約を締結したが、調整金1万円には同意できないがやむなく雇用契約を締結する旨申入れた。N社は、結局Xに調整金を月2万円とすることで本件組合と合意し、同年9月にY及びZを

含む定年退職者の再雇用の労働条件について本件組合と団交を行ったが、定年前と同額の賃金等の請求には応じず、同月末に定年退職し、再雇用されたＹ及びＺの抗議も受け付けなかった。

　Ｘらは、本件には有期労働契約と無期労働契約との不合理な労働条件の相違を禁じた労働契約法20条の適用があるところ、本件再雇用後の嘱託社員は、職務の内容、職務の内容及び配置の変更の範囲等が正社員と全く異ならず、考慮すべきその他の事情も認められないから同条違反であるとして、主位的請求として、Ｎ社に対し、正社員就業規則が適用される労働契約上の地位にあることの確認とそれに基づく賃金を請求するとともに、予備的請求として、不法行為に基づき、賃金の差額に相当する金額の損害賠償を請求した。

第1審判決要旨

1　労働契約法20条違反の有無について

（１）本件において、有期労働契約者である嘱託社員の労働条件は、再雇用者採用条件によるものとして運用されており、無期契約労働者である正社員の労働条件に関しては、正社員就業規則及び賃金規程が一律に適用されているのであって、嘱託社員と正社員との間には、賃金の定めについて、その地位の区別に基づく定型的な労働条件の相違（本件相違）が期間の定めの有無に関連して生じたことは明らかである。

（２）労働契約法20条は、有期契約労働者と無期契約労働者との間の労働条件の相違が不合理なものと認められるか否かの考慮要素として、①職務の内容、②当該職務の内容及び配置の変更の範囲のほか、③その他の事情を挙げており、上記労働条件の相違が不合理であるか否かについては、一切の事情を総合的に考慮して判断すべきものと解されるが、同条が考慮要素として上記①及び②を明示していることに照らせば、同条がこれらを特に重要な考慮要素と位置付けていることもまた明らかである。また、短時間労働者の雇用管理の改善等に関する法律９条は、短時間労働者に関し、職務の内容が通常の労働者と同一の範囲で変更されると見込まれるものについては、短時間労働者であることを理由として賃

金の決定その他の待遇について差別的取扱いをしてはならない旨を定めており、この差別取扱いの禁止は、待遇の相違が不合理なものであるか否かを問わないと解される。したがって、短時間労働者については、上記①及び②が通常の労働者と同一である限り、その他の事情を考慮することなく、賃金を含む待遇について差別的取扱いが禁止されることになる。これらの事情に鑑みると、有期契約労働者の職務の内容並びに職務の内容及び配置の変更の範囲が無期契約労働者と同一であるにもかかわらず、労働者にとって重要な労働条件である賃金の額について、有期契約労働者と無期契約労働者との間に相違を設けることは、その相違の程度にかかわらず、これを正当と解すべき特段の事情がない限り不合理との評価を免れない。

　本件において、嘱託社員であるＸらと正社員との間には、職務の内容及び当該業務に伴う責任の程度に差異がなく、Ｎ社が業務の都合により勤務場所や業務の内容を変更することがある点でも両者の間には差異がないから、有期契約労働者であるＸらの職務の内容並びに職務の内容及び配置の変更の範囲は、無期契約労働者と同一と認められる。また、Ｘらの職務内容に照らし、定年の前後においてその職務遂行能力について有意な差が生じているとは考えにくく、実際にもそのような差が生じていることや、雇用期間中にそのような有意な差異が生じると推測すべきことを相当とする事情を認めるに足りる証拠もない。そうすると、本件相違は、これを正当と解すべき特段の事情がない限り、不合理との評価を免れない。

　一般に、従業員が定年退職後も引き続いて雇用されるに当たり、その賃金が引き下げられる場合が多いことは公知の事実といえる。そして、我が国においては、高年齢者雇用安定法の定年の下限である60歳を超えた高年齢者の雇用確保措置が段階的に義務付けられ、企業において、定年後継続雇用者を定年前と同じ業務に従事させるか否かはさておき、賃金コストの無制限な増大を回避しつつ定年到達者の賃金を確保するため、定年後継続雇用者の賃金を定年前から引き下げること自体には合理性が認められる。しかしながら、他方、我が国の企業一般において、定年退

職後の雇用の際、職務の内容並びに職務の内容及び配置の変更の範囲が全く変わらないまま賃金だけを引き下げるような慣行が社会通念上相当として広く受け入れられているといった事実を認めるに足りる的確な証拠はない。また、Ｘらが正社員であったとした場合に支給されるべき賃金とＸらに実際に支給された賃金との差額は、超過勤務手当を考慮しなくても、年間64万6000円を大幅に上回り、加えて、正社員の場合には、勤続するにつれて基本給が増額され、3年以上勤務すれば退職金が支給されるのに対し、嘱託社員の場合は、勤続しても基本賃金等の額に変動はなく、退職金も支給されない。これらの事情に鑑みると、Ｎ社における定年後再雇用制度は賃金コスト圧縮の手段としての側面を有していると評価されてもやむを得ない。そして、Ｎ社においては、上記のような賃金コストを圧縮しなければならないような経営状況に置かれていたことを認めるべき証拠はない。そうすると、企業において、賃金コストの無制限な増大を回避しつつ定年到達者の雇用を確保するため、定年後継続雇用者の賃金を定年前から引き下げること自体は合理性が認められるが、経営状況上合理的と認められるような賃金コスト圧縮の必要性があったわけでもない状況の下で、しかも、定年後再雇用者を定年前と全く同じ業務をさせつつ、その賃金水準を新規採用の正社員より低く設定することにより、定年後再雇用制度を賃金コスト圧縮の手段として用いることとまでもが正当と解することはできない。以上の事実関係の下では、本件有期労働契約が、定年退職者との間で、高年齢者雇用安定法に基づく高年齢者雇用確保措置として締結されたとの事実をもって直ちに前記特段の事情があると認めることはできない。

　Ｎ社は、嘱託社員の労働条件について、本件組合との労使協議の結果を踏まえて決定したと主張するが、これらの労働条件の改善は、いずれもＮ社と本件組合が合意したものではなく、Ｎ社が団体交渉における本件組合の主張を聞いた後に独自に決定したものを本件組合に通知したものである。この間、本件組合は一貫して定年前と同じ賃金水準での再雇用を求める等してきたが、Ｎ社はこれらの要求に一切応じていない。これらの事情に照らすと、Ｎ社が本件組合の主張を聞いて一定の労働条件

の改善を実施したことをもって、本件相違を正当と解すべき特段の事情に当たるとみることはできない。さらに、Ｘらは、Ｎ社との間の有期労働契約締結の前後に、雇用条件等には同意できないが、就労するためやむを得ず雇用契約書を提出する旨明らかにしていたのであるから、Ｘらが労働条件を理解した上で雇用契約書に署名押印したことをもって上記特段の事情があるとはいえない。

（3）以上によれば、本件相違は、労働者の職務の内容、当該職務の内容及び配置の変更の範囲その他の事情に照らして不合理なものであり、労働契約法20条に違反する。

2 労働契約法20条違反が認められる場合におけるＸらの労働契約上の地位について（主位的請求関係）

　前記のとおり、本件労働契約の賃金の定めは、労働契約法20条に違反するところ、同条は単なる訓示規定ではなく、民事的効力を有する規定と解するのが相当であり、同条に違反する労働条件の定めはその効力を有しない。ところで、Ｎ社の正社員就業規則３条は「この規則は、会社に在籍する全従業員に適用する。ただし、次に掲げる者については、規則の一部を適用しないことがある」として「嘱託者」を定めており、これを受けて嘱託社員に適用される「嘱託社員就業規則」を制定し、嘱託社員労働契約書に具体的な労働条件を記載している。

　このとおり、嘱託者についてはその一部を適用しないことがあるというにとどまることからすれば、嘱託社員の賃金の定めに関する部分が無効である場合には、正社員就業規則が原則として全従業員に適用される旨の同規則３条本文の定めに従い、嘱託社員の労働条件のうち無効である賃金の定めに関する部分については、これに対応する正社員規則その他の規定が適用されることになると解するのが相当である。そうすると、本件有期労働契約の内容である賃金の定めは無効であることの結果として、正社員の労働契約の内容である賃金の定めと同じものになる。

1 労働契約法20条違反の有無について

（1）本件労働契約は期間のある労働契約であるところ、その内容である賃金の定めは正社員の労働契約の内容である賃金の定めと相違しているから、本件有期労働契約には労働契約法20条が適用される。

（2）本件において、有期契約労働者である嘱託社員の労働条件は、再雇用者採用条件によるものとして適用されており、無期契約労働者である正社員の労働条件に関しては、正社員就業規則及び賃金規程が一律に適用されるのであって、有期契約労働者である嘱託社員と無期契約労働者である正社員との間には、賃金の定めについて、その地位の区別に基づいて定型的な労働条件の相違があり、これによりXらの賃金が定年時よりも減額されていることからは、N社が、高年齢者雇用安定法が定める選択肢の一つとして、Xらと有期労働契約を締結したのは、賃金節約や雇用調整を弾力的に図る目的もあると認められる。よって、当該労働条件の相違（本件相違）が期間の定めの有無によって生じたことは明らかである。

（3）労働契約法20条は、有期契約労働者と無期契約労働者の間の労働条件の相違が不合理と認められるか否かの考慮要素として①職務の内容、②該当職務の内容及び配置の変更の範囲のほか、③その他の事情を挙げている。本件において、Xらと正社員の間には、職務の内容及び当該業務に伴う責任の程度に差異がなく、N社が業務の都合により勤務場所や業務の内容を変更することがある点でも両者の間に差異はないから、Xらの職務の内容並びに当該職務の内容及び配置の変更の範囲は正社員と概ね同じと認められる。また、Xらの職務内容に照らし、定年の前後においてその職務遂行能力について有意な差が直ちに生じているとは考えにくく、実際にもそのような差が生じていることや、雇用期間中にそのような有意の差が生じると推測すべき事情を認めるに足りる証拠もないから、職務の内容に準ずるような事情の相違もない。

　従業員が定年退職後も引き続いて雇用されるに当たり、その賃金が引き下げられるのが通例であることは公知の事実といって差支えない。そ

して、高年齢者雇用安定法の定年の下限である60歳を超えた者の雇用確保措置が、ごく一部の例外を除き、全事業者に対し段階的に義務付けられてきたこと、他方、企業においては、定年到達者の雇用を義務付けられることによる賃金コストの無制限な増大を回避して、定年到達者の雇用のみならず、若年者を含めた労働者全体の安定的雇用を実現する必要があること、定年になった者に対しては、一定の要件を満たせば在職老齢年金制度や、60歳以降に賃金が一定割合以上低下した場合にその程度を緩和する制度（高年齢雇用継続給付）があること、さらに定年後の継続雇用制度は、法的には、それまでの雇用関係を消滅させて、退職金を支給した上で新規の雇用契約を締結するものであることを考慮すると、定年後継続雇用者の賃金を定年時より引き下げること自体が不合理ということはできない。N社の属する業種（運輸業）または規模の企業についてみても、定年退職後継続雇用者の仕事内容、勤務日数及び労働時間については、定年到達時点と同じ仕事内容とするものが87.5％、フルタイムとするものが84.6％である。他方、年間給与に関しては、定年到達時の水準を100とした場合の継続雇用者の水準は、平均値が68.3、中央値が70.0であって、大幅に引き下げられている。したがって、N社の属する業種または規模の企業を含めて、定年の前後で職務の内容並びに当該職務の内容及び配置の変更の範囲が変わらないまま相当程度賃金を引き下げることは、広く行われていることが認められる。

　N社における正社員の賃金体系は、基本給に年功的要素が取り入れられているものの、そのほかの賃金項目については、超勤手当を別にすれば勤続年数による違いはなく、基本給が最も低い在籍1年目で20歳以下の従業員と、基本給が最も高い在籍41年目以上で50歳以上の従業員の間の賃金水準の相違は、月例賃金が3万8000円、賞与が19万円であり、Xらに対する賃金の引き下げ幅は、超勤手当を考慮しなくても年間64万6000円を大幅に上回るものである。しかし、Xら定年後再雇用者の賃金について、定年前の79％程度になるように設計されており、N社の属する規模の企業の平均の減額率をかなり下回っている。このことと、N社は本業である運輸業について収支が大幅な赤字となっていると推認でき

ることを併せ考慮すると、年収ベースで２割前後の減額が直ちに不合理とは認められない。

　もともと定年後の継続雇用制度における有期労働契約では、職務内容、変更の範囲が同一であって、定年前に比較して一定程度賃金が減額されることは一般的で、社会的にも容認されていると考えられること、Ｎ社が、①無期契約労働者の能率給に対応するものとして有期契約労働者には歩合給を設け、その支給割合を能率給より高くしていること、②無事故手当を無期契約労働者より増額して支払ったことがあること、③老齢厚生年金の報酬比例部分が支給されない期間について調整金を支払ったことがあることなど、正社員との賃金の差額を縮める努力をしたことに照らせば、個別の諸手当の支給の趣旨を考慮しても、なお不支給や支給額が低いことが不合理とは認められない。嘱託社員の場合には退職金が支給されないとしても、Ｘらは一旦退職して退職金を受給していること、その年齢からすると本件の有期契約労働者が長期にわたり勤務を続けることは予定されていないことを考慮すると、不合理性を基礎付けるとはいえない。定年退職者の雇用確保措置として、継続雇用制度の導入を選択することは高年齢者雇用安定法が定めるところであり、その場合に職務内容やその変更の範囲等が同一であるとしても、賃金が下がることは広く行われ、社会的にも容認されていると考えられるから、Ｎ社の意図（賃金コストの抑制）は労働契約法20条にいう不合理とはいえない。

　Ｎ社は、平成24年３月以降、定年後再雇用者の労働条件について本件組合との間で団体交渉を実施しており、その過程で、基本賃金の２万円の増額、無事故手当と基本賃金の改定、老齢厚生年金の報酬比例部分の未支給期間について調整額の支給・増額等を図ってきたことが認められる。これらはいずれも本件組合と合意したものではなく、Ｎ社が本件組合の主張を聞いた後に独自に本件組合に通知したものであり、また、Ｎ社は本件組合の経営資料等の要求に一切応じていないという事情はあるものの、一定程度の協議が行われており、Ｎ社が一定の労働条件の改善を実施したものとして考慮すべき事情である。

（４）以上によれば、本件相違は、労働者の職務内容、当該職務の内容

及び配置の変更の範囲その他の事情に照らして不合理ということはできず、労働契約法20条に違反するとは認められない。

2 不法行為の成否等について

前記のとおり、N社が、Xらと有期労働契約を締結し、定年前と同一の職務に従事させながら、賃金額を20ないし24％程度切り下げたことが社会的に相当性を欠くとはいえず、労働契約法または公序良俗に反し違法とは認められない。

上告審判決要旨

原審の判断のうち、精勤手当及び超過勤務手当を除く本件各賃金項目に係る労働条件の相違が労働契約法20条に違反しないとした部分は是認できるが、上記各手当に係る労働条件の相違が同条に違反しないとした部分を是認することはできない。

（1）N社における嘱託乗務員及び正社員は、その業務の内容及び当該業務に伴う責任の程度に違いはなく、業務の都合により配置転換を命じられることがある点でも違いはないから、両者は、職務の内容並びに当該職務の内容及び配置の変更の範囲（職務内容及び変更範囲）において相違はないといえる。しかしながら、労働者の賃金に関する労働条件は、労働者の職務内容及び変更範囲により一義的に決まるものではなく、使用者は、雇用及び人事に関する経営判断の観点から、様々な事情を考慮して、賃金に関する労働条件を検討するものといえる。また、賃金に関する労働条件の在り方については、基本的には団体交渉等による労使自治に委ねられるべき部分が大きいということもできる。そして、労働契約法20条は、有期契約労働者と無期契約労働者との労働条件の相違が不合理か否かを判断する際に考慮する事情として「その他の事情」を挙げているから、両者の労働条件の相違が不合理と認められるものか否かを判断する際に考慮されることとなる事情は、労働者の職務内容及び変更範囲並びにこれらに関連する事情に限定されるものではない。

N社における嘱託乗務員は、N社を定年退職した後に有期労働契約により再雇用された者である。定年制の下における無期契約労働者の賃金

体系は、労働者を定年退職まで長期間雇用することを前提に定められたことが少なくないと解される。これに対し、使用者が定年退職者を有期労働契約により再雇用する場合、当該者を長期間雇用することは通常想定されていない。また、定年退職後に再雇用される有期契約労働者は、定年退職するまでの間、無期契約労働者として賃金の支給を受けてきた者であり、一定の要件を満たせば老齢厚生年金の受給も予定されている。そして、このような事情は、定年退職後に再雇用される有期契約労働者の賃金体系の在り方を検討するに当たって、その基礎になるといえる。そうすると、有期契約労働者が定年退職後に再雇用された者であることは、当該有期契約労働者と無期契約労働者との労働条件の相違が不合理と認められるか否かの判断において、労働契約法20条にいう「その他の事情」として考慮されることとなる事情に当たると解するのが相当である。

（2）労働者の賃金が複数の項目から構成されている場合、個々の賃金項目に係る賃金は、通常、賃金項目ごとにその趣旨を異にするものといえる。そして、有期契約労働者と無期契約労働者との賃金項目に係る労働条件の相違が不合理か否かを判断するに当たっては、当該賃金項目の趣旨により、その考慮すべき事情や考慮の仕方も異なり得るといえる。そうすると、有期契約労働者と無期契約労働者との個々の賃金項目に係る労働条件の相違が不合理か否かを判断するに当たっては、両者の賃金の総額を比較するのみでなく、当該賃金項目の趣旨を個別に考慮すべきものと解するのが相当である。

（3）ア　嘱託乗務員に対して能率給及び職務給が支給されないことについて

　　Xらの基本賃金の額は、いずれも定年退職時の額を上回っている。また、嘱託乗務員の歩合給に係る係数は、正社員の能率給に係る係数の約2倍から約3倍に設定されている。そして、N社は本件組合との団体交渉を経て、嘱託乗務員の基本賃金を増額し、歩合給に係る係数の一部を嘱託乗務員に有利に変更している。このような賃金体系の定め方に鑑みれば、N社は、嘱託乗務員について、正社員と異なる賃金体系を採用するに当たり、職種に応じて額が定められる職務給の代わ

りに、基本賃金の額を定年退職時の基本給の水準以上とすることによっ
て収入の安定に配慮するとともに、歩合給に係る係数を能率給よりも
高く設定することによって労務の成果が賃金に反映されやすくなるよ
うに工夫しているといえる。そうである以上、嘱託乗務員に対して能
率給及び職務給が支給されないこと等による労働条件の相違が不合理
と認められるか否か判断に当たっては、嘱託乗務員の基本賃金及び歩
合給が、正社員の基本給、能率給及び職務給に対応するものであるこ
とを考慮する必要がある。そして、本件賃金につき基本賃金及び歩合
給を合計した金額並びに基本給、能率給及び職務給を合計した金額を
個々に計算すると、前者の金額は後者より少ないが、その差はXにつ
き約10%、Yにつき約12%、Zにつき約2%にとどまっている。さら
に、嘱託乗務員は一定の要件を満たせば老齢厚生年金の支給を受けら
れる上、N社は、老齢厚生年金の報酬比例部分の支給が開始されるま
での間、嘱託乗務員に対して月2万円の調整給を支給することとして
いる。これらの事情を総合考慮すると、嘱託乗務員と正社員との職務
内容及び変更範囲が同一であるという事情を踏まえても、正社員に対
して能率給及び職務給を支給する一方で、嘱託乗務員に対して能率給
及び職務給を支給せずに歩合給を支給するという労働条件の相違は不
合理とは評価できないから、労働契約法20条にいう不合理と認められ
るものに当たらないと解するのが相当である。

イ　嘱託乗務員に対して精勤手当が支給されないことについて

　N社の嘱託乗務員と正社員の職務の内容が同一である以上、両者の
間で、その皆勤を奨励する必要性に相違はない。また、嘱託乗務員の
歩合給に係る係数が正社員の能率給に係る係数よりも有利に設定され
ていることには、N社が嘱託乗務員に対して稼動額を増やすことを奨
励する趣旨が含まれているとみることもできるが、精勤手当は、従業
員の皆勤という事実に基づいて支給されるものであるから、歩合給及
び能率給に係る係数が異なることをもって、嘱託乗務員に精勤手当を
支給しないことが不合理でないとはいえない。したがって、正社員に
対して精勤手当を支給する一方で、嘱託乗務員にこれを支給しないと

いう労働条件の相違は、労働契約法20条にいう不合理と認められるものに当たると解するのが相当である。

ウ　嘱託乗務員に対して住宅手当及び家族手当が支給されないことについて

　上記各手当は、従業員に対する福利厚生及び生活保障の趣旨で支給されるものであるから、使用者がそのような賃金項目の要否や内容を検討するに当たっては、労働者の生活に関する諸事情を考慮することになると解される。N社の正社員には、嘱託乗務員とは異なり、幅広い世代の労働者が存在し得るところ、そのような正社員について住宅費及び家族を扶養するための生活費を補助するには相当の理由があるといえる。他方において嘱託乗務員は、正社員として勤続した後に定年退職した者であり、老齢厚生年金の受給が予定され、その報酬比例部分の支給開始までは調整給が支給されることになっている。これらの事情を総合考慮すると、嘱託乗務員と正社員との職務内容及び変更範囲が同一であるといった事情を踏まえても、正社員に対して住宅手当及び家族手当を支給する一方で、嘱託乗務員にはこれらを支給しないという労働条件の相違は、労働契約法20条にいう不合理と認められるものに当たらないと解するのが相当である。

エ　嘱託職員に対して役付手当が支給されないことについて

　役付手当は、正社員の中から指定された役付者であることに対して支給されるもので、Xらが主張するような年功給、勤続給的性格のものではない。したがって、正社員に対して役付手当を支給する一方で、嘱託乗務員に対してこれを支給しないという労働条件の相違は、労働契約法20条にいう不合理と認められるものには当たらないと解するのが相当である。

オ　嘱託乗務員の時間外手当と正社員の超勤手当の相違について

　N社は、正社員と嘱託乗務員の賃金体系を区別して定めているところ、割増賃金の算定に当たり、割増率その他の計算方法を両者で区別していることは窺われない。しかしながら、嘱託乗務員に精勤手当を支給しないことは不合理と評価できるから、正社員の超勤手当の計算の基

礎に精勤手当が含まれるにもかかわらず、嘱託乗務員の時間外手当の計算の基礎には精勤手当が含まれないという労働条件の相違は、労働契約法20条にいう不合理と認められるものに当たると解するのが相当である。

カ　嘱託乗務員に賞与が支給されないことについて

嘱託乗務員は定年退職後に再雇用された者であり、退職金の支給を受けたほか、老齢厚生年金の報酬比例部分の支給が開始されるまでの間調整給の支給を受けることが予定されている。また、嘱託乗務員の賃金（年収）は定年退職前の79％程度になることが想定され、嘱託乗務員の賃金体系は、嘱託乗務員の収入安定に配慮しながら、労務の成果が賃金に反映されやすくなるように工夫された内容になっている。これらの事情を総合考慮すると、嘱託乗務員と正社員との職務内容及び変更範囲が同一であり、正社員に対する賞与が基本給の5カ月分とされている事情を踏まえても、正社員に対して賞与を支給する一方で、嘱託乗務員に対してこれを支給しないという労働条件の相違は、労働契約法20条にいう不合理と認められるものに当たらないと解するのが相当である。

（4）上記のとおり、嘱託乗務員と正社員との精勤手当及び超勤手当（時間外手当）に係る労働条件の相違は、労働契約法20条にいう不合理と認められるものに当たる。しかしながら、有期契約労働者と無期契約労働者の労働条件の相違が同条に違反する場合であっても、同条の効力により、当該有期契約労働者の労働条件が比較の対象である無期契約労働者と同一となるものではない。また、N社は、嘱託乗務員について、就業規則とは別に嘱託社員規則を定め、嘱託乗務員の賃金に関する労働条件を、就業規則に基づく賃金規程ではなく、嘱託社員規則に基づく嘱託社員労働契約によって定めることとしている。そして、本件再雇用者採用条件は精勤手当について何ら定めておらず、嘱託乗務員に対する精勤手当の支給を予定していない。このような就業規則の定めにも鑑みれば、Xらが精勤手当を受けることができる労働契約上の地位にあると解することは、就業規則の合理的な解釈として困難である。更に、嘱託乗務員の時

間外手当の算定に当たり、嘱託乗務員への支給が予定されていない精勤手当を割増賃金の基礎となる賃金に含めるべきであると解することもできない。したがって、精勤手当及び超勤手当（時間外手当）に係るＸらの主位的請求は理由がない。

そこで、精勤手当に係るＸらの予備的請求について検討すると、前記のとおり、Ｘらに精勤手当を支給しないことは労働契約法20条に違反するものである。また、Ｎ社が本件組合との団体交渉において、嘱託乗務員の労働条件の改善を求められていたという経緯に鑑みても、Ｎ社が嘱託乗務員に精勤手当を支給しないという違法な取扱いをしたことについては過失があったというべきである。そして、Ｘらは、正社員であれば受給できた精勤手当の額（Ｘにつき９万円、Ｙにつき５万円、Ｚにつき６万円）に相当する損害を被ったといえる。そうすると、精勤手当に係るＸらの予備的請求には理由があり、Ｎ社はＸらに対し、不法行為に基づき、上記金額及び遅延損害金の支払義務を負う。また、Ｘらに対し、精勤手当を計算の基礎に含めて計算した時間外手当を支給しないことは、労働契約法20条に違反するものであり、Ｎ社がそのような違法な取扱いをしたことについては過失があったというべきであるから、Ｎ社は、上記取扱いによりＸらが被った損害について不法行為に基づく損害賠償責任を負う。

	第１審	控訴審	上告審
能率給及び職務給	○	×	×
精勤手当	○	×	○
住宅手当	○	×	×
家族手当	○	×	×
役付手当	○	×	×
超過勤務手当	○	×	○
賞与	○	×	×

（注）○は労働契約法20条の「不合理と認められるものに当たる」と判断されたもの、×は不合理とは認められないと判断されたもの

解説

　本件第1審判決が出された際には、多くの企業で衝撃が走ったものと思われる。というのは、高年齢者雇用安定法に基づき、多くの企業は本件のN社と同様の定年後再雇用制度を設けており、良し悪しはともかくとして、再雇用時には定年退職時のよりも相当に賃金を引き下げる措置を取っていたからである。仮に、本件第1審の判決が最高裁でも支持されたとすれば、それは定年後再雇用者の賃金のみならず、我が国でも大企業を中心に今も一般的である年功賃金体系を根本から突き崩すことにもつながった可能性がある。

　確かに、定年前の正社員時における職務内容と定年後再雇用による嘱託社員としての職務内容（トラックの運転）は基本的に同一であり、その点だけに着目すれば、定年退職後の賃金の引下げは同一労働同一賃金に反する不当な措置と見られるかもしれない。しかし、N社においても、正社員には年功を考慮した賃金体系をとっていたものと思われ、そうだとすれば、正社員の間でも、若手社員と年配の社員との間で同一労働同一賃金の原則は崩れていたともいえる。もともと、我が国で一般化されている年功に基づく賃金体系は、労務の対価という基本的な性格を踏まえつつ、これに家族手当や住宅手当など生活保障的要素を加味したものであり、そうだとすれば、定年後は、一般的には必要な生活費が減少することなどから、それに応じて賃金を減少させることにも合理性を認める余地があると考えられる。控訴審及び上告審は、こうした社会一般の考え方、多くの企業の実態も考慮したものと解される。

東京地裁立川支部平成30.1.29

事件の概要

　X（原告）は、中学校、高校及び大学の受験指導を行う進学塾を経営するG社（被告）との間で昭和57年から定年退職した平成27年2月28日まで、小中学部のA校で正社員として勤務し、同年3月1日、G社と再雇用契約を締結し、主として小学生の受験対策を担当していた。

　Xの正社員時の年俸額は、平成25年度は644万円余、平成26年度は638万円余であり、定年退職後の再雇用に当たって、G社はXに対し、契約期間は原則1年、勤務形態はフルタイム又はパートタイム、給与形態は月給制又は時給制、給与額は退職前の30〜40%前後となる旨伝えた。

　G社はXに対し、時間講師（与えられた授業のコマのみ担当）での勤務を前提とした再雇用契約書を交付したが、Xは同契約書に署名押印をしなかった。その後XとG社は定年退職に伴う手続きを行い、Xは平成27年3月1日以降もG社で勤務し、時間講師での勤務を前提とした給与（50分につき3000円）を受給した。Xは、同年5月28日以降、G社に対し、定年退職前と同程度の条件での勤務を希望する旨伝えたところ、G社は、Xとの再雇用契約期間が平成28年2月28日までであったことから、Xに対し、同年3月以降の契約書案を添付した上で、同契約書に同意する場合には同年2月末日までに同契約書に署名押印した上で提出するよう通知した。しかし、Xがこれを返送しなかったため、両者の雇用契約は同月末日をもって終了した。

　Xは、定年退職後においても定年退職前と同一の仕事をしていたから同額の賃金を受け取る権利があるとして、G社に対し、主位的請求として、定年退職前の1年間の賃金との差額賃金の支払を、予備的請求として、不法行為に基づく損害賠償請求をするとともに、未払時間外休日労働手当及びこれに対応する付加金合計490万円余を請求した。

判決要旨

1 再雇用時の労働条件等

（1）Ｘは、Ｇ社との間には、定年退職前の労働条件を前提とした再雇用契約が成立した旨主張する。しかし、ＸとＧ社との間の雇用契約は、それまでの雇用契約を消滅させ、退職の手続を取った上で、新たな雇用契約を締結する性質のものである以上、その契約内容は双方の合意によって定められるものである。そして、Ｇ社における再雇用契約制度は、その制度上、Ｇ社が示した雇用条件に再雇用契約者が同意する場合に同契約が締結されるものとされている。Ｇ社はＸに対し、再雇用後については給与が定年退職前の30％から40％前後になることを説明し、再雇用後の賃金額が集団指導（通常の授業）50分につき3000円の単価となる旨の契約書を交付した上でＸに対し給与を支払っていることからすれば、Ｇ社に、Ｘの定年退職前の労働条件を前提とした再雇用契約を締結する意思がなかったことは明らかである。

　一方Ｘは、明確に不満を述べるに至ったのは、平成27年５月28日付けの通知が最初であったと認められるから、Ｘも再雇用契約締結の時点においては、定年退職前と同一の労働条件でなければ勤務できないと説明したとは認められない。定年まで１年に満たない労働者と期間１年の年俸契約を結ぶほか、定年まで１カ月しかない労働者に２月開講の講座を担当させた上、再雇用後の雇用契約書の作成もないまま、同講座を時間講師として担当させるなど、Ｇ社の労務管理に杜撰な点があることは否定できないが、そのことゆえに定年再雇用後のＸの雇用契約が定年退職前のそれと同一の内容であったと認めることはできない。

（2）Ｘは、再雇用契約の労働条件が極めて過酷なもので、再雇用後の労働条件のうち少なくとも給与に係る規定は高年齢者雇用安定法の趣旨に照らし無効であると主張する。しかし、再雇用後の労働条件（50分につき3000円）は、到底容認できないような低額の給与水準とまでは認められない上、その余の労働条件についても他の時間講師と同様であって、労働者にとって到底受け入れ難いような内容とまでは認められない。以上によれば、Ｇ社における継続雇用制度が、定年退職前の労働条件と比

較して極めて過酷であり、勤労意欲を削がせるような内容であるとは認められない。

（3）さらに、Xは、再雇用契約の前後で賃金の差が大きいことからすれば、G社の定年後再雇用制度における労働条件のうち賃金の定めに関する部分は労働契約法20条に反し無効である旨主張する。確かに、G社においては、定年退職後の再雇用契約は期間の定めのある労働契約であるところ、賃金は定年退職前の正社員の30％から40％前後が目安とされ、賃金の定めについて相違があるといえるため、労働契約法20条の適用が問題となる。しかし、Xは定年前には専任講師であったのに対し、定年後の再雇用においては時間講師であり、その権利義務には相違があること、勤務内容についてみても、再雇用後の時間講師は原則として授業のみを担当し、担当した授業のコマ数ないし実施したその他の業務の内容により事務給が支給されるものと認められる。そうだとすれば、定年退職前は、正社員として、G社が採用した変形労働時間制に基づく定められた各日の所定労働時間の間労働が義務付けられ、その間に授業だけでなく生徒・保護者への対応、研修会等への出席等が義務付けられているのに対し、再雇用契約締結後は、時間講師として、変形労働時間の適用はなく、原則は、G社から割り当てられた授業のみを担当するものであり、両者の間には、その業務内容及び当該業務に伴う責任の程度に差があるといわざるを得ない。また、本件の再雇用契約は、高年齢者雇用安定法9条1項2号の定年後の継続雇用制度に該当するものであり、定年後継続雇用者の賃金を定年退職前より引き下げることは一般的に不合理とはいえない。よって、G社における定年退職後の再雇用契約と定年退職前の契約の相違は、労働者の職務の内容及び配置の変更の範囲その他の事情を考慮しても労働契約法20条に違反するとは認められない。

（4）加えて、Xは帰責性なくこれまでの労働条件が継続することを信じている状況において、使用者が労働条件を一方的に変更することは、労働契約法3条1項の類推適用として無効と主張する。しかし、XとG社との間の再雇用契約は定年退職に伴う新たな契約であることからすれば、労働契約の一方的な変更とはいえないし、再雇用契約の内容も不合

理とはいえない。

（5）したがって、Xの再雇用契約に基づく未払賃金の請求は理由がない。

2　未払賃金額及び付加金

Xは、各日につき、G社が認める実労働時間数に加えて40分の時間外労働（合計400分）があったと認められる。またXは、合計48日につき、G社が認めるXの実労働時間に加えて1時間の時間外労働時間（合計48時間）があったと認められ、入試応援について合計14時間の時間外労働があったと認められ、未払賃金額は31万2840円の限度で認められるが、一部消滅時効が認められ、Xの未払賃金に関する請求は29万4688円の限度で認められる。付加金は合計20万9620円と認められる。

解説

本件は、定年退職再雇用後の賃金が定年前より大幅に減少したことにつき、これを労働契約法20条違反として差額賃金または不法行為に基づく損害賠償を請求する部分と、時間外労働に対する未払の割増賃金及び付加金を請求する部分から成っており、前者（同一労働同一賃金）についてのXの請求は棄却されている。

Xは、定年前は専任講師（正社員）として勤務し、定年退職時には600万円を超える年収を得ており、定年退職時に再雇用後も同額に賃金を請求した。これに対しG社は、Kに対し再雇用後の勤務について選択肢を示したものの、Xが雇用契約書に署名押印をしなかったため、時間講師として扱い、稼動時間に応じた賃金を支払ったもので、いわば労働契約が未成立のまま見切り発車した形になっている。Xは、定年後の仕事も定年前と同様であることから、賃金の引下げについて労働契約法20条違反を主張するが、判決では、定年前の専任講師としての仕事と定年後の時間講師としての仕事ではその内容が異なるとしてXの主張を斥けている。また、Xは労働条件の一方的な不利益変更を主張したが、これについても、XとG社との間の再雇用契約は定年退職に伴う新たな契約であり、一方的な変更ではないとして、Xの主張を斥けている。

事件の概要

　X（原告）は、大学、附属高校及び中学校（本件学校）等を設置運営する学校法人G会（被告）に、昭和54年4月嘱託教諭として採用された後、昭和56年4月に無期労働契約を締結し、以後本件学校において専任教諭として勤務してきた。Xは、平成27年8月11日にG会を定年退職した後、G会との間で翌12日から平成28年3月31日までの有期労働契約を締結し、その間、本件学校において嘱託教諭として勤務した。

　Xは、定年後再雇用による嘱託教諭は、定年前の専任教諭と職務内容は同一であるにもかかわらず、賃金がその6割程度であることは、無期契約労働者と有期契約労働者との間の不合理な労働条件の相違を禁じた労働契約法20条に違反するとして、①主位的訴求として、G会に対し、労働契約に基づき、無期契約労働者に適用される就業規則に基づき支給される賃金と実際にXに支給された賃金との差額部分の支払いを求め、②予備的請求として、G会が労働契約法20条に違反する賃金を定める就業規則等を定めてXに適用し、Xに支払うべき賃金を支払わなかったことが公序良俗に反して違法であり、不法行為を構成するとして、主位的請求と同額の損害賠償を請求した。

判決要旨

1　労契法20条違反の有無の判断の在り方

　本件労働条件の相違は、無期労働契約を締結している専任教諭の労働条件については本件専任教諭就業規則等が適用される一方、定年退職後は有期労働契約を締結した嘱託教諭として雇用され、その労働条件については本件嘱託就業規則等が適用されることにより生じたものであるから、労働契約の期間の有無に関連して生じたものと評価できる。

　労働契約法20条は、有期労働契約を締結している労働者と無期労働契約を締結している労働者との労働条件について、①業務の内容及びこれに伴う責任の程度（職務の内容）、②当該職務の内容及び配置の変更の範囲、③その他の事情を考慮して「不合理と認められるものであってはならない」と規定している。そして、①及び②の各考慮要素については、その同一性のみならず、それら要素の類似性やその程度をも広く考慮することが予定されていると解されることや、その他の事情として考慮すべきことにつき、上記①及び②のほかに特段の制限を設けていないことからすれば、労働条件の相違が不合理か否かについては、上記①ないし③に関連する諸事情を幅広く総合的に考慮して、当該労働条件の相違が当該企業の経営・人事制度上の施策として不合理と評価されるか否かを判断すべきものと解される。

　労働契約法20条は、有期労働契約を締結している労働者と比較対照すべき無期労働契約を締結している労働者を限定しておらず、不合理性の有無の判断の要素としては、上記考慮要素①や②の異同のみならず差異の程度も広く考慮し、さらに③その他の事情に特段の制限を設けず、諸事情を幅広く総合的に考慮して、労働条件の相違が当該企業の経営・人事制度上の施策として不合理と評価されるか否かを判断すべきことが予定されていることからすれば、不合理性の有無の判断に当たっては、Xが指定する有期労働契約を締結している労働者と無期労働契約を締結している労働者とを比較対照することとし、G会が主張する各事情などはこれを③その他の事情として、それらも含め同条所定の考慮要素に係る諸事情を幅広く総合的に考慮して、当該労働条件の相違が当該企業の経営・人事制度上の施策として不合理と評価されるか否かを判断するのが相当である。

2　本件労働条件の相違の不合理性の有無

　定年退職年度における退職前後の専任教諭と嘱託教諭との間で職務の内容に差異はない。また職務の内容及び配置の変更の範囲については、本件専任職員就業規則には業務上の必要により所属や職種の変更を命じることがある旨規定されているのに対し、本件嘱託等就業規則には当該

定めがなく、実際にも定年退職後の嘱託教諭が所属や職種の変更を命じられた例もなかったことが認められるが、他方で、そもそも、Ｇ会において専任教諭につき所属や職種の変更を命じられた例は、多くとも50年間に４回程度に過ぎなかったことが認められ、職種の変更自体が極めて稀であった上、実際に退職年度の専任教諭が当該年度中に所属や職種の変更を命じられた例も認められないことからすれば、この点をもって、当該職務の内容及び配置の変更の範囲として重視することはできない。

　もっとも、本件学校では、一般の専任教諭の８割近くが学級担任又は職務担当時間数が２時間以上の職務の少なくともいずれかを担当しているのに対し、退職年度において通年にわたり上記のいずれかの職務を担当した専任教諭は、過去24名中、学級担任が１名、職務担当時間数２時間以上の職務担当が２名にとどまる。これらの事情を考慮すれば、退職年度の専任教諭については、一般の専任教諭よりも職務内容の負担を軽減する方向で一定の配慮がなされていたといえる。そうすると、学校教育現場で就労する教員についても年度を単位として具体的な職務の内容を決定する必要性が高いため、退職年度を通じて上記配慮を行う必要がある一方、本件学校においては、専任教諭の基本給が年齢に応じて定められた基礎給並びに資格及び号俸に応じて定められた職能給から構成されていて、退職年度の専任教諭についてのみ基本給を引き下げることは制度上予定されていないことから、退職年度の専任教諭については、一般の専任教諭と比べて、職務の内容が軽減されながらも基本給等の水準がそれと連動して引き下げられることはないという特殊な事情にあるといえ、この点は③その他の事情として、本件労働条件の相違が不合理性を否定する方向で考慮すべきである。

　さらに、本件労働条件の相違が不合理なものであるか否かについて検討すると、まず、本件労働条件の相違は、基本給、調整手当及び基本賞与の額が定年退職時の水準の約６割に減じられるものであって、その程度は小さいとはいえない。しかしながら、本件学校における賃金体系は、基本給の一部に年齢給が含まれるなど年功的要素が強いところ、我が国においては、伝統的に年功性の強い賃金体系が採られており、このよう

な賃金体系の下では定年直前の賃金が当該労働者のその当時の貢献に比して高い水準にあることは公知の事実である。このような年功的要素を含む賃金体系においては、全就労期間を通じて賃金の均衡が図られていることの関係上、定年退職を迎えて一旦このような無期労働契約が解消された後に新たに締結された労働契約における賃金が定年退職直前の賃金と比較して低額となることは、当該労働者の貢献と賃金の均衡という観点から見やすい道理であり、それ自体が不合理ということはできない。

　以上を本件についてみると、本件学校においては、入職1年目の22歳の標準賃金が21万6000円であるのに対し、基本給の額が最も高くなる60歳の標準賃金が62万8000円と極めて年功性の強い賃金制度が採られていて、定年退職後の嘱託教諭の賃金水準は30代半ばの専任教諭の賃金水準と同程度である。これに加え、基本給等を除く手当及び賞与のうち成績加算部分の額については専任教諭と嘱託教諭との間で相違はなく、これらを加えた総額をもって比較すると、Xが嘱託職員であった期間の賃金等の合計額は、Xが専任教諭であったとした場合に想定される賃金等の合計額の約63％に相当することや、退職前年度と退職年度の職務との内容の差異をも考慮すれば、本件労働条件の相違が直ちに不合理とはいえない。次に、嘱託教諭の基本給等を退職前の約6割に相当する額とする旨定めた本件定年規程は、Xも構成員であった本件組合とG法人との合意により導入されたものである。賃金は労働条件の中核たる要素の一つであり、この点に関して労使間の交渉及び合意を経て導入されたことは、その内容の合理性を相当程度裏付けるものとして考慮するのが相当である。

3　小括

　以上によれば、本件労働条件の相違は、職務の内容、当該職務の内容及び配置の変更の範囲その他の事情に照らして不合理とは認められないから、労契法20条に違反するということはできない。

 解説

　G会の賃金規程は、年功的性格の強いものであり、大学新卒の賃金は

特段の事情がなければ定年退職までほぼ一貫して上昇を続け、定年退職時の賃金は新卒時の概ね3倍に達している。しかも、定年退職直前1年間は担任を免除されるなど業務が軽減されていることからすれば、この時点で業務の負荷と賃金との均衡が既に取れなくなっていたといえる。そうだとすれば、定年退職後の嘱託教諭の賃金が定年退職直前の専任教諭のそれと同額であるとすれば、むしろその方が不均衡といえるわけであり、定年後の嘱託職員が定年直前に比べて一定程度減額されることは当然といえる。ただ、そうはいっても、その減額幅が余りにも著しい場合は不法行為を構成する可能性があるが、Xの場合、定年退職後の嘱託教諭としての賃金は退職直前の約6割に減額されるものの、30代半ばの専任教諭と同程度であることからすれば、G会の措置が特に不合理ともいえず、労働契約法20条違反とのXの主張は首肯し難いといえる。

　本件では、嘱託教諭のこのような賃金については労使間の合意を経て決定されており、そのことも違法性を否定する根拠とされているが、労働組合も、専任教諭及び定年退職後の嘱託教諭を一連の職業生活と捉えて、本件賃金体系について合意したものと推測される。

裁判例

27 定年退職後再雇用職員の賃金減額及び期末手当完全不支給
全日本海員組合定年後再雇用者賃金格差事件

東京地裁平成30.5.31

事件の概要

全日本海員組合（被告・以下「組合」）に雇用されて業務に従事してきたX（原告）は、定年退職後の再雇用によって5年間（平成23年11月～平成28年10月）にわたり、契約期間1年の再雇用契約を締結・更新していた（再雇用期間中はH財団に出向）。

再雇用期間中のXの職務内容は定年前と同一であったが、年齢によって月例賃金額を逓減する本件再雇用賃金規程に基づき、月例賃金として、再雇用後の1年目及び2年目には定年時の月例賃金の80％、3年目及び4年目には70％、5年目には60％の額を受給するに止まった。Xは、①当該定めは労基法3条及び労契法3条2項に違反して無効であり、再雇用後の1年目の月例賃金が支払われるべきであるとして、未払月例賃金の支払、②再雇用期間中の1年目に再雇用職員規程中の本件旧期末手当規程が改正され、期末手当が支給されなくなったところ、当該規定は違法な不利益変更で無効であるとして、未払期末手当の支払、③上記月例賃金の減額及び期末手当の不支給は不法行為に当たるとして慰謝料の支払い、また予備的に④上記月例賃金の減額及び期末手当の不支給が不法行為に当たるとして、組合に対し、当該未払月例賃金の差額及び未払期末手当額相当を損害賠償として請求した。

判決要旨

1 本件賃金規程に基づく月例賃金の減額について

労基法3条に規定する社会的身分とは、人が社会において占める継続的な地位と解されるから、年齢自体がこれに当たるとはいえないものの、本件賃金規程が平等原則に違反する場合には、その効力を否定すべきと解する余地もある。

①Ｘの定年時月例給与は、賃金センサスにおける同年代男性の平均賃金に比して高い水準にあったといえる。一般的に、定年後の再雇用において賃金が逓減することは広く行われており、労働者及び企業に対する調査において、61歳時点の賃金水準を60歳直前の賃金の60％以上70％未満としている企業が一定割合存在している。高年齢者雇用継続給付制度でも、60歳以後の賃金が従前の６割程度に減少することが想定されていて、その経済的不利益を緩和する措置が社会的に設けられている。これらの事情によれば、定年時の賃金から60％に低減した賃金も、なお一般的な想定内の賃金水準といえる。②本件賃金規程によれば、Ｘの賃金は、定年退職後５年間のうちに順次逓減するものの、この５年間に受領する賃金を平均すれば、その月例賃金額は、定年時月例賃金額の72％程度であり、年収ベースで賃金センサスにおける同年代の者の平均年収額を下回るものではない。そもそも、組合の定年後の再雇用においては、双方に異存がなければ自動的に契約が更新され、原則として５年間は雇用が継続することも考えれば、当該５年間全体として評価することが相当である。そして、この間に賃金を順次逓減する賃金体系を採ること自体は、急激な賃金の減少を避けつつ、職員の生活の安定を図る意味で一定程度の合理性を有すると評価し得る。③以上によれば、本件賃金規程が平等原則に反するとはいえず、無効とは認められない。したがって、本件賃金規程が無効であることを前提とするＸの雇用契約に基づく賃金請求には理由がなく、不法行為が成立する余地はない。

2 本件期末手当規定の効力について

２年目の契約締結の時点では、既に本件新期末手当規定が施行されており、直接的には就業規則の変更によって当該本件再雇用契約の内容であるＸの雇用条件を変更する場合には当たらないから、本件新期末手当規定に基づく減額支給については、労契法７条の規定により、その効力を判断すべきである。その場合、本件雇用契約が、組合を定年退職した職員と組合との間で締結されるものであり、１年ごとの別個の契約とはいえ、原則として65歳までの５年間の更新による継続が想定されていることを踏まえ、従前の規定の内容や、その契約内容等を考慮しつつ、適

用される就業規則の合理性を判断するのが相当である。本件期末手当規定を改定した背景には、東日本大震災による支出に直面したことがあり、組合がその財政状況を改善するための方策の中で賃金を削減することとなったのは再雇用職員のみであり、期末手当の不支給による不利益の程度は著しいといえる。さらに、本件期末手当の対象となる再雇用職員数が8～10名程度に止まることから、財政状況の改善に対する効果には疑問が残る。その他の事情を考慮しても、本件新期末手当規定は、労契法7条に規定する合理的な労働条件を定めたものといえず、その効力を有しない。

3　期末手当不支給の不法行為性について

　組合は、東日本大震災の被災を契機とする財政状況を改善する方策の一環として、全国評議会における承認手続きを経て本件旧期末手当規定を改定したものであり、何らの理由もなく、また必要な手続きを踏まずに本件改定を行ったものではない。加えて、Xに本件期末手当規定を適用するに当たって、組合の総務部長からH財団へ理事長を派遣している市港湾局の担当者に対し、同財団からXに期末手当を支給するよう再三にわたり要請する等、経済的な不利益を軽減すべく一定の配慮をしていたと評価し得る。そうすると、Xへの期末手当の不支給が直ちに不法行為に当たるとまでは認められない。

解説

　本件は、組合に雇用されて定年退職した者が、5年間の再雇用期間において、業務内容は定年前と同一であるにもかかわらず賃金を逓減させられたことは違法であるとして、定年退職時の賃金との差額及び定年後未払となった賞与の支払いを請求した事件である。

　組合においては、定年退職後5年間フルに再雇用されることが通常であることから、この5年間を通して賃金の総額を決め、これを5年間均一ではなく逓減する形で支払っていた。組合がこのような方法を採ったのは、一般的に60歳を過ぎれば、生活に要する経費が逓減していくこと、

５年後に完全退職した場合における激変の緩和を配慮したものと思われる。判決では、元々組合の賃金は世間相場より高かったこと、定年退職後の賃金を退職時の60〜70％に設定している企業が多いこと、国の制度でも60歳以降の賃金が従前の６割程度となることを想定していることから、組合における定年退職後の賃金の減少幅（５年間平均で72％）は想定内としてXの請求を棄却している。

　もう一つの争点である期末手当については、定年退職後は一切支給されないということは非常に大きな不利益であることから、再雇用職員のみにその不利益を課すことは、財政的効果を考慮しても合理性がなく無効としている。ただ、本件の就業規則の改正は、東日本大震災による財政状況の悪化を原因とするものであることから、財政改善の効果に疑問を指摘しつつ、組合の努力を評価して、不法行為とまでは認められないと判断している。

28 定年退職再雇用後賃金等を引下げ
日本ビューホテル定年前後基本給等相違事件

東京地裁平成30.11.21

事件の概要

X（原告）は、不動産の賃貸、ホテル、観光施設の経営等を業とするV社（被告）において、昭和52年2月以降正社員として営業職に従事してきた。V社では、無期契約の正社員に係る人事制度として、ステージI（一般職）、ステージII（一般管理職）及びステージIII（上級管理職）まで格付けされていた。V社の定年は60歳だが、再雇用を希望し、かつ所定の要件を満たす者については、1年間の有期労働契約により、嘱託社員として65歳まで再雇用できるとされていた。

Xは、平成17年3月16日、役職定年により支配人の地位を離れ、平成22年5月23日に定年退職した後、V社との間で、翌24日を始期とする1年間の有期労働契約を締結し、それ以降同契約を更新して平成27年5月22日まで嘱託社員として、翌23日から平成28年4月15日までは臨時社員として引き続き営業職に従事した。

Xは、業務の内容及び責任の程度や職務内容及び配置の変更の範囲は定年退職前後で変わることはなく、Xの嘱託職員としての基本給及び臨時社員としての時間給を、新入社員に相当する3等級や入社7、8年目の4等級の者と同程度の額とすることは労働契約法20条に違反し、不法行為を構成するとして、V社に対し、本来支給されるべき賃金額と実際に受給した賃金との差額688万円余を請求した。

判決要旨

1 労働条件の相違が期間の定めがあることによるものか否か

本件においては、無期契約労働者である正社員の基本給等は正社員に適用される就業規則、賃金規程等において定められ、有期契約労働者である嘱託社員の基本給は同社員に適用される就業規則及び内規によって

定められており、これを原因として両者はその内容を異にしているから、正社員と嘱託社員との賃金額の相違は、期間の定めの有無に関連して生じたものといえる。

2　嘱託社員及び臨時社員と比較対照すべき正社員について

労働契約法20条は、有期契約労働者と比較対照すべき無期契約労働者を限定しておらず、不合理の有無の判断においては、業務内容及びこれに伴う責任の程度（職務の内容）、当該職務の内容及び配置の変更の範囲の異動のみならず、差異の程度をも広く考慮し、その他の事情に特段の制限を設けず、諸事情を幅広く総合的に考慮して、労働条件の相違が当該企業の経営・人事制度上の施策として不合理なものと評価されるか否かを判断すべきことが予定されていることからすれば、無期契約労働者と有期契約労働者の労働条件の相違の不合理性の判断に当たっては、まずはＸが指定する有期契約労働者と無期契約労働者とを比較対照することとし、Ｖ社が主張するような他の正社員の業務内容や賃金額等は、その他の事情として、これらも含めて労働契約法20条所定の考慮要素に係る諸事情等を幅広く総合的に考慮し、当該労働条件の相違が当該企業の経営・人事制度上の施策として不合理と評価されるか否かを判断するのが相当である。

以上からすれば、本件において嘱託社員時及び臨時社員時のＸの労働条件と比較対照するのは、まずは同事業所において役職定年により支配人の地位を離れた定年退職前の者となるが、定年退職前のＸ自身のほかに上記のような正社員の例は見当たらないから、労働条件の具体的相違やその不合理性の判断における職務の具体的内容については定年退職前後のＸ自身の職務内容と比較することとなる。

3　相違する労働条件について

有期契約労働者と無期契約労働者との賃金に係る労働条件の相違が不合理と認められるか否かを判断するに当たっては、両者の賃金の総額を比較するのみでなく、当該賃金項目の趣旨を個別に考慮するのが相当であり、また、特定の賃金項目の有無及び内容が他の賃金項目の有無及び内容を踏まえて決定する場合もあり得ることからすれば、そのような事

情も、有期契約労働者と無期契約労働者との個々の賃金項目に係る労働条件の相違が不合理と認められるか否かを判断するに当たり考慮することになる。

　これを本件についてみると、①正社員の年俸は業績と能力を考慮して毎年決定され、各種手当、時間外割増賃金等が支給されているのに対して、②嘱託社員の賃金は基本給とその他の手当が支給されており、基本給は、職務、経験及び能力を総合して決定するものとされ、③臨時社員の時間給は嘱託社員時の基本給と同程度になるよう決定されている。嘱託社員の基本給及び臨時社員の時間給は、労務の提供に対する対価のうち基本的なものであり、年俸も当然そのような性格を含んでいるから、これらの賃金項目は対応関係にあるといえる。また、嘱託社員時には、概ね基本給に加えて職務手当又は調整手当が支払われているが、職務手当については当該業務を担当することにより支払われ、調整手当については正社員時に比較して大幅に低下する嘱託社員の基本給を填補する目的で支払われることからすれば、職務手当及び調整手当の性格は、営業職正社員の年俸に対応するものということができ、さらに、固定時間外手当の実質的性格は定年退職時の年俸に対応するものと見ることができる。そうすると、以上のような賃金項目の実質的性格やそれらの対応関係は、労働条件の相違の不合理性を判断するに当たって考慮されることになる。

4　労働条件の相違が不合理なものと認められるか否かについて

（1）役職定年後の業務の内容及び当該業務に伴う責任の程度

　Xは役職定年前にはステージⅢ、8等級の支配人の地位にあったが、役職定年後は、少なくとも等級については8等級が付与されていたことからすれば、役職定年後のXはステージⅡ、8等級であったことが認められる。そして、役職定年後は担当課長等という肩書が与えられ、ステージⅡは一般管理職に位置付けられていること、Xは「担当支配人」との肩書が付された名刺の使用を許されていたことからすれば、役職定年後のXには、一般職正社員とは異なり、エキスパートである専任職としての役職が与えられていたことが推認される。Xは、役職定年後かつ定年前の期間中、比較的大規模なものを含む3件のオーダーの承認をしたこ

とがあること、「承認」という性質上、承認者は作成者よりも地位が上位と理解するのが自然であるところ、上記の各オーダーの作成者には管理職も含まれ、かついずれもXよりも下位の等級であったこと、少なくとも一般職正社員にはオーダーの承認権限がなかったことからすれば、Xには管理職としてオーダーの承認権限が付与されていたことが認められる。またXは「担当支配人」と記載した名刺を使用し、謝罪の場に同席したこともあったことを併せ考慮すれば、XはV社の役職者としての立場で対外的な謝罪の場に同席したと認められる。

　以上を総合すると、Xの業務は、従来から従事してきた営業活動業務に加え、役職定年後、非ラインの管理職として、少なくともオーダーの承認及び顧客からのクレームへの対応がその内容になっていたといえる。もっとも、役職定年後のXには直属の部下はおらず、マネージャー等のラインの管理職が配置されていたことに照らせば、その役割は管理職が不在の場合などにオーダーの承認や顧客からのクレームに対応して、ラインの管理職を補佐するものであったと認められる。オーダーの承認には重大な責任が伴うといえるし、また、管理職として顧客からのクレームに対応することは、V社の提供する役務に対する信用ひいては業績に直結しかねない危機的状況において対外的にV社を代表して対応に当たるのであるから、その責任は相応に重いといえる。

（2）定年退職後の業務の内容及び担当業務に伴う責任の程度

　少なくとも正社員が売上目標を達成できない場合には、人事考課等に影響があったことが認められる。そして、Xについて定められた売上目標が定年退職に伴って変更された形跡は見当たらないから、Xは定年退職前後を通じて一定の売上目標が課せられていたといえる。しかしながら、他方で、平成27年のXの月労働時間と一般職の正社員のそれを比較すると、Xの方が約11時間ないし約22時間短いこと、Xは嘱託社員になった後、時間外労働を削減していたこと、同年の年間売上高を見ても一般正社員（ステージⅠの3等級及び5等級）に比較して3000万円以上少ないことから、Xの業務量は一般の正社員と比較して少なかったといえる。それにもかかわらず、Xの嘱託社員としての労働契約の更新時に内規に

定める賃金額を超える減額等はされず、一方で嘱託社員については一定の売上額に達した場合にはインセンティブ報酬が支払われていたことも考慮すれば、定年退職後においては、売上目標の不達成の場合に課される人事上の不利益は正社員に比較して緩和されていたといえる。

（3）業務の内容及び当該業務に伴う責任の程度（職務の内容）の相違

　上記によれば、役職定年後かつ定年退職前のＸの業務は、人事考課等に影響する売上目標を課される状況下における営業活動業務に加え、非ラインの管理職として支配人等のラインの管理職を補佐する地位において、オーダーの承認や顧客からのクレーム対応などの相応の責任を伴う業務もその内容になっていた一方で、定年退職後のＸの業務は、営業活動業務に限定され、しかもその業務も売上目標が達成できない場合には人事考課等に影響するという人事上の負担が正社員より軽減されていたのであるから、業務内容及びその責任の程度は大きく異なっていたといえる。

（4）職務の内容及び配置の変更の範囲

　正社員、嘱託社員及び臨時社員は、いずれも就業規則上は配転等の可能性があるといえる。しかしながら、その事業所間の異動を伴う配転の実態を見ると、正社員については、実際に同配転が実施されるのに対し、嘱託社員及び臨時社員については、一部の例外を除いて同配転の実績がないなど同配転は現実味に乏しく、運用上原則として予定されていないといえる。このような正社員と嘱託社員及び臨時社員との配転の運用に係る相違については、これをそれらの労働者の賃金額の決定に当たって考慮することは当然想定すべきところであり、就業規則上は配転等の可能性の有無や程度の記載に差異がないとしても、実施の運用に差異があることは不合理性の判断において考慮すべきである。

（5）その他の事情

　正社員に係る賃金制度が長期雇用を前提として年功的性格を含みながら各役職に就くことなどに対応したものであるのに対し、嘱託社員及び臨時社員の賃金制度は長期雇用を前提とせず年功的性格を含まず、役職に就くことも予定されず、かつ高年齢者雇用継続基本給が支給されることを組み込んでいることなどからすれば、定年退職時の年俸と定年後に

再雇用される嘱託社員及び臨時社員の基本給及び時間給とでその額に差があることをもって直ちに不合理と認めることはできない。

東北大震災の影響により賃金が減額された平成23年５月16日から平成24年４月15日までの労働契約を除いてXの賃金額が最も低い嘱託社員最後の期間の労働契約における賃金月額は21万0320円であり、定年退職時の年俸の約54％である。また有給休暇を消化したために生じた平成28年５月分及び６月分の賃金を除いて臨時社員時の最も低額である月の時間給の月額は19万4683円であり、定年退職時の約50％である。しかしながら、嘱託社員及び臨時社員時のXと業務内容等が共通する法人販売担当に所属するステージＩの３ないし４等級の賃金との均衡をその他の事情として考慮するに、営業担当のステージＩの一般職の正社員の各種手当を含む賃金総額が３等級の者（入社６年目）で20万円程度、４等級の者（入社13年目）で26万円程度であることと比較すると、Xの嘱託社員及び臨時社員時の賃金額が不合理に低いとまではいえない。

（6）総合考慮

以上を総合すれば、Xの定年退職時と嘱託社員及び臨時社員時の業務の内容及び当該業務に伴う責任の程度（職務の内容）は大きく異なる上、職務の内容及び配置の変更の範囲にも差異があるから、嘱託社員及び臨時社員の基本給ないし時間給と正社員の年俸の趣旨に照らし、Xの嘱託社員及び臨時社員時の基本給及び時間給が定年退職時の年俸よりも低額あること自体不合理とはいえない。

そして、その他の事情についてみるに、定年退職時の年俸額はその職務内容に照らすと激変緩和措置として高額に設定されている上、正社員の賃金制度は長期雇用を前提として年功的性格を含みながら様々な役職に就くことに対応するように設計された一方で、嘱託社員及び臨時社員のそれは長期雇用を前提とせず年功的性格を含まず、原則として役職に就くことも予定されておらず、その賃金制度の前提が全く異なるものであり、このような観点からみても、正社員時の賃金額と嘱託社員及び臨時社員時の賃金額に差異があること自体をもって不合理といえないことは明らかである。加えて、Xの定年退職時の年俸月額とこれに対応する

嘱託社員及び臨時社員時の賃金とを比較すると、その違いは小さなものとはいえないが、それらの賃金額は職務内容が近似する一般職の正社員のそれとの比較においては不合理に低いとまではいえないことも併せ考慮すれば、Ｖ社における嘱託社員及び臨時社員の賃金の決定過程に労使協議が行われていないなどのＸの指摘を踏まえてもなお、Ｘの定年退職時の年俸月額と嘱託社員及び臨時社員時の基本給及び時間給の月額との相違をもって労働契約法20条に違反するとはいえない。

 解説

Ｘは、定年退職後再雇用による5年間の嘱託社員及び1年間の臨時社員としての業務が定年退職前と変わらないにもかかわらず、賃金が大幅に減額されたとして、労働契約法20条違反による不法行為に基づき差額賃金相当額を請求している。

定年退職後の賃金と定年前の賃金とを比較して、この相違は労働契約法20条等に照らし違法であるとして差額賃金相当額を請求する事例は多く見られるが、定年退職後の賃金を定年退職時の賃金と同額にすべきであると判断した判決は長澤運輸事件（24）の第1審を除いて見当たらず、要は、どの程度の差まで許されるかという定量的な判断に委ねられているといえる。本件におけるＸのように、請求の根拠として「同一労働同一賃金」を主張する者がしばしば援用する労働契約法20条については、同一労働同一賃金の原則を定めたものではないという点で各判決は一致している。また、もし同一労働同一賃金の原則を厳格に適用するとした場合、その比較対象は自らの定年退職時の賃金だけでなく、同様な業務を行っている若手・中堅社員も当然含まれることとなり、そうなると、果たして定年退職時に支給されていた賃金額自体が合理性のないものなのか否か疑問が生じるケースも見られることとなろう。

定年退職後の再雇用において賃金等を引下げ
北日本放送定年退職後再雇用労働条件相違事件

富山地裁平成30.12.19

事件の概要

　X（原告）は、昭和54年4月1日、放送事業を営むK社（被告）に正社員として入社し、平成28年3月31日付けで職務等級5等級で定年退職し、その後K社との間で有期労働契約を締結して、再雇用社員として就労していた。

　Xは、再雇用社員となった後、正社員との間で、基本給、賞与、住宅手当、裁量手当及び祝金について労働契約法20条に違反する労働条件の相違があると主張して、K社に対し、主位的には正社員に関する賃金規程が適用される労働契約上の地位にあることの確認を求めるとともに、労働契約に基づき、平成28年4月から平成29年3月までの間の上記賃金規程により支給されるべき賃金、賞与等と、実際に支給された賃金等との差額554万円余の支払を求め、予備的に、不法行為に基づき、上記差額に相当する額を損害賠償として請求した。

判決要旨

1　労働契約法20条の法意について

　労働契約法20条は、有期契約労働者と無期契約労働者との労働条件に相違があり得ることを前提に、職務の内容等を考慮して、その相違が不合理と認められるものであってはならないとするものであり、職務の内容等の違いに応じた均衡のとれた処遇を求める規定であると解される。そして、同条にいう「不合理と認められるもの」とは、有期契約労働者と無期契約労働者との労働条件の相違が不合理と評価できるものと解するのが相当である。また、本件で問題となるのは、賃金項目等に関する労働条件の相違であるところ、有期契約労働者と無期契約労働者との個々の賃金項目に係る労働条件の相違が不合理と認められるものであるか否

かを判断するに当たっては、両者の賃金の総額を比較することのみではなく、当該賃金項目の趣旨を個別に考慮すべきものと解するのが相当である。そうすると、正社員であった平成27年度の賃金総額と再雇用社員となった平成28年度の賃金総額の減額の割合のみをもって労働契約法20条に違反する旨のXの主張は採用できない。

2 基本給に関する相違について

基本給に関する相違の検討においては、XとK社における無期契約労働者のうち定年退職前のXに相当する61歳で職能等級が5等級の正社員を対象とする。

（1）正社員と再雇用社員の基本給に関する事項

正社員の給与は、基準賃金と基準外賃金とからなり、基準賃金は基本給と諸手当により構成され、基本給は、年齢給と職能給により構成される。このうち年齢給は、4月1日における年齢に応じて定められ、22歳時の16万円から1年ごとに増額され、50歳時に21万8000円となり、54歳までは同額だが、55歳からは毎年減額され、60歳から定年の61歳までは19万5500円が支給される。また職能給は、1等級（一般定型）から7等級（上級管理）までの職能等級及び号俸に応じて定められ、大卒採用者の場合、入社初年度に1等級1号俸として4万円が支給され、その後、等級に応じて人事考課により決定される。Xが正社員であった平成27年度の基本給は月額34万9800円であり、年収は843万3930円であった。再雇用社員となった後のXの基本給は、時給制なので若干の変動はあるが、平成28年度の平均月額賃金は25万6433円であり、年収は322万5550円であった。Xは、定年再雇用後の賃金が再雇用前の賃金の61％未満となったことから、雇用保険法61条に基づき、賃金の15％に相当する高年齢者雇用継続給付金（給付金）の支給を受けており、年収換算すると、1年間で48万4282円となる。

（2）再雇用社員と正社員の職務の内容、当該職務の内容及び配置の変更の範囲について

正社員は、人事考課において、詳細な成績考課、能力考課が行われるのに対し、再雇用社員は、簡単な項目による評価が行われるにすぎない。

また、職務の内容及び配置の変更の範囲についても、正社員は様々な業務への異動があり得るのに対し、再雇用社員は異動が予定されていない。

（3）Xは、再雇用社員であることをもって年齢給及び職能給を支給しないことに合理的な理由はないと主張する。しかし、再雇用社員の基本給は正社員と異なり時給制であり、これ自体は、K社の裁量によるものとして不合理とはいえない。そして、時給制を採用する以上、正社員と同様に年齢給及び職能給に基づき算出された一定額を毎月支給するという形の基本給を採用することはできないから、再雇用社員に年齢給及び職能給を支給しないことが不合理とはいえない。

（4）Xの平均月額賃金は、正社員時の約73％と認められるところ、正社員の基本給と27％の差があることが不合理と評価できるかが問題となる。

ア　職務の内容について

　　正社員は、部門の責任者として担当業務のみならず部門全体の調整を図るスタッフとしての業務を担当しているのに対し、再雇用社員は労働契約書で定められた業務のみを担当しているという点で業務の内容は異なっている。確かに、Xは、定年退職の前後いずれにおいても、主にテレビのディレクターとしてパブリシティを制作するという同一業務を担当していることが認められる。しかし、他方で、Xは正社員であった平成26年にガンを発症し、身体的負担の大きい仕事に従事できなかったという事情により、負担の軽い業務を行うようになったこと等が認められる。そうすると、Xが定年退職前後を通じて現実に担当している業務の内容が同一であることをもって、再雇用社員と正社員の業務の内容が同一とはいえず、再雇用社員と正社員とでは担当する業務の内容は大きく異なる。

　　前記の事実に照らせば、正社員は、自己の担当する業務のほか、部門のスタッフとして、高度の知識、技能及び判断を要する部門業務を実質的な責任者として遂行すること等が求められているといえるから、担当する業務に伴う責任の程度は大きいといえる。これに対し再雇用社員は、再雇用社員労働契約書に定められた業務について一定の責任を負うことはあっても、部門業務の実質的な責任者となることは予定

されておらず、担当する業務に伴う責任の程度は正社員のように大きくはない。したがって、再雇用社員と正社員とでは、担当する業務に伴う責任の程度は大きく異なるから、再雇用社員と正社員の職務の内容、当該職務の内容及び配置の変更の範囲の相違に応じた範囲で、再雇用社員の基本給の額を正社員よりも低くすることが不合理とはいえない。

イ　また、定年制の下における無期契約労働者の賃金体系は、当該労働者を定年退職するまで長期雇用することを前提に定められたことが少なくないと解される。これに対し、使用者が定年退職者を有期契約により再雇用する場合、当該者を長期間雇用することは通常予定されていない。また、定年退職後に再雇用される有期契約労働者は、定年退職するまでの間、無期契約労働者として賃金の支給を受けてきた者であり、一定の要件を満たせば老齢厚生年金の受給も予定されている。そして、このような事情は、定年退職後に再雇用される有期契約労働者の賃金体系の在り方を検討するに当たって、その基礎となるといえる。そうすると、Ｘが定年退職後の再雇用社員であることは、労契法20条にいう「その他の事情」として考慮されることとなる事情に当たると解するのが相当である。そして、雇用保険法が、定年を迎えた者が再就職した場合のある月の賃金額が、同人が60歳に到達したときの賃金月額（原則として60歳に到達する前6カ月間の平均賃金）の61％未満にまで下がることを想定していることを踏まえれば、Ｘが定年退職後の再雇用社員であることをもって、Ｘの基本給を正社員より相当程度低くすることが不合理とはいえない。

ウ　加えて、賃金に関する労働条件は、労働者の職務内容及び変更範囲により一義的に定まるものではなく、使用者が、雇用及び人事に関する経営判断の観点から、様々な事情を考慮して検討するものといえる。また、労働者の賃金に関する労働条件の在り方については、基本的には団体交渉等による労使自治に委ねられるべき部分が大きいといえる。したがって、当該労働条件に関する労使交渉の経過も、労働契約法20条にいう「その他の事情」として考慮されることとなる事情に当たると解するのが相当である。本件では、再雇用社員の基本給に関する労

働条件は、K社と組合との間で十分に行われた労使協議を踏まえて定められたもので、これを十分に尊重する必要がある。

エ　また、Xは、給付金及び企業年金の給付を受けており、両給付の合計額を1月当たりに換算すると、毎月平均15万3966円となり、これをXの平均月額賃金と合計すれば、Xの再雇用社員時の1月当たりの収入額は41万円余となり、正社員時の基本給を上回ることが認められる。Xは、基本給の比較において給付金の存在を考慮すべきではない旨主張するが、給付金及び企業年金は、いずれもXの生活を支える趣旨で支給されるものであり、K社はその存在を基礎として再雇用社員を含めた賃金体系の在り方を検討するものであるから、上記給付の存在も、労働契約法20条にいう「その他の事情」として考慮することが相当である。

オ　以上によれば、再雇用社員と正社員の職務の内容、当該職務の内容及び配置の変更の範囲はいずれも異なり、定年退職後の再雇用社員であるというXの基本給を正社員のそれと比べて相当程度低くすることも不合理とはいえない事情が存在する上、Xの基本給の水準はK社の組合と十分な労使協議を経たものでこれを尊重する必要があり、Xの再雇用社員時の月収は給付金及び企業年金を加えると正社員時の基本給を上回ることが認められる。これらの事情に照らせば、Xについて正社員時の基本給と再雇用社員時の基本給との間に27％の差が生じていることを不合理と評価することはできず、この相違が労働契約法20条にいう「不合理と認められるもの」に当たるとはいえない。

カ　なお、Xは、K社には同一労働同一賃金推進法に基づき、再雇用社員に定年退職前と同水準の待遇を維持すべき義務がある旨主張する。しかし、同法は、雇用形態が多様化する中で、労働者の職務に応じた待遇の確保等のための施策に関し、基本理念を定め、国の責務を明らかにすることなどを通じて、労働者がその雇用形態にかかわらず充実した職業生活を営むことができる社会の実現に資することを目的とするものであり、同法に基づき、K社にXの主張するような義務が課されるものではない。

3 賞与に関する相違について

　Xが正社員であった平成27年度の賞与額は225万2180円と認められ、賞与の不支給によるXと正社員との間の年収の差異は相当程度大きなものといえる。しかし、賞与は、月例賃金とは別に支給される一時金であり、労務の対価の後払い、功労報償、生活費の補助、労働者の意欲向上等といった多様な趣旨を含み得るところ、K社においても既にこれと同じ趣旨で賞与の支給がされていることが認められる。そして、職務の内容等を考慮すれば、功労報償、生活費の補助及び意欲の向上等も趣旨とする賞与について、再雇用社員と正社員とで異なる扱いをすることも不合理とはいえない事情があるといえるし、K社と組合との十分な労使協議の結果を尊重する必要性があるといえる。また、Xは、K社を定年退職する際、退職金2138万5804円を受給している事情も認められる。加えて、K社は、再雇用社員の生活を保障するため、給与と給付金及び企業年金を合わせて年収500万円程度とすることを想定したと認められ、再雇用社員の収入の安定に対する配慮は相応に行われているといえる。

　以上の諸事情を総合すれば、賞与の不支給による差異が相当程度大きいことを踏まえても、正社員に対して賞与を支給する一方で、再雇用社員に対して賞与を支給しないことを不合理と評価することはできず、この相違が労働契約法20条に定める「不合理と認められるもの」に当たるとはいえない。

4 住宅手当に関する相違について

　K社の正社員のうち社宅入居者以外の者には、採用地等の基準に応じて月3万円から4万1000円の在宅手当が支給されるのに対し、再雇用社員には住宅手当は支給されない。住宅手当は、実際に支出した住宅費用の補助としての意味合いのみならず、正社員に対する福利厚生としての意味合いを有することが認められる。社員に対する福利厚生の要否及び内容を検討するに当たっては、その趣旨に照らして、労働者の生活に関する諸事情を考慮することになると解される。そして、正社員には幅広い世代の労働者が存在し得るから、住宅費の補助には相応の理由があるといえる。他方、再雇用社員は、正社員として勤務した後に定年退職し

た者であり、Xのように既に持ち家を所有している者も相当程度存在することが推測されるから、住宅費を補助する必要性が高いとは必ずしもいえない。また、職務の内容、特に正社員は転勤及び関連会社への出向が予定されているのに対し、再雇用社員は今まで配置転換及び転勤した者がいないことを踏まえれば、正社員は再雇用社員と比較して住宅に要する費用が多額になり得るといえる。以上の事情を踏まえれば、正社員に対して住宅手当を支給する一方で、再雇用社員に対してこれを支給しないとする相違が労働契約法20条に定める「不合理と認められるもの」に当たるとはいえない。

5 裁量手当に関する相違について

K社は、労使協定の定めにより、専門業務型裁量労働制の適用対象業務及び適用対象者を定めており、その対象者には裁量手当が支給される。労働契約法20条にいう「期間の定めがあることにより」とは、有期契約労働者と無期契約労働者との労働条件の相違が期間の定めの有無に関連して生じたものであることをいうと解される。Xが裁量手当を受けていないのは、裁量労働制の対象として指定されていないことによるのであって、これが期間の定めがあることに関連して生じたものとは認められないから、Kに裁量手当を支給しないことが労働契約法20条に違反するとはいえない。

6 祝金に関する相違について

K社の賃金規程及び再雇用就業規則上、祝金に関する定めはなく、K社における記念年度等において、K社の決算状況等に鑑み、従業員に対する祝儀の趣旨で祝金を支給することがあると認められる。そうすると、祝金は専らK社の裁量に基づき支給されるものであって、これが労働契約法20条にいう「労働契約の内容である労働条件」に当たるとはいえず、有期契約労働者と無期契約労働者の相違について同条の適用は問題とならない。

解説

　定年退職者後に再雇用された者が、再雇用後、同一労働をしているにもかかわらず労働条件が正社員時代と比べて著しく低下したとして、退職時と同額の基本給、賞与、各種手当の支払いを請求した事件である。

　判決では、定年後の再雇用者は正社員よりも責任の程度が軽いこと、転勤もないことといった業務自体の正社員との相違のほか、Ｘは2000万円を超える退職金も支給された上、雇用保険の給付や企業年金も支給され、正社員時の基本給の額を上回る収入を得る等、経済的に安定していること等を理由として、Ｘの請求を全面的に棄却している。特に本件の場合、Ｘは定年退職直前に大病を患っており、定年退職時の業務は軽易なものとされていたという事情があり、そうしたことも退職時と再雇用後の仕事の内容の比較に当たって影響を及ぼしたとも考えられる。

30 定年退職後の嘱託社員が定年前と同一の労働条件を請求

名古屋自動車学校定年後再雇用労働条件格差事件

名古屋地裁令和2.10.28

事件の概要

　X及びY（いずれも原告。以下「Xら」）は、自動車学校の経営等を業とするN社（被告）の正職員を退職した後、継続してN社との間で有期労働契約を締結し、1年更新による嘱託職員として就労していた。

　Xらは、定年退職前後で職務内容及び変更内容に変更がないにもかかわらず、定年前と比較して、基本給、皆精勤手当、敢闘賞（精励手当）及び賞与（嘱託職員一時金）が減額され（定年退職時と比較して、基本給は50％以下、賞与は40％以下）、定年退職前には支給されていた家族手当が支給されないことは、有期契約労働者と無期契約労働者との労働条件の相違を禁じた労働契約法20条に違反するとして、N社に対し、差別がなければ受けられた賃金等の相当額（Xについては総額1183万円余、Yについては974万円余）を請求した。

判決要旨

1　労働契約法20条違反の有無について

（1）賃金に関する労働条件は、職務の内容並びに当該職務の内容及び配置の変更の範囲（職務内容及び変更範囲）により一義的に決まるものではなく、使用者は、雇用及び人事に関する経営判断の観点から様々な事情を考慮して賃金に関する労働条件を検討するといえる。また、賃金に関する労働条件の在り方については、基本的に労使交渉に委ねられるべき部分が大きいといえる。そして、労働契約法20条は、労働条件の相違が不合理かどうかを判断する事情として「その他の事情」を挙げているところ、その内容を職務内容及び変更範囲に関連する事情に限定すべき理由は見当たらない。

　定年制の下における無期契約労働者の賃金体系は、当該労働者を定年

退職まで長期雇用することを前提に定められたことが少なくないと解され、使用者が定年退職者を有期雇用労働者として再雇用する場合、当該者を長期雇用することは通常予定されていない。また、定年退職後に再雇用される有期契約労働者は、定年退職までの間、無期契約労働者として賃金の支給を受けてきた者であり、一定の要件を満たせば老齢厚生年金の支給も予定されている。そして、このような事情は、定年退職後に再雇用される有期契約労働者の賃金体系の在り方を検討するに当たって、その基礎となるといえる。そうすると、有期契約労働者が定年退職後に再雇用された者であることは、無期契約労働者との労働条件の相違が不合理と認められるか否かの判断において、労働契約法20条にいう「その他の事情」に当たると解するのが相当である。有期契約労働者と無期契約労働者との賃金に係る労働条件の相違が不合理と認められるか否かを判断するに当たっては、両者の賃金の総額を比較するのみではなく、賃金項目を個別に考慮すべきである。

（2）期間の定めによる相違かどうか

　無期契約労働者である正社員と有期契約労働者である嘱託職員の労働条件の相違は、正職員には正職員就業規則等が、嘱託職員には嘱託規程がそれぞれ適用されることにより生じているから、期間の定めの有無に関連して生じているといえる。よって、正職員と嘱託職員の労働条件は、労働契約法20条にいう期間の定めがあることにより相違しているといえる。

（3）正職員と嘱託職員の職務内容の相違について

　Xらの正職員定年退職時と嘱託職員時では、その職務内容及び変更範囲には相違がなかったものであり、本件において、有期契約労働者と無期契約労働者との労働条件の相違が不合理と認められるものか否かの判断に当たっては、もっぱら「その他の事情」として、XらがN社を定年退職した後に有期労働契約により再雇用された嘱託職員であるとの点を考慮することになる。

（4）基本給について

　Xらは、正職員定年退職時と嘱託職員時でその職務内容及び変更範囲には相違がなく、正職員定年退職時の賃金は、賃金センサス上の平均賃

金を下回る水準であった中で、Ｘらの嘱託職員時の基本給は、それが労働契約に基づく労働の対償の中核であるにもかかわらず、正職員定年時の基本給を大きく下回るものとされており、そのため、Ｘらに比べて職務上の経験に劣り、基本給に年功的性格があることから将来の増額に備えて金額が抑制される傾向にある若年正職員の基本給をも下回るばかりか、賃金の総額が正職員定年退職時の労働条件を適用した場合の60％をやや上回るかそれ以下に止まる帰結をもたらしているのであって、このような帰結は、労使自治が反映された結果でもない以上、嘱託職員の基本給は年功的性格を含まないこと、Ｘらが退職金を受給しており、要件を満たせば高年齢者雇用継続基本給付金及び老齢厚生年金（比例報酬分）の支給を受けることができることといった事情を踏まえたとしても、労働者の生活保障の観点からも看過し難い水準に達しているといえる。そうすると、Ｘらの正職員定年退職時と嘱託職員時の各基本給に係る金額という労働条件の相違は、労働者の生活保障という観点も踏まえ、嘱託職員時の基本給が正職員定年退職時の60％を下回る限度で、労働契約法20条にいう不合理と認められるものに当たると解するのが相当である。

（5）皆精勤手当及び敢闘賞（精励手当）について

　皆精勤手当、敢闘賞の支給の趣旨は、所定労働時間を欠略なく出勤すること及び多くの指導業務に就くことを奨励することであって、その必要性は正職員と嘱託職員とで相違はないから、嘱託職員にこれらを支給しないとする労働条件の相違は、労働契約法20条にいう不合理と認められるものに当たると解するのが相当である。

（6）家族手当について

　Ｎ社は、正職員に対しては、労務の提供を金銭的に評価した結果としてではなく、従業員に対する福利厚生及び生活保障の趣旨で家族手当を支給している。そして、Ｎ社の正職員は嘱託職員と異なり、幅広い世代の者が存在し得るところ、そのような正職員について家族を扶養するための生活費を補助することには相応の理由があるといえる。他方、嘱託職員は、正職員として勤続した後に定年退職した者であり、老齢厚生年金の支給を受けることにもなる。これらの事情を総合すると、正職員に

対して家族手当を支給する一方、嘱託職員に対してこれを支給しないという労働条件の相違は、労働契約法20条にいう不合理と認められるものに当たるとはいえない。

（7）賞与について

　Xらの職務内容及び変更範囲に変更がないにもかかわらず、嘱託職員一時金は正職員の賞与に比べ大きく減額されたものであり、その結果、若手正職員の賞与をも下回り、しかも、賃金の減額も、賃金センサス上の平均賃金を下回る正職員定年退職時の労働条件を適用した場合の60％をやや上回るかそれ以下に止まることを正当化するには足りない。そうすると、Xらの正職員定年退職時の賞与と嘱託職員時の嘱託職員一時金に係る金額という労働条件の相違は、労働者の生活保障という観点も踏まえ、Xらの基本給を正職員定年退職時の60％の金額であるとして、冬季に正職員の賞与の調整率を乗じた結果を下回る限度で、労働契約法20条にいう不合理と認められるものに当たると解するのが相当である。

2　労働契約に基づく差額賃金請求権の可否

　労働契約法20条の規定は私法上の効力を有すると解するのが相当であり、有期労働契約のうち同条に違反する労働条件の相違を設ける部分は無効と解される。もっとも、同条は、無期契約労働者との労働条件の相違が同条に違反する場合に、当該有期契約労働者の労働条件が比較の対象である無期契約労働者の労働条件と同一となる旨を定めていない。そうすると、有期契約労働者と無期契約労働者との労働条件の相違が同条に違反する場合であっても、同条の効力により当該有期契約労働者の労働条件が比較の対象である無期契約労働者と同一となるものではないと解するのが相当である。よって、労働契約に基づき差額賃金の支払を請求する部分については理由がない。

3　不法行為に基づく損害賠償請求の可否及び損害額

　前記のとおり、①基本給のうち正職員定年退職時の額の60％を下回る部分、②皆精勤手当及び敢闘賞の減額部分、③賞与（嘱託職員一時金）のうち正職員定年退職時の基本給の60％に冬季の正職員の賞与の調整率を乗じた結果を下回る部分は、いずれも労働契約法20条に違反し、N社

にはこのような違法な取扱いをしたことについて過失があったから、Ｘらについては、あるべき金額と支給額の差額に相当する損害を被ったといえる。Ｘらによる慰謝料請求は認められない（Ｘの損害額合計355万0672円、Ｙの損害額合計270万4220円）。

解説

本判決は、定年退職の前後で、主任の役職を外れたことを除き職務の内容及び配置の変更の範囲に相違がないことを前提に、定年退職前の正職員時代の労働条件と、定年退職後の嘱託職員としての労働条件の相違が労働契約法20条にいう不合理と認められるものに当たるか否かを判断した事例である。

同条は、同一労働同一賃金の原則を定めたものではないことは、他の類似の事件についての判決でも判断が示されており、本判決も同様な考え方に立っている。そうなると、定年前後で、どの程度の相違まで許容されるかが問題となるが、本判決では、賃金の中心をなす基本給及び賞与について、定年後の嘱託職員に対し、最低でも定年退職時のそれと比較して60％を下回ることは労働契約法20条に照らして許されないとの考え方を基に、60％を下回る限度で労働契約法20条にいう不合理と認められるものに当たるとして、Ｎ社に対し損害賠償を命じている。この判断に当たっては、嘱託職員との比較対象とされた定年退職時の賃金を同世代の賃金センサス上の平均賃金と比較し、これを下回っていることを指摘していることからすれば、Ｋ社においては、ただでさえ低い正職員の賃金よりさらに40％も下回る賃金では、嘱託職員の生活が困難となることを配慮したものと思われる。そうだとすれば、仮にＮ社の正職員の賃金が世間相場より高かった場合は、許されるラインが60％より低い、例えば50％となることもあり得るわけで、嘱託職員の生活保障を重視しようとする裁判所の意図は理解するとしても、労働契約法20条の判断をする際の基準として果たして適切か否かの疑問は残る。

4. 男女間における賃金等の相違

　第2章の1〜3までは、主に有期契約労働者と無期契約労働者との間における同一労働同一賃金を取り上げてきたが、ここでは、男女間における同一労働同一賃金を取り上げることとする。男女間の賃金については、労働基準法4条において罰則をもって男女差別を禁止している。

　1970年代半ば頃から、労働基準法4条（これに、労働者の社会的身分等を理由とする労働条件の差別を禁止した同法3条が絡む場合も多い）を巡る争いが頻発するようになった。ただ、こうした争いの多くは、当初から男性には将来の幹部への昇進も視野に入れて基幹的業務を与える一方、女性には短期雇用を前提に補助的・定型的業務を与え、それに伴った昇格措置を講じて賃金に差を付けたことについての争いが一般的であったことから、そもそも「同一労働」の前提を欠いていたといえる。1986年4月に男女雇用機会均等法が施行されて以降は、男性用コースと女性用コースを明確に分けるような人事管理は、同法の趣旨に反するとされたことから、多くの企業で、形式的には男女別には当たらないコース別人事管理制度を設け、実質的な男女別人事管理を温存する措置を取ったが、この方式によれば、やはり男女間での「同一労働」という前提が満たされないこととなる。

　こうしたことから、本書では、男女間の賃金等を巡る争いの中核である、異なる仕事を与えた上での昇格差別とそれに伴う賃金差別は「同一労働同一賃金」という本書の趣旨に必ずしもマッチしないとして、対象から外したところである。ただ、男女間の賃金差別が問題となった事件の中にも、異なる仕事について、これを同価値として同一賃金を支払うべきとして争われた事例（同一価値労働同一賃金）、同じ仕事をしながら、家族手当等を女性には支払わない、あるいは男性には課されない特別の要件を課して、女性の受給を困難にするような事例も見られることから、こうした事例は同一労働同一賃金の範疇に入ると解釈して掲載したところである。

31 長期雇用の女性臨時社員が正社員との同一賃金を要求
丸子警報器臨時女性社員賃金格差事件

長野地裁上田支部平成8.3.15

事件の概要

　Ｘら28名（原告）は、昭和43年１月から平成元年４月までの間に自動車用警報機器等の製造販売を業とするＭ社（被告）に入社した女性臨時社員である。Ｍ社における正社員の賃金体系は年功序列であるのに対し、女性臨時社員の賃金は、正社員より元々低額である上、３年、５年、10年を区切りとする３段階の賃金体系で、勤務年数が長くなるほど正社員との格差が拡大する体系となっており、一時金、退職金も支給されるものの、正社員より低額とされていた。

　Ｍ社は、昭和39年頃から社員数を急激に増加させ、これに伴い女性臨時社員の数も急増した。昭和45年以降は女性臨時社員の数も安定してきたが、女性正社員の採用は減少し、昭和50年以降はほとんど採用されなかった。こうしたことから、女性臨時社員は、組立ラインの中心として働くようになった。臨時社員の雇用期間は２カ月間であるが、反復継続して更新されることが通常であり、Ｘらの雇用期間は、長い者では25年に及んでいた。Ｘらは、臨時社員の雇用契約は反復更新され雇止めがないことから、正社員と同様の契約になっていること、勤務時間、仕事内容も女性正社員と同価値であること、Ｍ社は、男性に対しては既婚・未婚を問わず正社員として採用し、女性に対してのみ、未婚者は正社員、既婚者は臨時社員として採用して低い賃金を払うことは労働基準法４条で禁止する男女差別に当たること、臨時社員という地位を理由に低い賃金を支払うことは、社会的身分による差別を禁じた労働基準法３条に違反すること、正社員と臨時社員は同一（価値）労働に従事しているにもかかわらず臨時社員に低い賃金を支払うのは、同一（価値）労働同一賃金の原則という公序良俗に反することを主張し、Ｍ社に対し不当な賃金差別による損害（慰謝料及び弁護士費用を含む）の賠償を請求した（1

人当り請求額873万円余〜369万円余。総額1億4746万円余)。

1 男女差別について

昭和50年頃以降、M社が、組立ライン要員として既婚女性を臨時社員に採用し、正社員としては男性ないし未婚女性を採用しているが、M社はその理由として、①ラインの組立作業は単純な繰返し作業だが、このような作業については女性の方が適していること、②中高年の家庭の主婦の採用が容易であることを挙げている。しかし、①については、適性の有無は本来個人的問題であり、性による適性の有無が科学的に正当であるか否かも疑問である上、仮にこれが統計的には認められるとしても、これを理由に個人の適性を無視して性を区別基準とすることは不当な男女差別をもたらす原因となるもので妥当ではない。また、②については、募集の結果そのような人が集まったという結果としては考えられることであっても、そのような人しか採用しないことを正当化する理由とはならない。これらの点では、臨時社員に中高年の主婦のみを採用し、男性又は未婚の女性を採用しないことには合理的理由がないことになる。しかしながら、これは不合理というにとどまり、臨時社員たるXらの差別の問題にはならない。

本件においては、昭和50年頃以降は、臨時社員はライン要員、正社員はその他の業務と業種が異なり、その募集・採用方法も異なっていたほか、正社員の採用が極めて少なくなっていたところ、Xらはライン要員としての募集に対して採用されたのであるから、そもそもXらが採用される際に、男女差別がなければ正社員として採用されたという状況ではない。したがって、Xらが女性であるが故に不利益な取扱いを受けたとは認められない。M社における男性臨時社員については、一定期間で正社員とするような制度も慣例もないこと、昭和47年以降採用された男性社員7名は誰も正社員になっていないこと、昭和43、44年に男性臨時社員3名が正社員に採用されているが、それぞれ事情があり、Xらにはそのような事情が主張されていないことからすると、臨時社員内部におけ

る男女差別を認めることはできない。また、Xらにおいて男女を問わず
正社員との待遇差別を主張する部分は、臨時従業員制度の存在意義が認
められる以上、正社員と臨時社員とでは前提となる雇用契約が異なるの
であるから、臨時従業員制度において正社員と臨時社員に賃金格差を設
けることが違法かどうかの問題であって、男女差別の問題ではない。

　昭和43年以降に採用されたXらについて、正社員ではなく臨時社員と
して採用されたことは労働基準法3条、4条で禁止される違法な男女差
別ということはできない。すなわち、労働基準法3条、4条は、いずれ
も雇入後の労働条件についての差別を禁止するものであり、雇入れの自
由を制限するものではないと解するのが相当である。この点、男女差別
をなくそうという動きは国際的な流れであり、最近では男女雇用機会均
等法が立法されるなど、男女平等については雇入れについても法的な規
制が要請されつつあると認められるが、募集・採用については未だ事業
主の努力義務に止まり、これに反することが直ちに違法と言うことはで
きないのであり、未だ社会的な情勢も現在とは異なる昭和43年当時であ
れば、なおさら雇入れにおける男女平等が公序良俗として要請されてい
たとはいい難い。そして、本件においては、M社において臨時社員を採
用することに合理性が認められるのであるから、M社の行為を違法と評
価することはできない。

2　身分による差別について

　労働基準法3条に定める社会的身分とは、生来的なものにせよ、後天
的なものにせよ、自己の意思によって免れることのできない社会的分類
を指すものであり、「正社員」「臨時社員」の区別は、雇用契約の内容の
差異から生じる契約上の地位であるから、同条に定める身分には該当し
ない。

3　同一（価値）労働同一賃金違反について

　同一（価値）労働同一賃金の原則が、労働関係を規律する一般的な法
規範として存在しているとは認められない。すなわち、労働基準法3条、
4条のような差別禁止規定や最低賃金法は存在するものの、同一（価値）
労働同一賃金の原則を明言する実定法の規定は未だ存在しない。それで

は「公の秩序」としてこの原則が存在するかというと、これについても否定せざるを得ない。それは、これまでわが国の多くの企業においては、年功序列による賃金体系を基本とし、更に職歴による加算や扶養家族手当など様々な制度を設けてきたのであって、同一（価値）労働に同一賃金を支給してきたわけではないからである。しかも、同一価値の労働には同一の賃金を支払うべきと言っても、特に職種が異なる労働を比べるような場合、その労働価値が同一か否かを客観性をもって評価判断することは著しい困難を伴うことは明らかである。本件においても、Ｘら臨時社員を他の種々の業務に携わっている男性正社員に比べて一概に労働価値が低いなどといえるものではないと考えられるが、これも全く同一の価値と評価すべきか、何パーセントは男性正社員の労働の価値が高いと評価すべきかは極めて困難な問題である。要するに、この同一（価値）同一賃金の原則は、不合理な賃金差別を是正するための一個の指導理念とはなり得ても、これに反する賃金格差が直ちに違法となるという意味での公序とみなすことはできない。

　このように、同一（価値）労働同一賃金の原則は、労働関係を一般的に規律する法規範とは考えられないが、賃金格差の違法性の判断に当たり、この原則が考慮されないで良いというわけでは決してない。すなわち、労働基準法3条、4条のような差別禁止規定の根底には、およそ人はその労働に対し等しく報われなければならいという均等待遇の理念が存在していると解される。それは言わば人格の価値を平等と見る市民法の普遍的な原理と考えるべきものである。したがって、同一（価値）労働同一賃金の基礎にある均等待遇の理念は、賃金格差の違法性の判断において、一つの重要な判断要素として考慮されるべきであって、その理念に反する賃金格差は、使用者に許された裁量の範囲を逸脱したものとして、公序良俗違反の違法を招来する場合があるといえる。

4　本件におけるＸらと正社員との賃金格差

　Ｘらライン作業に従事する臨時社員と、同じライン作業に従事する女性正社員の業務を比べると、全てが同様であること、臨時社員の勤務年数も長い者では25年を超えており、採用の際にも、その後の契約更新に

おいても、少なくともXらの側においては、自己の身分について明確な認識を持ち難い状況であったことなどに鑑みれば、Xら臨時社員の提供する労働内容は、女性正社員と全く同一といえる。このような場合、M社においては、一定年月以上勤務した臨時社員には正社員となる途を用意するか、臨時社員の地位はそのままとしても、同一労働に従事させる以上は正社員に準じた年功序列の賃金体系を設ける必要があったというべきである。しかるに、M社において、Xらを臨時社員として採用したままこれを固定化し、2カ月ごとの雇用期間の更新を形式的に繰り返すことにより、女性正社員との顕著な賃金格差を維持拡大しつつ長期間の雇用を継続したことは、同一（価値）労働同一賃金の原則の根底にある均等待遇の理念に違反する格差であり、公序良俗違反として違法となるというべきである。

　もっとも、均等待遇の理念も抽象的なものであって、均等に扱うための前提となる諸要素の判断に幅がある以上は、その幅の範囲内における待遇の格差に使用者側の裁量も認めざるを得ない。したがって、本件においても、Xら臨時社員と女性正社員の賃金の格差が全て違法となるものではない。前提要素として最も重要な労働内容が同一であること、一定期間以上勤務した臨時社員については年功という要素も正社員と同様に考慮すべきこと、その他本件に現れた一切の事情に加え、M社において同一（価値）労働同一賃金の原則が公序ではないということのほか賃金格差を正当化する事情を何ら主張立証していないことも考慮すれば、Xらの賃金が、同じ勤務年数の女性正社員の8割以下となるときは、許容される賃金格差の範囲を明らかに超え、その限度においてM社の裁量が公序良俗違反として違法となると判断すべきである（賠償額は26名につき223万円〜3万円余）。

 解説

　本件は、提訴当時において勤続25年から4年までの女性臨時社員28名が原告となった訴訟で、その数の多さもさることながら、臨時社員に対

する賃金が正社員の8割以下の場合は公序良俗違反として違法となると、許容されない賃金格差の限度を具体的な数値で示した点で、当時非常に大きな反響を呼ぶとともに、今日においても、正規社員と非正規社員との格差問題を論ずる際に、しばしば引用される判決である。

Xらは、最大25年にも及ぶ契約更新の実態からみて、臨時社員とは名目的であって、女性正社員と変わらない労働実態にあるとして、これと同一の賃金の支払を求めたところ、判決では、雇用調整の必要性から臨時社員制度自体の必要性は認めた上で、その違法性の判断について、①男女差別、②身分による差別、③同一（価値）労働同一賃金違反の観点から判断を示している。

判決では、①及び②については否定し、③についても同一（価値）労働同一賃金の原則は、労働関係を一般的に規律する法規範とは考えられないが、その理念に反する賃金格差は、使用者に許された裁量の範囲を逸脱したものとして、公序良俗違反の違法を招来する場合があるといえるとの原則を示した上で、女性臨時社員の賃金が同じ勤務内容・勤務年数の女性社員の8割以下となるときは、その限度においてM社の裁量が公序良俗違反として違法となるとしている。

本判決は、上記8割基準を導くまでに、男女平等、身分差別、同一（価値）労働同一賃金と多方面に目配りをし、男女差別についてかなり詳しい考察している部分や、異なる職種間における同一価値労働同一賃金についても触れるなどしていることからすれば、男女の賃金格差、正規・非正規社員の賃金格差を語る上で極めて重要な判決といえる。

なお、M社は、臨時社員を既婚の女子に限って採用しており、このこともXらは男女及び既婚未婚による差別との主張をしたが、これについては、合理的でないというに止まり、男女差別とまではいえないとして、この点についての損害賠償請求は棄却している。

裁判例

32 女性社員に対し男子社員と同一(価値)労働を理由に損害賠償
内山工業男女賃金差別事件

岡山地裁平成13.5.23、広島高裁平成16.5.28

事件の概要

　Xら19名(原告・被控訴人兼附帯控訴人)は、コルク床材、断熱材、コルク栓等の製造・販売を業とするU社(被告・控訴人兼附帯被控訴人)に勤務する女性社員であるところ、いずれも女性であることを理由に、各人とそれぞれ勤続年数、年齢を同じくする男性社員に比して、賃金等につき不合理な差別を受けたとして、不法行為に基づき、昭和63年から平成11年までの間に右差別がなかったとすれば支給されたはずの賃金、一時金、退職金と現実に支給された賃金、一時金、退職金との差額相当損害金の支払いを請求した。

第1審判決要旨

　男女間に格差(男子に有利で女子に不利な格差)が存在する場合には、それが不合理な差別であることが推認され、使用者側で右格差が合理的な理由に基づくものであることを示す具体的かつ客観的事実を立証できない限り、その格差は女子であることを理由として設けられた不合理な差別と推認するのが相当である。

　職務の区別の不明確さ及び男女の配置の区別のあいまいさに比して、2表適用従業員の女子は1表適用従業員の男子の約8割弱の基本給しか支給されていないのであるから、その格差は過大というべきであり、使用者に賃金決定の裁量があるとしても、その裁量を逸脱したといわざるを得ず、加えて、1表と2表は、昭和56年以前は「男子賃金表」「女子賃金表」と性別により区分されていた歴史的な背景からすると、本件においては、男女の賃金格差に合理的な理由があるとはいえない。したがって、本件において、昭和63年から平成7年10月までの基本給については、不合理な男女差別が存在したと認められる。また、基本給を基に算出・

4.

男女間における賃金等の相違

243

支給されてきた再雇用賃金、世帯手当、一時金、退職金についても、不合理な男女差別が認められる。

賃金表が労使交渉の合意の基に作成されているとしても、その内容が不合理な差別を含むこと自体を適法化するものではない。また、組合員は、一般的に労使交渉の合意内容につき拘束を受けるとしても、その内容が不合理な賃金差別を含むものであり、後述するように労働基準法に違反するような場合にまでこれに拘束されると解するのは妥当ではないし、合意内容に違法性が存する場合に、司法的救済を求めることを妨げるものではない。

労働基準法4条は男女同一賃金の原則を定めているところ、使用者が女子従業員を男子従業員と同一の労働に従事させながら女子であることのみを理由として賃金格差を発生させ、かつ、右賃金格差を是正することなく右差別状態を維持した場合、その行為は同条に違反するものとして不法行為を構成する。同一の労働とは、労働基準法4条が男女の雇用平等、特に賃金の平等原則を定めたものであることから、形式的に職務内容及び職責を同じくする労働のみならず、職務内容、職責などに関して職務評価等を通じて同価値と評価される職務をいうと解すべきである。

本件においては、賃金等に明確な格差の生じている男子従業員と女子従業員という区分においては、その職務内容及び職責等は明確に異なるところがあるとは認められない。したがって、U社における男子従業員と女子従業員は同価値と評価される職務に従事しているといえるのであって、U社が、Xらの賃金等につき、女子であることのみを理由として、男子従業員の賃金等との間に格差を発生させ、かつ、これを是正することなく維持していることは、同条に違反する不法行為に該当する。

U社における賃金等は、基本的に各従業員の年齢及び勤続年数を基準として定められていることから、各月又は各期においてXらと同勤続年数、同年齢の男子従業員に支給されるべき賃金等とXらに実際に支給された賃金等との差額が、本件不法行為によりXらに生じた損害となる。

本件は、U社が控訴する一方Xらが附帯控訴したが、第1審と同様な考え方に立って、さらにU社には労働基準法13条を類推適用して、勤続

年数、年齢において同等の男子従業員との賃金等の差額相当の財産的損害が生じたとして一部金額を変更したことを除き、控訴を棄却した。

解説

　女性社員19名の賃金における男女差別の訴えに対し、同一（価値）労働同一賃金の原則を踏まえて、U社の措置を不法行為と認め、損害賠償の支払いを命じた事件である。

　第１審では、賃金等に明確な格差の生じている男子従業員と女子従業員という区分においては、その職務内容及び職責等は明確に異なるところがあるとは認められないから、両者は同価値と評価される職務に従事しているといえるとして、男女による賃金格差を労働基準法４条に違反する不法行為と判断しているが、なぜ本件における男女の職務が同価値と評価されるのか、具体的な理由を示していない。この点、控訴審判決では、U社の賃金決定要素は、性差、年齢、勤続年数の３つで、職務・職種によって決められたものではないし、男子従業員と女子従業員の労働内容は明らかではない旨指摘している。しかし、控訴審の指摘はその通りだとしても、そこから男女の職務内容は同一であると決めつけるのは、飛躍が過ぎるように思われる。あるいは男女で賃金差を設けるのであれば、使用者として、職務の相違について立証責任を負うところ、その立証がなされていないということなのかも知れないが、そうだとすればその旨を明確に示すべきであろう。

　本件第１審の約４カ月後に示された京ガス事件（33）判決においてはより鮮明な問題があり、同一（価値）労働同一賃金という賃金体系に重大な影響を及ぼすであろう判断をする以上、観念論ではなく、詳細な職務分析と納得のいく説明をして欲しいものである。

33 内勤女性社員の職務を男性社員の現場職務と同価値と認める
京ガス女性社員賃金差別事件

京都地裁平成13.9.20

事件の概要

　G社（被告）は、ガス配管工事請負等を業とする会社であり、X（原告）は昭和56年にG社に入社した女性である。Xは昭和61年6月から建設部に配転されて精算及び積算業務に従事し、平成10年4月に係長に昇進した。Xの給与は「基本給」と「各種手当」からなり、夏・冬には賞与が支払われていた。

　Xは、基本給及び賞与を同期入社の男性Aと比較すると、両者の間には平成2年4月から平成13年3月までの間に1393万円余の賃金格差が生じているところ、これはXが女性であることを理由とする差別によるものであり、憲法14条及び労働基準法4条に違反するから公序良俗に反し不法行為を構成すること、同一価値労働同一賃金原則にも違反し、ILO条約、国連女性差別撤廃条約等にも違反すること等を主張し、G社に対し、差別賃金相当額の支払とともに、慰謝料500万円及び弁護士費用180万円の支払いを請求した（請求総額2073万1815円）。

判決要旨

　平成2年4月から平成13年3月までのAの給与額は5431万円余、Xのそれは4046万円余であって、Xの給与総額はAの75%弱である。

　Xの建設部で担当する職務内容は、概ね①積算業務、②検収（精算）業務、③Oガスとの連絡・折衝、④その他に分かれ、Xは重要な役割を果たしていると認められる。一方、Aの職務内容は、施工前業務、行程管理、現場間の移動、各種書類の作成、会議への出席、資格取得の指導、Oガスのパトロールへの随行・立会い等であり、XとAの各職務の困難さにつき、知識・技能、責任、精神的な負担と疲労度を主な項目として検討すると、その困難さにさほどの差はないもの、すなわち、その各職

務の価値に格別の差はないと認めるのが相当である。

　G社の就業規則には、事務職と監督職は同じ事務職員に含まれており、男性社員は一定の社内経験後監督見習いとなり、その後試験に合格すれば監督となることができ、Aもこの方法で監督職となった。一方女性であるXは、本人の意欲や能力にかかわりなく監督になれる状況にはなかった。以上を前提に、本件賃金格差がXが女性であることを理由とする差別によるものか検討すると、①XとAは同期入社であり、年齢もほぼ同じであること、②G社の就業規則には事務職も監督職も同じ事務職員に含まれていること、③男性社員のみ監督職となることができ、女性社員は意欲や能力に関わりなく監督職になれる状況ではなかったこと、④XとAの各職務の価値に格別の差はないと認めるのが相当であることからすると、本件賃金格差は、Xが女性であることを理由とする差別によるものと認めるのが相当である。そうすると、本件賃金格差は、労働基準法4条に違反して違法であり、G社はXに対し、不法行為に基づき損害賠償を支払う義務がある。

　XとAの各職務の価値に格別の差はないが、賃金の決定要素はそれだけでなく、その個人の能力、勤務成績等諸般の事情も大きく考慮されるところ、その損害を控え目に算出すると、差別がなければXに支払われたはずの賃金額は、Aの給与総額の8割5分に相当する4610万円と認めるのが相当であり、損害はXに支払われた4050万円との差額560万円と解し、慰謝料は50万円、弁護士費用は60万円とするのが相当である。

　本件は、G社が控訴したが、G社がXに800万円を支払うことで和解した（平成17.12.8）。

解説

　本件は、異なる職種の労働について同一価値を認め、女性社員が賃金差別を受けたとして差額賃金の支払を命じたものとして注目される事件である。ただ、本判決では、いわゆる内勤の女性Xの職務と、同期入社で現場勤務の男性Aの職務の価値には格別の差はないと決めつけている

が、その理由については説明しておらず、極めて唐突な感を免れない。

異なる職種間の価値の比較は非常に困難であり（そのことは丸子警報器事件（31）でも指摘している）、この難問に取り組むのであれば、各職務の価値について詳細な検討を加え、納得いく説明が不可欠であるのに、理由も示さずに結論のみ示したことは裁判所の姿勢としていかがなものかと思われる。

我が国の男女間の賃金格差については、国際的にも問題とされることが多く、その解消の一つの方策として、異なる職種間においても同一価値労働の基準を確立して「同一価値労働同一賃金」を推進すべきとする意見が、この判決当時は盛んに主張されていたものである。本判決はその主張に応えたものといえることから、同一価値労働同一賃金を主張して来た人々にとっては「待ちに待った判決」であるはずなのに、判決当時余り盛り上がりを見せたようには見えなかった。この判決については、中日新聞が社説（平13.10.18）でこの判決を好意的に取り上げ、この判決を賛美する論評の中には「原告と同期入社同年齢の男性との職務の同一価値の立証に成功した」というものもあるが、判決のどこを指して言っているのか不思議である。

といって、G社の対応に問題がなかったかといえば、同じ事務職員でも、男性に対しては監督職に就く途を開きながら、女性に対してはこれを閉ざしており、この点は明らかに性による差別的取扱いと考えられるから、裁判所としては、この点を不当な差別として、不法行為に基づき差額賃金相当額等の支払を命じるのが通常のやり方であったはずである。にもかかわらず、敢えて、本件の解決のためには必要もない同一価値労働同一賃金なる概念を持ち出したのは、担当裁判官のこの問題に関するこだわり以外には考えにくい。

5. 手当の支給における男女間の相違

裁判例 34 家族手当の支給対象たる「世帯主」男女別扱い
岩手銀行家族手当支給男女別扱い事件

盛岡地裁昭和60.3.23、仙台高裁平成4.1.10

事件の概要

　Ｉ銀行（被告・控訴人）は、家族手当を「世帯主たる行員に対して支給する」としつつ、給与規程では「世帯主たる行員」について「その配偶者が所得税法に規定されている扶養家族対象限度額を超える所得を有する場合は、夫たる行員とする」としていた。同銀行の行員であるＸ（原告・被控訴人）は家族手当及び世帯手当の支給を受けていたところ、夫が市会議員に当選し扶養控除対象限度額以上の所得を得るようになったことから、これらの手当の支給を打ち切られた。Ｘは、この措置の根拠となった給与規程の該当部分は、女子であることを理由として賃金について男子と差別的取扱いをするものであるから、労働基準法４条に違反し無効であるとして、Ｉ銀行に対し家族手当及び世帯手当の支給を請求した。

　第１審では、家族手当も労基法４条の「賃金」に該当するから、本件給与規程部分は同法４条、92条により無効であり、世帯手当も同様に解すべきであるとして、Ｉ銀行に対し、102万円余の支払を命じたことから、Ｉ銀行はこれを不服として控訴に及んだ。

控訴審判決要旨

　「世帯主」概念は一般的に明確なものではなく、世帯主であるかどうかを社会通念に従って認定するといっても、その概念は生計維持者としての立場を重視する場合と世帯の代表者としての立場を重視する場合とで相違し、その用いられる場面によって異なるものと解される。本件給

与規程にいう「世帯主」は、事務処理の画一、迅速性という便宜によらずに、世帯の生計という経済面に専ら関係する家族手当及び世帯手当の支給対象者の認定という場面において捉えなければならず、当然に生計の維持者かどうかという点に重点が置かれるべきであり、本件給与規程の「世帯主たる行員」とは「主として生計を維持する者である行員」と認めることが社会通念に最も良く適合する。

夫の所得が各年度300万円であり、妻たるXの所得が各年度600万円であること等によると、本件当時、主たる生計維持者はXであって、長女は主としてXによって扶養されていると認めるのが相当である。したがって、Xは本件給与規程の「自己の収入をもって一家の生計を維持する者」に該当し、同規程による子を扶養して世帯を構成している行員に当たると認めることができる。本件手当等は生活扶助給付ないし生活補助給付という経済的性格をもつものであるが、労働基準法11条の賃金であるので、これらは同法4条による直接規制を受けるものである。

労働基準法4条は、憲法14条1項の理念に基づきこれを私企業等の労使関係における賃金について具体的に規律具現した条文であり、かつまた強行規定であり、公序に関する規定と解される。したがって、一般的に同法4条に違反する就業規則及びこれによる労働契約の賃金条項は民法90条により無効である。男子職員に対しては妻に収入があっても本件手当等を支給していたが、Xのような共働きの女子職員に対しては、生計維持者かどうかにかかわらず、実際に子を扶養していても夫に収入があると本件手当等を支給しないというのであるから、このような取扱いは男女の性別のみによる賃金の差別的扱いと認めざるを得ない。

I銀行は、本件取扱いは社会的許容性の範囲内であり、民法90条の公序良俗に反するものではないと主張するが、労働基準法4条は日本国憲法14条の理念に基づく具体的な規律規定であり、この理念達成の趣旨に悖るような観念は法的評価の基準とすることはできない。結局、本件手当等の給付関係条項は労働基準法4条に違反し、民法90条の公序良俗に反し無効である（I銀行に対し、133万円余の支払を命ずる）。

解説

　本件は、家族手当の支給対象を「世帯主たる行員」と、それ自体は男女差別のない要件としながら、女性についてのみ「配偶者の所得が扶養親族対象限度額以内」であることを支給要件としたことから、その適法性が争われたものである。

　判決は、第1審、控訴審とも、Ⅰ銀行の家族手当に関する支給要件は、労働基準法4条、公序良俗に反し無効と判断しているが、特に控訴審では、Ⅹ夫婦のどちらが主たる生計維持者であるかを、具体的に所得を比較し、妻であるⅩが年収600万円、夫の年収が300万円と事実認定をし、妻が主たる生計維持者であるとして、Ⅰ銀行に家族手当の支給を命じている。このことは、労働基準法4条に照らして当然の結論といえる。

　本件第1審判決は、前年の国会から継続審議となっていた男女雇用機会均等法案の国会系属中に出されたことから、特に注目を集めたが、第1審判決から控訴審判決まで約7年間も要したことは、その判決の内容に照らしても不可解といえる。

裁判例 35 女子社員が家族手当の支給を請求
日産自動車家族手当男女別支給事件

東京地裁平成元.1.26

事件の概要

　A、B及びC（いずれも原告）及びDは、昭和31年から昭和39年の間に自動車の製造販売を業とするP社に雇用され、昭和41年8月にP社がN社（被告）に吸収合併された後は、N社の従業員として勤務していた女性である。また、E（原告）は、昭和57年7月に死亡したDの夫、F、G及びH（いずれも原告）はDの子である（A～Hを総称して「Aら」）。

　N社がP社を吸収合併した後に制定した家族手当支給規程（甲規程）において、これを支給する扶養家族の範囲を、原則として、配偶者については妻又は不具廃疾の夫とし、子については18歳未満の子3人迄、ただし従業員が女性の場合は、夫が死亡又は不具廃疾若しくは疾病のため稼働不能で会社が特に認めた場合とする旨定めていた（支給制限条項）。N社は組合との交渉を経て、家族手当の支給範囲について、従業員が女子の場合でも男子と同様に、実際に配偶者及び子を扶養している場合にはこれらを扶養家族として認めることとし、また子に関しては、従業員が女子であるときは、夫が死亡、不具廃疾の場合又は疾病のため稼働不能で会社が特に認める場合に限るとする前記制限を削除し（乙規程）、これを昭和52年4月から施行した。N社は、同年8月に家族手当支給規程を改定し（本件規程）、家族手当は親族を実際に扶養している世帯主である従業員に対し支給するとし（第2条）、その扶養家族の範囲を原則として配偶者、18歳未満の血族の子（3人まで）及び60歳以上の血族の父母とすることとした。

　Aらは、本件規程に基づきN社に対し家族手当の支給を申請したが、いずれもその支給を拒否されたことから、この取扱いは家族手当の支給について労働基準法4条に違反する男女差別があったとして、N社に対し、債務不履行又は不法行為に基づき、N社に対し、Eについては108

万円余、Ｆ、Ｇ及びＨについては各36万円余、Ａについては381万円余、Ｂについては233万円余、Ｃについては289万円余の支払いを請求した。

判決要旨

1　家族手当の性質について

　Ｎ社が従業員に支給している家族手当は、支給を受けるために要する従業員の資格要件及び扶養家族の範囲に変遷が認められるものの、いずれも就業規則と一体をなす従業員賃金規則及びその細則たる家族手当支給規程においてその支給条件が明確に規定され、これによって、Ｎ社が扶養家族の存在等一定の要件を備えた従業員に対し家族手当の支払いを約しているものであって、任意的、恩恵的に支払うものでないことが明らかであるから、労働基準法11条の「労働の対償」としての賃金に該当する。

2　消滅時効について

　本件請求中、昭和56年10月以前は時効により消滅しており、消滅時効が援用されていない部分即ち昭和56年11月分以降の家族手当請求権の存否について検討する。

3　家族手当請求権の存否

　法の下の平等の基本原理を定めた憲法14条を受けた労働基準法３条及び４条の下においては、同一の労働について性別を理由として賃金差別を行うことが許されないことは明らかである。しかして、Ｎ社が本件規程第２条において「家族手当は第３条に掲げる親族を実際に扶養している世帯主である従業員に対して支給する。」と定めているところ、支給事務の煩雑さ等により家族手当の支給対象者を夫又は妻のいずれか１人に絞る必要から、本件規程第２条のような規定としたことが明らかである。Ｎ社のような家族手当額決定方式を採る限り、共働き夫婦による分割申請を認めず支給対象者を１人に絞ることはやむを得ない。

　家族手当の受給者を実質上の世帯主即ち一家の生計の主たる担い手とするＮ社の運用は、本件規程第２条の「第３条に掲げる親族を実際に扶養している世帯主である従業員に対し支給する。」との文言に反するも

のではないし、また本件家族手当が扶養家族の員数によって算出される
など、家族数の増加によって生ずる生計費等の不足を補うための生活補
助費的性質が強い事実に鑑みると、家族手当を実質的意味の世帯主に支
給するN社の運用は強ち不合理とはいい得ない。さらに、右の基準を夫
又は妻のいずれか収入の多い方に支給することは、一家の生計の主たる
担い手が誰であるかを判定する具体的運用としては明確かつ一義的であり、
分割申請を認めないことに合理的理由がある以上、これまた必ずしも不
合理とはいい難い。しかして、右にみた如く、同条の世帯主を住民票上
の世帯主とみる運用基準及びN社が現に採用している運用基準は、いず
れも本件規程の解釈としては相当の合理性を有し、規程の文理にも反す
るものではない。なお、当時N社においては、夫又は妻のいずれか一方
がN社に勤務し、他方が他社に勤務する場合、扶養家族の分割申請を認
め、自社に勤務する者に対し、申請にかかる扶養家族について扶養手当
を支給していた事実が認められる。しかしながら、かかる取扱いはN社
の裁量に属するものであり、これをもって前記運用が不当とはいえない。

　確かに、甲規程は女子従業員を不当に差別している点で違法不当なも
のであるが、それゆえにこそN社も同規程を廃し、本件規程に改定した
のであるから、N社が昭和52年7月まで甲規程によって家族手当を支給
していたことを理由として本件規程2条を違法とすることはできない。
また、N社における共働き夫婦の収入額は夫の方が多い家庭がほとんど
であり、上司らはかかる事実を考慮し、家計の中心的担い手即ち実質上
の世帯主は夫が多いとして夫に家族手当を支給する旨述べたことは、女
性を不当に差別する違法なものであるとすることはできない。更に、家
族手当の支給申請に対し、女子従業員に対してのみ夫の収入証明等を要
求した旨の主張が存在するが、N社における共働き夫婦について通例夫
の方が収入が高額であるから、当時のN社においては、通例夫が本件規
程第2条にいう実際上の世帯主と認めるべきであったことは推認するに
難くないから、これをもって女性を不当に差別したとすることは相当で
はない。

　以上のとおり、本件規程2条及び運用基準は、労働基準法4条及び民

法90条に違反するものではなく、また女性従業員を不当に差別したものでもない。そうすると、Aらの請求は全て理由がない。

4　不法行為に基づく慰謝料等損害賠償請求権の成否

　本件規程第2条及びその運用が不当でないことは前記のとおりであるから、Aらの請求中、Aらが右請求権を有し、これが不当に侵害されたことを前提とする家族手当相当の損害金及び慰謝料の請求は理由がない。

解　説

　家族手当は、多くの企業で一般的に支給されているものであるが、基本給等が労務の提供に対する対価としての性格が明らかであるのに対し、生活保障的な性格が強く、労働の対価としての性格が弱いという面がある。しかしながら、本判決では、そうした家族手当の性格を踏まえつつも、家族手当は労働基準法11条にいう「労働の対償」に当たるとして、賃金でないとのN社の主張を斥けている。

　N社においては、当初の甲規程では家族手当に関する男女の取扱いが大きく異なっていて、労働基準法4条違反は免れなかったであろうが、改定後の乙規程（発動されないまま本件規程に移行）及び本件規程では、文言上は男女平等の規定ぶりとなっている。ただ、家族手当の支給対象たる「親族を実際に扶養している世帯主である従業員」は、収入の額からみてその大半が夫となることから、実際の支給はほとんど夫が対象となっているようである。ただ、夫婦が共にN社勤務であれば、両者の賃金額を比較して家族手当の支給対象を判断することは容易だが、夫婦の一方が他社勤務あるいは自営等の場合にどのように取り扱うかという問題はある。N社勤務以外の者のことを考慮せずに支給することが最も簡便ではあるが、そうなると、その者にも会社から家族手当が受給され、ダブル支給になるという事態も生じ得ることから、N社では、このような場合について分割支給をしている。

36 配偶者手当を既婚女性には支給、未婚女性には不支給
ユナイテッドエアーラインズ配偶者手当事件

東京地裁平成13.1.29

事件の概要

　X（原告）は、昭和45年9月、航空機運行を業とするP社に採用され、U社（被告）がP社から営業譲渡された後はU社の社員として勤務していた女性である。U社と労組間で平成10年5月に締結された労働協約によれば、婚姻している男女に対し、扶養の有無を問わず家族手当を支給することとされていた。

　Xは、P社勤務当時から婚姻したことはないところ、婚姻しているかどうかは、労働基準法3条にいう「社会的身分」に相当し、婚姻するか否かは個人の信条に当たることから、この配偶者手当は婚姻している者としていない者を社会的身分又は信条により合理的理由なく差別するもので、労働基準法3条に違反し、かつ憲法14条に反するもので、公序良俗違反により無効であると主張した。

　また、Xは、婚姻するか否かは、個人の幸福追求権（憲法13条）に含まれ、結婚は職場環境から強制されるべきものではないこと（同24条）、結婚すれば給与が上がるという差別は結果として結婚の強制に繋がり「女性は結婚するもの」という強固な封建的女性観が残存している日本社会では、未婚の女性は少数派で社会的地位が低いことから、結婚手当を制度化して既婚者優遇制度を採ることは、プライバシー権、幸福追求権、自己決定権を侵害するものであり、また本件配偶者手当の支給による賃金格差は労使の現場への憲法秩序の形成を規定する憲法27条に違反し、民法90条の公序良俗に違反すると主張した。

　さらにXは、結婚すれば賃金が上がるという協約は、結婚が当たり前という偏見、慣習を助長しているから、偏見及び慣習その他あらゆる慣行の差別撤廃を求めている女性差別撤廃条約に真っ向から反すること、結婚しないことをおかしいとか、結婚すれば良いなどというセクシャル

ハラスメントを積極的に後押しする効果を持ち、従来の封建的な社会慣習、文化的規範を押し付ける効果を持つから、男女雇用機会均等法にも違反すると主張した。その上でXは、労働基準法3条違反、不法行為、債務不履行を理由に、不合理な差別が28年間継続・蓄積し、支払を受けられなかった配偶者手当相当額は800万円になるほか、職場内で「あなたが結婚すれば良いのだ」などの中傷を受けた精神的損害800万円と合わせて、U社に対し1600万円の損害賠償を請求した。

判決要旨

　本件配偶者支給規定により支給される家族手当は、U社の就業規則中の賃金規定において支給する旨定められ、具体的金額については、U社と労組の間で毎年締結される労働協約において定められているものであり、具体的支給条件が明確になっているものであるから、労働基準法11条の労働の対償としての賃金に当たるものである。

　憲法第3章の人権規定は、国又は公共団体と個人との間を規律するものであり、私人相互の関係を直接規律することを予定するものではないが、私的支配関係においては、個人の基本的な自由や平等に対する具体的な侵害又はそのおそれがあり、その態度、程度が社会的に許容し得る限度を超えるときは、場合によっては、私的自治に対する一般的制限規定である民法1条、90条や不法行為に関する諸規定等の適切な運用によって、一面で私的自治を尊重しながら、他面で社会的許容性の限度を超える侵害に対し、基本的な自由や平等の利益を保護し、その間の適切な調整を図るべきと考えられる。

　本件については、①P社における家族手当支給規定は、昭和46年に規定されたが、その内容は、支給対象として、男子従業員で正式な妻のある者、女子従業員で正式の夫を扶養している者と定められており、女子従業員の場合のみ配偶者を扶養していることが支給要件とされていたところ、P社と労組は、男女平等を図るため、昭和49年労働協約から男子従業員で正式の妻のある者、女子従業員で正式の夫のある者として、女子従業員について配偶者に関する扶養要件をなくし、配偶者を有する従

業員全員が支給対象となった、②その後、支給要件については大きな変更がないまま支給額が改定されてきたが、Ｐ社からＵ社への営業譲渡により、Ｐ社従業員の殆どがＵ社に移籍したところ、同従業員らに適用されてきたＰ社時代の労働条件に沿う協約がＵ社日本支社でも締結され、就業規則が定められたものである。このような事実関係に、そもそも家族手当は個別的家族状況に応じて支給される性質のものであり、家族手当の果たしている社会経済的な一般的な役割に照らせば、家族手当は具体的労働に対する対価という性格を離れ、家族関係を保護する目的で支給される生活扶助又は生計補助給付としての経済的性格を持つといえる。そして、具体的労働の対価として支給されるものでない手当について、どのような支給要件を定めるかについては、例えばＵ社の住宅手当については扶養家族の有無により金額が異なるが、不動産資産所有の有無、その多寡、居住のための経費の多寡等にかかわらず支給される規定となっており、画一的基準を定めざるを得ないところである。

　以上のとおり、本件においては、①前記各労働協約の締結の経緯を見れば、その動機、目的及び手続に不当な点は認められず、②内容としても当初女子従業員についてのみ配偶者について扶養要件を付していたものを、男女平等を図るため、扶養要件を外したものであること、③Ｐ社又はＵ社においては、労組との交渉を重ねて各協約の内容を形成してきたことの各事実が認められ、④さらに平成９年12月末日現在における労働省の調査によれば、本件配偶者手当支給規定と同様に配偶者に所得制限のない支給規定を設けている企業も配偶者手当支給規定を有する企業のうちの半数に上っている事実が認められ、これらを総合すれば、本件配偶者手当支給規定は、独身者を不当に差別した不合理なものということはできず、また、男女差別の点も認められないから、労働基準法３条、憲法14条、13条、22条、27条、均等法に反するとはいえず、民法90条に反し無効ということはできない。

解 説

　手当の支給についての差別が争われた事例は少なくないが、その殆どは、男性には支給されるのに女性には支給されない、あるいは女性にのみ一定の支給要件を付加するというものである。

　本件でも、Ｘが入社した当初は、男性は婚姻すれば配偶者の扶養の有無にかかわらず配偶者手当を当然に受給できるのに対し、女性は実際に配偶者を扶養していることが支給要件とされていた。この要件は、労働基準法４条に違反する可能性が高いことから、労使交渉によって、配偶者手当の支給要件が平等になり、婚姻している女性には男性と同様当然に配偶者手当が支給されることになったところである。これによって、労働基準法４条違反の問題は解消されたが、婚姻しているか否かによって手当の支給が決まることが差別に当たるか否かの問題が新たに生じたわけである。

　改正前も、配偶者を実際に扶養している女性には配偶者手当が支給されていたわけだが、改正前は、収入のない、あるいは乏しい配偶者（夫）を抱えた女性社員の生活を保障するという性格が強いことから、Ｘも訴訟を起こすまでには至らなかったところ、婚姻女性全員に支給することで、配偶者手当に配偶者を扶養する女性の生活を保障するという性格が希薄となったことから不満が爆発したものと推測される。

　Ｘは、本件配偶者手当支給規定の違法性を主張するために、憲法13条、14条、22条、24条、27条、労働基準法３条、男女雇用機会均等法、女性差別撤廃条約など、国内法に止まらず、国際条約も援用しているが、いずれも斥けられている。

おわりに

　働き方改革が高らかに打ち出されて以降、その中心をなす「同一労働同一賃金」は、様々な場面で金科玉条のごとく喧伝されています。確かに、同一の労働に対して同一の賃金を支払うことは当然のことであり、このこと自体に異論を唱える人はいないでしょう。しかしながら、こうした誰も異論を挟まない、あるいは挟めない命題というものは、往々にして、事態を混乱させる危険性があることに留意する必要があります。

　同一労働同一賃金については、同一賃金の意味は明確であるものの、同一労働とは一体どういうことをいうのかについての答えは簡単に出て来るものではありません。確かに、短期的なアルバイトやパートタイマーなどの場合は、アルバイトやパートタイマー相互の間では、多くの場合、同一労働同一賃金がかなり厳格に実現されているかと思われます。良く目にするところでは、スーパーのレジが挙げられるでしょう。これについては、多くの場合、職務内容と時給を明示して募集・採用し、その条件に従って職務を遂行することになりますから、同時入社のアルバイト、パートタイマー相互間では、通常、文字通りの同一労働同一賃金が実現されているものと推測されます。しかしながら、こうした職務範囲が明確にされている者の間であっても、勤務するにつれ、スキル等に格差が生じ（スーパーのレジでは、手際良く捌く人とそうでない人がいることは経験的に感じるところです）、それに応じて時給も変化することが考えられますから、こうした定型化された職務においても、同一労働同一賃金を実現することは必ずしも容易ではありません。

　まして、長期雇用を前提とした無期雇用の正社員と有期雇用の非正規社員の場合、同一労働同一賃金をどのように実現するか、いやそれ以前にそもそも同一労働とは何かを明らかにすることが大問題となります。長期雇用を前提とした無期雇用社員の場合、単純に各場面ごとの労働の質及び量に応じて賃金が決定されるわけではなく、賃金の決定に当たっては、長期的視点に立って能力の研鑽や、勤労意欲の向上等を視野に置

いて行うことが一般的ですから、企業としては、賃金も将来の一種の人的投資として捉えているものと考えられます。そうだとすれば、無期雇用社員とそれらの要素の少ない有期雇用社員との間において賃金面で一定の差が生じて来ることはやむを得ないものと考えられ、問題は、それによる格差が合理的な範囲といえるか否かにあるといえます。

　本書に収録した労働契約法20条に関わる事件においても、多くの判決で共通して指摘するのは、無期雇用社員については、長期的観点に立って、有為な人材の確保という視点も踏まえて賃金が決定されるとの前提を踏まえ、同一の仕事をする有期雇用社員（通常は短期雇用を前提としている）よりも高額の賃金を支払うことの正当性を認めています。すなわち、有期雇用社員の多くが、個々の仕事の場面を切り取って、無期雇用社員と同一労働であることを理由に同一賃金を主張するのに対し、多くの判決では、その視点はもちろん踏まえつつも、長期的視点に立って、将来の幹部社員としての経験、有為な人材の確保、転勤の可能性等を踏まえ、単に一定の期間における職務内容等に止まらない判断をしているわけで、そこに有期雇用社員と使用者若しくは裁判所との見解のギャップがあるといえます。

　我が国の賃金体系は、かなり崩れてきたとはいえ、大組織においては、今日においても年功を重視したものとなっています。私は、1973年に大学を卒業した後、30年余にわたり年功賃金の代表ともいうべき国家公務員として勤務していましたが、当時は、１年経てば、病気休職や余程の勤務不良でもない限り、確実に１号俸昇給し、更に一定の段階までは、何年かの経過により上位等級に昇格することが事実上約束されたような形になっていました。最近では、国家公務員の給与についても、昇給のランクが細分化され、能力や成果によって昇給の程度に差を付けたりして、以前より能力や成果を給与に反映させるようになってきているようですが、それでも、給与の決定に当たっては年功が中心的要素となっていることに変わりはありません。こうした給与体系の下では、仕事の内容が同じであっても、先に入省した者が相対的に高い給与を得るわけですから、同一労働同一賃金とは明らかに異なる状況が展開されていると

言えます。こうした中で、文字通りの同一労働同一賃金を実現しようとすれば、現在の給与表を全て撤廃して、全ての仕事について個々に給与を定める「完全職務給」とするしかなくなりますが、これは余りにも革命的な改革であって、少なくとも今の我が国で受け入れられる可能性は低いと思われますし、我が国の職場の美点である、個々のメンバーの職務を厳格に定めることなく、柔軟に協力体制を組むというメリットが失われる危険性が高いことから、決して賢明な策とは思えません。

　そうだとすれば、少なくとも当分の間は、文字通りの同一労働同一賃金とは本来相反する年功を重視した賃金、家族手当、住宅手当といった生活保障的給付の存在を前提としつつ、同一労働同一賃金のあり方を探っていくしかないと思われます。今回の働き方改革によって改正された同一労働同一賃金についての条文を見れば、労働者派遣に係る部分を除けば、同一労働同一賃金の理念を押し付けるのではなく、長年にわたる我が国の人事管理の在り方を踏まえて、これとの調和に配慮したことが窺われます。もっとも、そうしたことが、同一労働同一賃金を強く推し進めようとする人にとっては物足りないものと映ったとも考えられます。

　本書に収録した事件は、その大半が無期雇用社員と有期雇用社員との間の賃金等の格差が争われたものですが、同一労働同一賃金といった場合、無期雇用社員（正社員）相互の間（若年者と年配者等）の格差も問題となり得ます。また、男女間については、その賃金格差について争われた事例は非常に多く、それだけで1冊の本になるほどですが、その多くは、男性には基幹的な職務を与え、女性には補助的・定型的な職務を与えたことから発生した賃金格差ですから、そもそもこれらは「同一労働」の前提を満たしていません。ただ、平成11年施行の改正男女雇用機会均等法により配置（仕事の与え方）についての男女差別が禁止されたことから、昔のように「女性には補助的・定型的な仕事」というわけにはいかないため、今後は男女間の賃金差別についても、その是正に当たって同一労働同一賃金が主張のツールとして、従前にも増して活用されることが予想されます。

　考えてみれば、同一労働同一賃金は、正社員相互間でも問題になり得

ることであるにもかかわらず、少なくとも訴訟で争われた事例を目にすることはありません。これは、特に正社員にとって、現に勤務している組織を相手に訴訟を起こすことのリスクが大き過ぎることが主な理由と思われますが、内心では「同じ仕事をしながら、あるいはもっと大変な仕事をしながら、なぜあの人より自分の賃金が低いのか」と不満を抱いている人が、特に若い社員の中に多く見られるものと推測されます。これまで正社員間のこうした不満が余り表面化して来なかったのは、年功賃金体系の下で長期勤続をすればいずれは元を取れるという計算をしている面もあったと思われます。しかしながら、今後は、以前のように「特に悪いことをしなければ定年まで勤められ、給与も毎年上昇する」といった期待はしにくくなるでしょうから、そうなれば、「一生をトータルしてそこそこに収まる」といった期待では満足できず、現在の時点での同一労働同一賃金を求めることにより、同一労働同一賃金を巡る争いは、正社員間においても激しくなることが予想されます。

　いずれにせよ、同一労働同一賃金を求める法律はスタートしたわけで、これを今後どのように育てていくかが、労使、行政等に課せられた重大な使命といえます。本文でも指摘した派遣労働に関するもののように、明らかに不合理なものは早急に改善すべきですが、同一労働同一賃金については、その理念自体は正しいものですから、我が国の賃金についてのこれまでの経緯、労使の意識等を踏まえて、多くの国民が「まあ、こんなところか」といった感を抱けるようになっていくことを期待するところですし、そのためには、多くの事例を通じて一種の「相場感」を形成することが必要と考えられます。そのためにも、実際に争われた裁判において、どのような判断が下されたかを蓄積・分析していく作業が不可欠であり、本書がその一助となれば幸いです。

裁 判 例 索 引

【著者紹介】

君嶋 護男（きみしま・もりお）

1948年茨城県生まれ。1973年労働省（当時）入省。婦人局中央機会均等指導官として施行直後の男女雇用機会均等法の施行事務に携わる。その後、中央労働委員会事務局次長、愛知労働局長を歴任。国家公務員退職後は、労働大学校校長、財団法人女性労働協会専務理事を経て、2019年（公社）労務管理教育センター理事長を退任。主な著書「キャンパスセクハラ」（女性労働協会発行）、「ここまでやったらパワハラです！—裁判例111選—」（労働調査会発行）、「おさえたおきたいパワハラ裁判例85」（同）、「混迷する労働者派遣の行方」（同）、「ハラスメント裁判例77」（同）、「ハラスメント—職場を破壊するもの—」（労働法令発行）。

同一労働同一賃金裁判例36

令和3年7月1日　初版発行

著　者	君嶋護男	
発行者	藤澤　直明	
発行所	労働調査会	

〒170-0004 東京都豊島区北大塚2-4-5
TEL　03-3915-6401
FAX　03-3918-8618
http://www.chosakai.co.jp/

©Morio Kimishima 2021
ISBN978-4-86319-846-3 C2030